Inhalt

Vorwort 8

Wenn sich was bewegt 10

1. Sprache ist Bewegung

1.1 Die vier Grundbeweglichkeiten 14
1.2 Kindliche Wahrnehmungsfreude und Aufmerksamkeitsklischees 18
1.3 Sprache als formschaffender Bewegungsprozess:
    Singen, Bewegung und kommunikativer Tanz 22
1.4 Eine integrale Übung 31

2. Herz und Herzmusik

2.1 Herzerlebnis im Mutterleib 40
2.2 Besonderheiten des Herzens 42
2.3 Herztätigkeit und sprachliche Artikulation 47
2.4 Herzpulsation als frühe Anbahnung von Sprache 48
2.5 Hunger auf Nahrung und Sprachmusik 51
2.6 Herzgeheimnis des Auswendiglernens 52

3. Schreien – Brabbeln – erste Wörter

3.1 Vom not-wendigen, bitterbösen und künstlerischen Schreien 56
3.2 Brabbeln macht Spaß 63
3.3 Erste Kinderwörter und ihr Geheimnis 68
    Vom Lautbestand der ersten Wörter 68
    »Ma-ma« als Urwort der Kindersprache 70
    »Da« – vom Ursprung des Kontaktes zur Welt 73
    »Nein« – das erste wirkliche Wort? 74
    Eine Entdeckung 75
3.4 Sonnenfleck und Scherbenhaufen 81
3.5 »Pipikak« 83
3.6 Trotz und Wille 88
3.7 Die andere Seite – zur Hierarchie der familialen Stimmen 90
3.8 Praxis: Vokalgebärden und Klatschtonleiter 92

4. Tasten und Greifen

4.1 Vom Herz zur Hand	104
4.2 Hand und Evolution	104
4.3 Hand und Gehirn	107
4.4 Hand und Händigkeit – links und rechts auf dem Weg zur Sprache	111
4.5 Zeigegeste und Sprachentfaltung	115
Kurzfassung einer Sprachentstehungstheorie	115
4.6 Fingeraufmerksamkeit	121
Frühe Formen	121
Daumen	122
Zeigefinger	125
Daumen-Finger-Ring	128
Mittelfinger	133
Ringfinger	134
Kleiner Finger	135
Fingerreime	137
Die Faust	140
Fingerbeweglichkeit und Gedankenaktivierung	144

5. Gehen und Sprache

5.1 Aufrechter Gang	152
5.2 Der amphibische Mensch und das Geheimnis der Aufrichtung	160
5.3 Aufrichtung im Singen – die geheime Verbindung zwischen Fuß und Ohr	166
5.4 Griechenland: Von bewegten Gesängen und vom Tanz in der Sprache	169
5.5 Die seltsame Beziehung zwischen Fuß und Wort	172
5.6 Moshé Feldenkrais und die Herleitung vom heiseren Lehrer	175
5.7 Peter Greb und der Ballengang	179
5.8 Geh-Experimente: La Gomera, Uni Gießen, Oldenburg und quer durch Deutschland	182
5.9 Wie blinde Füße lesen lernen – die Geschichte von Gerda und Gabi	190
Raumwege	191

6. Immer da und unauffindbar – das »Ich«

6.1 Hilfe, das Ich (m)eines Kindes erwacht	196
6.2 Die Philosophenjagd auf das »Ich«	201
6.3 Das »Ich« als Schatten und als »Kern-Selbst«	204
6.4 Das »Ich« im Körper und im Urwald	208
6.5 Dore Jacobs und die leibliche Be-sinnung zum »Ich«	213
6.6 Dolph Kohnstamm und die blinde Stelle der Psychologie	215
6.7 Zur Eigenheit der Ich-bin-ich-Erlebnisse	219

6.8 Körperkontrolle – »Ich« und Atem 220
6.9 Kleiner Exkurs zum Summen und Singen 222
6.10 Das Singen und seine heilsame Wirkung für das »Ich« 223
6.11 Sprechen und Ichbezogenheit 227
6.12 Identität und Wortvertiefung 228

7. Ausblick und Ausklang

7.1 Zusammenspiel Materie und Körperlich-Organisches 236
7.2 Sichbewegen, Singen, Sprechen – integrale Zusammenhänge 240
7.3 Die spirituelle Dimension der Motorik der Verbundenheit 242
      Bewusstwerdung und Stilleübung 242
      Von der Achtsamkeit zum »Nun« 245
      Vom »Nun« zum »Safe Place« der Psychomotorik 246
      Vom »Nun« in der Musik 247
      Bewusstseinsentwicklung und »Bewusstseinskultur« 249
      Von der Notwendigkeit einer natürlichen Spiritualität 251
      Außerkörperliche Erfahrung – Meditation und neurophänomenologischer Werkzeugkasten 252
      Marionettentheater und Menschheitsvision 256

Literatur 264

Vorwort

Fredrik Vahles Buch entfaltet transdisziplinäre Perspektiven von Sprache und Bewegung, die mit Kapitel 7 in die Wege einer Motorik der Verbundenheit münden. Die anregungsreichen Sprachwendungen Fredrik Vahles, seine Satz- und Wortwahl erfrischen und beleben. Dies hat seinen Grund, den er so beschreibt: »Letztlich kommt es darauf an, aus der Beweglichkeit zu lebendiger Sprache zu kommen, zu Wörtern, die sagen, was sie meinen, und die verbunden sind mit dem, der sie spricht, Wörter, in denen sich Rhythmus und Musik nicht nur versteckt haben, sondern Geburtstag feiern« (S. 230).

Der von Linguistik und Psychomotorik lang geführten Diskussion um die Anteile und Zusammenhänge von Bewegung und Sprache in der kindlichen Entwicklung setzt er 2010 entgegen: »Sprache ist Bewegung«. Sprache und Bewegung begegnen sich dabei in einem kommunikativen Tanz. Das aus der Bewegung stammende frühe, natürliche freie Singen befeuert Sprache als einen formschaffenden Bewegungsprozess. Die neuesten Forschungsergebnisse der Gehirnforschung bestätigen dies (Hüther). Die vertiefende Symbolisierungsleistung des Kindes entsteht nun in der Stille zu erlauschender Zwischenräume in einem »Safe Place«. Fredrik Vahle trifft damit in das Herz einer Psychomotorik, deren innerer Kern sich neu bestimmt (vgl. Kuntz 2009, S. 246).

Die spirituelle Dimension in der Motorik der Verbundenheit geht über einen psychomotorischen Ansatz von Sprachförderung hinaus. Faszinierend ist die Möglichkeit, bei der Lektüre selbst aktiv zu werden und anhand von angeleiteten Bewegungserfahrungen tiefere Einblicke in die theoretischen Zusammenhänge von Bewegung und Sprache zu gewinnen. Das Bewegungs- und Andeutungsbeispiel zur Entwicklung des Denkens und der Sprache aus Bewegung und spielerischer Musikalität lädt ein, theoretische Zusammenhänge vertieft leiblich zu erleben (vgl. S. 31). Solcherlei Reflexionen und Erfahrungen ermöglichen den Erwachsenen erst, die Wege einer Motorik der Verbundenheit selbst zu gehen und weiter zu erkunden. Dann können sie umso überzeugender Kindern und Jugendlichen Sprache mit Herz, Hand und Fuß vermitteln.

Fredrik Vahle lässt Sprache in vielen weiteren Erfahrungsangeboten in seinem Buch erfahrbar werden als einen kommunikativen Tanz aus Bewegung und ursprünglicher Musikalität: »Öffnen Sie für den tönend gewordenen Atem den Mund, kommen Sie zur vokalen Äußerung, zum Tönen in einzelnen Lauten und Silben und dann zum Singen« (S. 222). Der Dreischritt von erlebter Erfahrung, theoretischer Erkenntnis und praktischer Umsetzung ebnet und verbindet die Wege zu einer Motorik der Verbundenheit.

Fredrik Vahles besondere Leistung liegt in dem vorliegenden Werk in der Integration und Verbindung von unterschiedlichsten Blickwinkeln aus verschiedenen Fachdisziplinen. Sein permanenter Aufenthalt an den Rändern von Fachgebieten führt bei deren Berührung und an deren jeweiligen Schnittflächen zu einer hohen Innovation und Faszination der Inhalte. Geistige und leibliche Beweglichkeit mündet nun in eine Bewusstseinskultur, die die natürliche und bewegliche Be-geist-erungsfähigkeit der Kinder und die damit zusammenhängende Wertschätzung einschließt.

In einer die geistige Beweglichkeit fördernden Fingerübung (vgl. S. 262) verdeutlicht Fredrik Vahle exemplarisch die Motorik der Verbundenheit. Wagen Sie das kleine Experiment jetzt schon mal selbst. Die rechte und linke Handinnenfläche liegt jeweils dicht und ausgestreckt aneinander. Die Handrücken wölben sich nun nach außen. Die Fingerspitzen bleiben aber weiterhin in Berührung. Die Daumen liegen vor den zu einer kleinen Laube gewölbten Fingern parallel aneinander. Betrachten Sie dazu das Bild auf Seite 263. Dieser Essenz der Verbundenheit formen die Hände nun symbolisch eine organische Schutz- und Darstellungsform für den inneren Raum, den »Safe Place«. Für das Innehalten der inneren und äußeren Bewegung, für den Moment, wo das Bisherige zur Ruhe und zum Wesentlichen kommt und sich im Innewerden der Vorausahnung öffnen kann, wird hier eine Haltung und ein symbolischer Raum geschaffen (vgl. S. 263).

Das vorliegende Buch von Fredrik Vahle ist mit 60 Abbildungen und immer wieder eingestreuten Gedichten, Aphorismen, Liedern und Reimen sowie Anleitungen zur Selbsterfahrung eine Form lebendiger poetischer und spiritueller Wissenschaft, die wirkt und sich anfühlt »wie Schlagsahne, die vom Gesicht herunter tropft und überall auf der Haut ein sachtes Kribbeln verursacht« (vgl. Tomatis 1957, in diesem Band zitiert auf S. 10). Herzlichen Dank an Fredrik Vahle für dieses fulminante, durch und durch musikalische, Sprache, Herz, Hand und Fuß integrierende Werk. Unsere Wege werden verbunden sein.

Rorschach, Mai 2010   Stephan Kuntz

Wenn sich was bewegt

Es gibt zwei frühe Äußerungen der Psychomotorik, die mir immer wieder zu denken geben. Sie wurden 1957 publiziert und stammen von dem Arzt, Erforscher des kindlichen Hörens und Missionar der akustischen Wahrnehmung Alfred Tomatis.
Hier die erste:

> »Die Psychomotorik erzielt gute Ergebnisse bei der ›Zweit-Erziehung‹. Sie ermöglicht die Kontrolle über Ausgleich und Gleichgewicht des Körpers. Aber das reicht nicht aus, denn die Feinmotorik wird damit nicht erreicht. Diese erreicht man über die Sprache mit ihren beiden Ausformungen Lesen und Schreiben.«
> (Tomatis 1957, S. 113)

Schnee von gestern, möchte man sagen: Da wird etwas getrennt, was längst zusammengehört. Die neuere Psychomotorik und gerade kürzlich Renate Zimmers notwendige Arbeit über Sprachförderung und Bewegung beweist es (Zimmer 2009). Doch da gibt es noch viel Feinarbeit zu leisten, und zwar im Sinne des zweiten frühen Zitates von Tomatis:

> »Wir haben die sehr physische Wahrnehmung von Sprache verloren. Kinder verstehen aber noch leicht, was Verkörpern von Wörtern und Klängen bedeutet. Die Entdeckung der Sprache bedeutet für sie die Entdeckung eines neuen Körperteils. Das Wort ist eine weitere Extremität, genauso beweglich wie Bein und Arm, genauso konkret und präzise wie die Hand. Sie sprechen oft von ihr wie ›Schlagsahne, die vom Gesicht heruntertropft und überall auf der Haut ein sachtes Kribbeln verursacht.«
> (Tomatis 1957, S. 168)

In den vergangenen 25 Jahren ist diese Problematik immer mehr in den Mittelpunkt meiner theoretischen und praktischen Arbeit gerückt: »Sprache und Bewegung« und immer mehr auch die Beweglichkeit von Sprache und Bewegung selbst.

Als entsprungener Linguist (Soziolinguistik, Pragmalinguistik und Kindersprachforschung), als Liedermacher und als Poet wurde ich ein bisschen mehr als nur ein Zaungast der Psychomotorik. Insbesondere Erkenntnisse von Dore Jakobs, dann auch die von Moshé Feldenkrais, von Bernard Aucouturier und »Jonny« Kipphard wurden zu den ersten großen Anregungen. Die meisten erhielt ich jedoch durch Renate Zimmer, durch ihre Arbeit, Persönlichkeit und insbesondere die Kongresse »Bewegte Kindheit« in Osnabrück, an denen ich immerhin seit 2002 als Liedermacher und Dozent teilnehmen durfte. Außerdem waren es die Kongresse zur Psychomotorik in Bad Orb und die Freundschaft zu Stephan Kuntz (Rorschach), die zu einem Lebenselixier dieser Erkundungen wurden. Auch die Tagungen bei Michael Passolt (Gröbenzell) und die Beteiligung an den Göttinger Kongressen (Karl Gebauer und Gerald Hüther) haben mir in den letzten Jahren wichtige Anregungen gegeben. Ihnen allen möchte ich an dieser Stelle ein großes Dankeschön sagen.

Renate Zimmer hat mit ihrem »Handbuch Sprachförderung durch Bewegung« die Not-wendigkeit und kulturpolitische Relevanz dieser Thematik betont und den Anstoß zu weiteren Forschungen in dieser Richtung gegeben. Meines Erachtens ist hier noch viel vertiefende Arbeit notwendig.

In diesem Umkreis soll dieses Buch ein eigenständiger Beitrag sein, resultierend aus meiner integralen Herangehensweise: Hier kommen Erkenntnisse aus der Dozententätigkeit an der Uni Gießen und bei Fortbildungsveranstaltungen mit denen des Liedermachers und Poeten zusammen. Kein Wunder also, dass in meiner Arbeit nicht nur Sprache und Bewegung, sondern auch das Singen, die Poesie und Erfahrungen aus meiner eigenen Bewegungs- und spirituellen Praxis eine Rolle spielen. Mir kommt es also nicht einfach nur auf mehr Sprache und mehr Bewegung an, obwohl allein schon das heutzutage ein Fortschritt ist. Ganz wesentlich geht es also nicht um die weitverbreitete programmiert aufgesetzte Bewegungs-«Kultur« und die weitere funktionale Instrumentalisierung von Sprache. Nein, es geht um eine der *organismisch-kreativen Lebendigkeit verpflichtete Beweglichkeit der Sprache (auch der eigenen) und der Bewegung selbst.* Eine besondere Verbindung von Theorie und Praxis, von wissenschaftlicher Einsicht und eigener Lebensweise also.

Ich hoffe, ich kann mit diesem Beitrag allen, die für die Arbeit mit Kindern und auch an sich selbst offen sind, etwas von der Aufmerksamkeit, Freude und Begeisterung weitergeben, die ich selber immer wieder verspüre und für die ich tief und aus ganzem Herzen dankbar bin.

Salzböden, im März 2009   Fredrik Vahle

1

Sprache ist Bewegung

1.1 Die vier Grundbeweglichkeiten

Bewegung und Sprache sind schon da, bevor wir uns ihrer bewusst werden. Sprache als jene eigenartige Welt von besonderen Geräuschen, die wir mit unserem Gehör – neben der Haut dem ersten vollständig ausgebildeten Sinnesorgan – wahrnehmen.
  Und Bewegung?
Bewegung ist in unserer leiblichen »Organisation« angelegt, z. B. in der mächtigen und stetigen Arbeit des menschlichen *Herzens*, seiner den ganzen Körper durchwirkenden Pulsation, für die wir etwas grob die Begriffe »schlagen«, »pochen« und »klopfen« verwenden. Die Tätigkeit des Herzens führt uns in den Bereich der natürlichen Körperrhythmen. Wir können unseren Herzschlag spüren, nicht direkt hören, wohl aber seine Wirkung als Puls an der Hand fühlen. Wir werden, wenn wir uns dem eine Weile zuwenden, unterschiedliche Empfindungen in uns selbst auslösen. Wir werden einen zentralen Grundrhythmus des Lebens erfahren, dessen einzelne Klopfzeichen wir mit unserer Stimme deutlich machen können: »Bup bup bup bup«.

> Es ist etwas Eigenartiges,
> sein eigenes Herz klopfen zu hören –
> etwas geheimnisvoll Nahes.
> Manchmal spüre ich es nur,
> wenn es zu schnell klopft,
> und bekomme Angst.
> Manchmal klopft es mir
> zum Hals hinauf
> oder rutscht in die Knie
> und ab und zu sogar in die Hose.
> Ist das Herz wieder oben,
> vergesse ich schnell, dass es klopft.
> Aber neulich habe ich
> meinen Puls gefühlt
> und ein Lied dazu gesungen.
> Das ging mir zu Herzen,
> aus dem es kam.

Discomusik greift häufig den Herzrhythmus auf, um ihn zu beschleunigen und voranzutreiben; ein uraltes Mittel musikalischer Wirkung, das es bei vielen Naturvölkern gibt. Allerdings in einfacher Form und ohne technische Verfremdung. Solche Herzmusik finden wir häufig in indianischen Ritualen.

> Manchmal, wenn die Indianer
> Musik machen wollen,
> hören sie erst mal in sich selbst hinein.
> Und was hören sie da?
> Sie hören ihr eigenes Herz schlagen.
> Und dann nehmen sie ihre Trommeln und fangen an zu trommeln,
> wie sie ihr eigenes Herz gehört haben:
> Ba bumm ba bumm ba bumm.
> Sie trommeln nicht einfach drauflos.
> Sie folgen dem Rhythmus in ihrem eigenen Körper.
> Und daraus entsteht die Musik,
> aus dem Klang, der von innen kommt,
> und aus dem Herzschlag:
> Ba...bumm...ba...bumm...ba...bumm...ba...bumm
> anatonka yoti jahe!

Ein weiterer elementarer Bewegungsrhythmus lässt sich im menschlichen Atem erkennen. Er könnte auch an erster Stelle stehen: Schließlich wird gesagt, dass das Leben mit dem ersten Atemzug beginnt und mit dem letzten endet. Atmen ist ständig mit Bewegung verbunden und vollzieht sich wie die Arbeit des Herzens auch dann, wenn wir uns dessen gar nicht bewusst sind, z. B. wenn wir schlafen. Wenn wir jedoch den »erfahrbaren« Atem entdecken, wenn wir so etwas wie Atemaufmerksamkeit entwickeln, dann spüren wir den Atemvorgang nicht nur im Mund, sondern auch im Bauch, in der Brust und in anderen nicht unmittelbar beteiligten Körperbereichen. Atemaufmerksamkeit gehört zum Programm verschiedenster Entspannungsübungen und ist wesentliches Element fast aller spiritueller Wege.

> Atmen zuerst
> Und atmen zuletzt
> Einatmen ausatmen
> Hier und jetzt.

Und schon Goethe machte sich seinen Reim darauf.

> Im Atemholen sind zweierlei Gnaden:
> Die Luft einziehen – sich ihrer entladen.
> Jenes bedrängt, dieses erfrischt.
> So wunderbar ist das Leben gemischt.
> Drum danke Gott, wenn er dich presst,
> und danke ihm, wenn er dich wieder entlässt.
>
> Johann Wolfgang von Goethe

Aber es ist gar nicht so einfach, den Atem nur zu beobachten. Meist versuchen wir dann, den Atem zu aktivieren. Das ist nämlich viel mehr als bei der Bewegung des Herzens möglich. Wir können unseren Atem anhalten, ihn verkürzen oder dehnen, ihn hörbar machen. Fließende Bewegungen des menschlichen Körpers können durch bestimmte Atembewegungen impulsiert und unterstützt werden. Aber auch die umgekehrte Wirkungsfolge ist möglich. In beiden Fällen kommt es auf die Intensität und Tiefenwirkung des Atems an. Das Atemachten hat auch eine psychische Wirkung. Es ist ein Weg der Verlangsamung, der Konzentration, der Innenschau (vgl. hierzu Middendorf 2007).

Als dritte elementare Beweglichkeit möchte ich die der *Hand und der Finger* betrachten. Damit sind das Greifen und Be-greifen, das Fassen und Er-fassen, das Fühlen und Er-fühlen, das Tasten und Er-tasten sowie all jene übrigen Bewegungen der Hände und Finger gemeint, die wir als Menschen in sehr unterschiedlichen Lebensbereichen entwickelt haben. Sie stehen teilweise als äußere Bewegungen in engem Zusammenhang mit den inneren Bewegungen, mit unseren geistigen Fähigkeiten und Impulsen. Schon im pränatalen Stadium entwickelt der Mensch ein besonderes Interesse für seine Hände. Er spielt mit ihnen, erprobt und erlernt bestimmte Bewegungen, lutscht am Daumen.

Unsere ganze Intelligenz, unsere Musikinstrumente und technischen Geräte sind ohne die Beweglichkeit unserer Hände und Finger nicht denkbar. Und selbst in abgehobenen virtuellen Bereichen spielt die Digitalität bzw. das Digitale eine wesentliche Rolle. Eine menschliche Grundbeweglichkeit also, die Impulse für eine kaum noch überschaubare Entwicklung gegeben hat.

Die vierte elementare Grundbewegung, von der ich ausgehen möchte, ist der *aufrechte Gang*. Er kommt im Menschenleben scheinbar erst später dazu. Seine ersten Auswirkungen erfahren wir jedoch schon vor der Geburt durch die Wahrnehmung der Gangart der Mutter. Im Gegensatz zu landläufigen Vermutungen wird der aufrechte Gang keineswegs in einem bestimmten Alter neu erlernt. Er ist bereits pränatal im menschlichen Organismus angelegt (Blechschmidt 2008). Seine Stimulation und Realisierung jedoch bedürfen der Anstöße von außen, bedürfen der psychomotorischen Vorbilder derer, die bereits gehen können. Ebenso ist ein bestimmter Reifegrad an Gleichgewichtssinn und Körperkontrolle erforderlich. Unsere Spiegelneuronen werden aktiv. Wir laufen unseren aufgerichteten Vorbildern nach und machen jede Menge Selbstversuche. Wenn wir keine aufrecht gehenden Vorbilder haben, bleibt uns die Würde des aufrechten Ganges verschlossen. (So bei den sogenannten »Wolfskindern«; Menschenkindern, die in der Gesellschaft von Tieren aufwuchsen.)

In der Tat werden sogar moralische Qualitäten von entsprechenden Körperhaltungen abgeleitet. Wir reden dann im moralisch-ethischen Sinne von aufrechter Haltung, von Unbeugsamkeit und Aufrichtigkeit. Und sogar unser »Verstehen« hat etwas mit den Füßen zu tun, denn es war ursprünglich eine Handlung, bei der die Füße eine große Rolle spielten, bei der man für jemanden oder für etwas zunächst im körperlichen Sinne »einstand«. Ich schlage vor, dass wir uns zur Einstimmung erst einmal an diesen vier elementaren Beweglichkeitsformen orientieren. Von hier aus können wir uns weitere Erscheinungsformen von Bewegung bewusst machen. Es geht hier um nicht weniger als um Ihre selbst erfahrene Einsicht in unterschiedliche grundlegende Bewegungsprozesse.

Es sind Einsichten, wie sie z. B. von Dore Jacobs und dann auch von Moshé Feldenkrais formuliert wurden: Innengeleitete Bewegung, Bewusstheit durch Bewegung, beseelte Bewegung, Einheit von Körper und Geist in der Bewegung und Ähnliches gehören hierher. Und nicht »aufgesetzte« Bewegungen, antrainierte und äußerlich adressierte Bewegungen, nicht solche also, die lediglich vom Hirn gespeichert und dann von diesem Zentralorgan aus dem Körper befohlen werden; Bewegungen, die sich darin gefallen, maschinelle Vorgänge durch Geschicklichkeit und Verrenkung nachzuahmen, bzw. die zu sportlichen und tänzerischen Höchstleistungen oder zu fast faschistoider Konformität stimuliert und dressiert wurden (Stichwort: »motorische Verdummung«). Bewegungserziehung muss also nicht heißen, wahllos in die vorhandene Bewegungs-»Kultur« mit ihren Albernheiten und Dressurleistungen einzuführen! An dieser Stelle sei an die frühe Turnbewegung in Deutschland (»Turnvater Jahn«), an die ersten »Sportplätze« in der Berliner Hasenheide erinnert. Hier gab es aber nicht nur die geradlinigen Laufbahnen, in denen es ausschließlich um Leistung und Geschwindigkeit ging. Da waren nämlich auch die heute im Leistungssport völlig vergessenen Schlängelbahnen und Wunderkreise. Insbesondere in den Wunderkreisen – die kennen Sie heute unter dem Namen Labyrinth – ging es nicht um Geschwindigkeit, sondern um Bewusstwerdung durch Bewegung. Wer in den Kreis hineinging, hatte die Möglichkeit, als ein anderer wieder herauszukommen (Eichberg o. J.).

Die Ausrichtung von Bewegung kann also auch auf etwas anderes zielen als das, was gerade auch im Schulsport noch immer die vorherrschende Richtung ist, nämlich auf *Bewegung im Einklang mit organismischer Beweglichkeit*, von ihr ausgehend und diese schöpferisch variierend. Auf *äußere Bewegung im Einklang mit innerer geistiger Bewegung, beseelte Bewegung,* die heilsam sein kann und Energie schafft, statt sie zu vergeuden. Auf *fließende, natürliche, lebendige Bewegung,* wie sie z. B. die Urväter und Urmütter des Tanzes – auch des Ausdruckstanzes und reformpädagogischer Bewegung –, des Yoga und des TaiChi der Natur und dem Kosmos »abgelauscht« haben.

Die angesprochenen vier Grundbeweglichkeiten des Herzens, des Atems, der Handund Fingerbeweglichkeit und des aufrechten Gangs geben Anlass zu Praxis und zu empirischer Selbstbeobachtung, also beziehe ich auch praktische Übungen immer wieder mit ein.

Und außerdem – und das ist vielleicht unerwartet, aber in unserem Zusammenhang besonders wichtig – haben alle vier etwas mit Sprache zu tun, insbesondere mit Sprachanbahnung und Sprachförderung.

1.2 Kindliche Wahrnehmungsfreude und Aufmerksamkeitsklischees

Bisher haben wir von Sprache und Bewegung geredet. Und wir haben schon im ersten Übungsbeispiel gesehen, dass beides sehr viel und auf sehr komplexe Weise etwas miteinander zu tun hat. Diese Sichtweise ist leider alles andere als selbstverständlich. Von studierten Leuten, die teilweise ein beträchtliches sprachwissenschaftliches Wissen haben, höre ich immer wieder den Satz: Ich wusste gar nicht, dass Sprache und Bewegung etwas miteinander zu tun haben. Es gibt sogar wissenschaftliche Argumentationen, die diesen Standpunkt verständlich machen: Da gibt es den Hinweis auf die Gedächtnisforschung, die im entwickelten (!) Gehirn separate Systeme für das motorische und das sprachliche Gedächtnis identifiziert hat. Da wird gesagt, Sprache und Sprechen lerne man nur durch Sprache und Sprechen. Oder konkreter: Wer einen Luftballon aufblasen könne, könne noch längst nicht »Luftballon« richtig aussprechen. Also sei die Förderung von Sprache durch Bewegung nichts als ein Mythos.

Diese Argumentation stammt – das muss man ihr zugute halten – von einer Linguistik, die Bewegung als Herausforderung von Sprache bereits wahrgenommen hat. In ihr geht es unter anderem gegen bestimmte Euphorien der Psychomotorik. Diese geht davon aus, dass es möglich, sinnvoll und sogar bitter notwendig ist, in der heutigen Situation Sprache durch Bewegung zu fördern. Sprache soll in gewisser Weise durch Bewegung in Schwung gebracht werden, damit sie sich entwickeln kann. Sprache bleibt dabei jedoch etwas anderes als Bewegung. Ich möchte im Anschluss an Renate Zimmer von meinem speziellen Ansatz her für eine andere Sichtweise plädieren, möchte einen anderen Weg gehen. Meine zentrale Aussage:

Sprache ist grundsätzlich nichts anderes als Bewegung.

Sie ist selbst zuallererst ein Bewegungsphänomen. Die unterschiedlichen Beweglichkeiten der Sprache sind auch der Kern ihrer Existenz. Bewegung ist die Essenz von Sprache. Ohne Bewegung funktioniert Sprache nicht, stirbt Sprache, kann man Sprache vergessen.

Wir haben es hier mit einer sehr spezifischen Art von Bewegung zu tun, die eine lange Geschichte hinter sich hat. Sie bildet sich aus der Gesamtbeweglichkeit des menschlichen Organismus aufgrund einer tief in ihm verankerten Veranlagung und aufgrund jahrelanger spezieller Fördermaßnahmen heraus. Sie entwickelt sich in Phasen und Funktionen hinein, die in sich so komplex und zugleich selbstverständlich sind, dass sie den Anschein erwecken, als sei es immer schon so gewesen, allenfalls etwas einfacher und primitiver. Aber die Wertigkeit dieses Sprachanbahnungsprozesses wird übergangen und vergessen. Das gilt unter anderem für die elementaren Eigenschaften von Sprache als Bewegungsphänomen, was dann eben als psychomotorischer Spleen wahrgenommen wird, dem eine zähe Tradition üblicher Sprachlernpraxis entgegensteht. Und die gilt auch auch für den Anteil der Poesie, der Musik, des Singens an der Sprache, der als »prima poesis« eines jeden Menschenlebens eine besondere Rolle spielt. Im Getriebe entfalteter Sprache und heutiger Kommunikationswirklichkeit wird sie in ihrer elementaren Bedeutung ebenfalls übergangen und als Kleinkinder- oder Kindergartenproblem abgetan.

Im Folgenden möchte ich diese zunächst allgemeinen Aussagen konkretisieren und ermitteln, ob sich dabei theoretisch interessante und bis in Übungen hinein praktikable Zugänge zur Sprachentstehung, Sprachentwicklung und Sprachförderung finden lassen.

Eine Szene, wie sie immer wieder vorkommt

Die Großmutter hat sich über das Kind gebeugt, und die Großmutter gibt sich Mühe. Sie redet liebevoll auf das Kleine ein, wie es Großmütter in besonderer Weise können und seit eh und je getan haben. Ein liebevoller Redeschwall. Und das Kleine interessiert sich auch ganz und gar für die Großmutter. Leider nicht für ihre Worte. Das menschenbildende Medium der Sprache, die eigentliche Essenz des Menschseins, das, was ihn landläufig von den Tieren unterscheidet – das ist hier gerade nicht wichtig.

Im Anfang war das Wort? Hier muss es heißen: Im Anfang war die Brosche.

Die ganze Aufmerksamkeit des Kindes bezieht sich auf die an schön geschwungener Kette baumelnde Brosche der Großmutter. Es schaut wie gebannt auf die Bewegung der Brosche, möchte danach greifen. Ärmchen und Händchen werden aktiv. Eine innere freudige Erregung hat das Kind erfasst. Was ihm da alles an lieben Worten zugeflüstert wird, ist Nebensache.

Die Wahrnehmung einer bestimmten Bewegung steht ganz im Vordergrund. Wir denken aufgrund unserer Intentionen erst einmal, das Kind sei an unseren Worten interessiert. Und das ist mit Verlaub ein ziemlich festgefahrenes Aufmerksamkeitsklischee, das sich lange halten kann, aber immer wieder zu Kommunikationsschwierigkeiten führt, weil der Faktor Bewegung nicht genügend berücksichtigt wird!

Schon beim Fötus im Fruchtwasser spielt dies eine Rolle. Wir denken, der Fötus sei hauptsächlich mit Ernährung und Wachsen beschäftigt, aber ansonsten noch nicht im vollen Sinne lebens- und bewegungsfähig. Vielmehr treibe er ziemlich leblos im Fruchtwasser dahin. Statische Fotos legen dies auch nahe. Dabei wird der Fötus ständig durch die Bewegungen der Mutter stimuliert, und er zeigt selbst eine gewisse Lust, sich zu bewegen, sich anzuschmiegen und auszustrecken. Wenn wir so etwas im Film sehen, sind wir erstaunt und berührt zugleich. Die elementaren Bewegungen beim Kind treten aber nach der Geburt, wenn es um Körperkontrolle und darauf aufbauende Bewegungsformen geht, erst einmal in den Hintergrund. Gleichwohl nimmt die Aufmerksamkeit für und die Lust an der Bewegung dann wieder zu. Wir wünschen uns, dass das Kind auch vor dem Zahnwechsel im siebten Jahr möglichst viel von dem aufnimmt, was wir ihm in *Worten* sagen wollen. Aber wir überschätzen als Erwachsene das Wirkungspotenzial der Sprache auf Kinder: Unsere eigene Erfahrung mit der Bedeutung der Sprache lässt sich nicht auf Kinder übertragen!

Wir müssen dem Faktor Bewegung mehr Platz einräumen. Die Wahrnehmungsaufmerksamkeit des Kindes von Anfang an und zumindest bis zum siebten Lebensjahr gilt in erster Linie Bewegungserscheinungen, den Gesten, Gebärden, dem Gang der Erwachsenen, leider auch den beweglichen Bildern im Fernsehen, ansonsten allem, was geht, krabbelt und fliegt, und ... der Brosche der Großmutter.

Später hört das Kind in bestimmten Situationen den Satz: Schau mich gefälligst an, wenn ich mit dir rede! Und es wird in der Schule merken, dass die Lehrerin großen Wert darauf legt, dass die Kinder sie im Unterricht anschauen. Und dabei sollen sie möglichst still sitzen und außerdem nichts mit den Händen machen – ein weiteres Aufmerksamkeitsklischee; wer darauf beharrt, verliert einen Großteil der kindlichen Aufmerksamkeit! Kinder können nämlich auch gut zuhören, wenn ihre Hände mit etwas anderem beschäftigt sind, wenn sie spielen oder in einem Buch blättern. Sogar mit Kopfhörern auf den Ohren können sie Hausaufgaben machen. Kinder, die nicht laut werden dürfen oder jedenfalls gleichzeitig mit etwas spielen dürfen, haben große Schwierigkeiten mit dem Zuhören. Bei gehörlosen Kindern wird das besonders deutlich. Sie machen beim Lernen einen kaum zu ertragenden Lärm mit den Füßen. Je mehr sie im Unterricht aufpassen, je mehr sie lernen, desto fußaktiver werden sie. Dazu später mehr. Erst im Alter von acht oder neun Jahren ändert sich der Anteil der Fußaktivität bei gehörlosen Kindern.

Das alles klingt im Zeitalter der »Plage« durch hyperaktive und ADS-Kinder einigermaßen provokant, soll aber an dieser Stelle zumindest zum Nachdenken und Beobachten anregen.

> Bei einem Kinderliederkonzert in Berlin habe ich selbst einmal eine Lektion bekommen, die mich seitdem für das Problem der Aufmerksamkeitsklischees sehr hellhörig gemacht hat: Zu einem Konzert mit Kinderliedern in Berlin sind

> ungefähr 300 Kinder gekommen. Es war in der damaligen Schaubühne, und der Bühnenraum war enorm groß. Mit meinen Mitmusikern stand ich etwas verloren in der Mitte der Bühne.
>
> Was passierte? Bereits nach den ersten drei, vier Liedern kletterten einige Kinder auf die Bühne, begannen, darauf herumzulaufen, so etwas wie Raumerkundung zu praktizieren. Andere folgten nach, und bald war ein Großteil des Kinderpublikums auf der Bühne. Ich hätte die Kinder herunterscheuchen oder die Veranstalter rufen können, habe es aber nicht getan. Es war alles andere als das, was man sich normalerweise unter einem aufmerksamen Kinderpublikum vorstellt. Aber ich griff nicht ein, denn oft tut man das als Erwachsener zu früh und nimmt sich dadurch Einsichten, die man erst bekommt, wenn bestimmte Grenzen überschritten werden. Ich war zwar genervt, zugleich aber auch neugierig, was daraus werden würde. Zu allem Überfluss fingen die Kinder auch noch an – angeregt von dem Lied vom »Cowboy Jim aus Texas« –, in ziemlichem Tempo um uns herumzulaufen. Das taten sie bis zum Schluss des Konzertes. Durch das Laufen im Kreis war eine gewisse Ordnung in das zunächst chaotische Gewusel der Kinder gekommen. Aber ich hatte nicht den Eindruck, dass die Kinder viel von Musik und Text der Lieder verstanden hatten. Also ging ich hinterher herum und erkundigte mich bei Eltern und Kindern, was sie denn von den Liedern mitbekommen hätten. Und dann war ich sehr erstaunt über das, was ich zu hören bekam, an wie viele Lieder die Kinder sich noch erinnern konnten und auch daran, was in den Liedern erzählt wurde.

Vielleicht ist alles, was ich zu dieser Thematik sage, viel weniger erstaunlich und ungewöhnlich, wenn man sich eine Einsicht zu Gemüte führt, die bereits einige Zeit kursiert, in Sprach- und anderen Lernsituationen aber immer wieder vergessen wird. So, als wäre sie nie da gewesen. Es ist eine Provokation für alle Sprachler, Sprachfreunde, Sprachwissenschaftler, Literaten und sonstige Sprachbenutzer. Ich nenne sie den »90-Prozent-Hammer«, und sie besagt, dass ein Großteil dessen, also ca. 90 Prozent von dem, was in sprachlicher Kommunikation transportiert wird, nicht sprachlicher Natur ist (Körperhaltung, Gebärde, Gestus, Prosodie, Stimmklang, Stimmführung). Nur ein kleiner Teil fällt auf das, was für die »reine« Sprachwissenschaft die Sprache ausmacht. Den größten, nicht sprachlichen Anteil erfasst sie mit ihren Zeichentheorien und gängigen Sender-Empfänger-Modellen samt allen Grammatiktheorien nur unzureichend, weil sie ihn als Nebensache ins Abseits schiebt. Ich möchte zeigen, dass es sich auch für die Sprache und das Sprachenlernen lohnt, ihn da wieder herauszuholen.

1.3 Sprache als formschaffender Bewegungsprozess: Singen, Bewegung und kommunikativer Tanz

Betrachten wir also weiter die Sprache als Bewegungsphänomen. Wir wissen alle, dass das Erlernen von Sprache ein komplizierter Prozess ist, der in keiner Weise schon vollständig erforscht ist und der quasi mit jeder neuen Kindergeneration zu neuen Forschungsproblemen und Erkenntnissen führt. Es sind nämlich tief in die Leiblichkeit und Psyche des Kindes eingreifende physiologische und sensomotorische Prozesse, die sich im Spracherwerb der ersten Lebensjahre abspielen. Für uns Erwachsene ist die Sprache ein Medium der Information, der Nachrichtenübermittlung, ein Mittel des Denkens und der Verständigung. Aber schon diese Sicht auf Sprache als Medium des zielgerichteten *Handelns* sollte uns inzwischen aufmerksam machen. Für ein Kind, das sprechen lernt, ist Sprache nämlich primär kein solches Medium von Nachrichtenübermittlung und Verständigung durch den Austausch von Gedanken. Vielmehr bemüht sich das Kind in diesem langwierigen Prozess vor allem um Entdeckung, Inbetriebnahme und Differenzierung seiner artikulatorischen Beweglichkeit. Es muss immerhin die Kontrolle über mehr als 100 Muskeln erlangen, ehe es den ersten vollständigen Satz sagen kann. Sprache steht bei Kindern also für einen Prozess, in dem es um artikulatorische Bewegungsfähigkeit geht und der sich in der Regel über mehrere Jahre hinzieht. Keine andere Bewegungsfähigkeit, auch nicht die größten akrobatischen und sportlichen Leistungen, wird so lange und tief in Organismus und Psyche eingreifend eingeübt wie das Erlernen der Muttersprache. Dazu stehen dem Kind angeborene Neugier, Lust an der Imitation, der Nachahmung, spielerische Kreativität und ein Übermaß an Geduld und Energie zur Verfügung. All das kann sich jedoch nur entfalten, wenn das Kind von Erwachsenen begleitet wird, die sich nicht nur um das Kind »kümmern«, sondern lebendigen Anteil an den spezifisch kindlichen Entwicklungsprozessen nehmen, was Einfühlungsvermögen und entsprechende Kenntnisse zugleich erfordert.

Jedes Kind hat eine Stimme
zum Singen, Sprechen, Lachen,
und es kann mit seiner Stimme
ganz verschiedene Sachen machen.
Es kann selber Wörter finden,
die die Welt ganz neu entdecken,
Zauberwörter auf der Zunge,
die nach Zuckerwatte schmecken.
Es kann quaken, quieken, quäken,

*laut und auch ganz leise sein,
und auch rotzig, trotzig, motzig
schrei'n: »Das ist gemein!«
Es kann flüstern, jodeln, juchzen,
tief in seinem Hals drin brummen,
wie der Kuckuck »Kuckuck« rufen
oder wie die Biene summen.
Es kann manchmal etwas sagen,
wo die Großen nur dumm schau'n,
weil sie's längst vergessen haben
oder sich's nicht trau'n.
Jedes Kind hat eine Stimme
zum Singen, Sprechen, Lachen,
und es kann mit seiner Stimme
ganz verschiedene Sachen machen.*

In diesem Sinne beherrscht jeder Mensch, der eine Sprache gelernt hat, eine hoch komplizierte Bewegungskunst, ist aus dieser Sicht jeder Mensch ein Bewegungskünstler. Er ist nämlich befähigt, aus fein aufeinander abgestimmten artikulatorischen Bewegungen, etwa des Gaumensegels, der Lippen, der Zunge, Laute/Phoneme hervorzubringen und aus einer begrenzten Anzahl dieser Laute (zwischen ca. 50 und 70) fast unendlich viele Wörter zu bilden, durch die die unterschiedlichsten Dinge bezeichnet und die verschiedensten Gedanken ausgedrückt werden können. Ganz zu schweigen von den vielfältigen anderen Funktionen, die Sprache sonst noch haben kann. Es ist dies eine wesentliche Dimension, die das Wunder der Sprache ausmacht.

Ein Kind, das dabei ist, ein feinmotorischer Bewegungskünstler zu werden, entwickelt oft sprachliche Vorlieben, hat Freude an manchem, was wir Erwachsenen als nichtssagend und banal ansehen, hat Freude an der endlosen Wiederholung unverständlicher Lautfolgen, seltsamer Reime, allem möglichen Nonsens und selbst zusammengesungenem Singsang, dessen versteckter Wert uns als Erwachsenen nicht zugänglich ist.

Dies führt zu einer anderen Spur, die nicht unmittelbar etwas mit Bewegung zu tun hat, wie wir sie bisher kennengelernt haben. Sprache als formschaffender Bewegungsprozess erhält nämlich notwendigerweise auch musikalische Elemente. Darauf möchte ich in diesem Eingangskapitel zumindest hinweisen, um es dann später ausführlich zu behandeln. Meine zentrale Aussage in diesem Bereich lautet:

Ohne das Singen, ohne den Singsang und die prosodischen Spiele früher Kommunikation kommt kein Mensch zur Sprache.

Insofern sind die Fähigkeit und der humane Sinn des Singens in jedem Menschen angelegt, der eine menschliche Sprache erlernt hat. In der Spracherwerbsforschung ist darauf schon häufig hingewiesen worden (sehr nachdrücklich bei Papousek 1992). Dieses Phänomen wird jedoch meist als partielles und eingegrenztes Element kindlichen Spracherwerbs angesehen. Seiner Bedeutung für die nachfolgenden Phasen für das gesamte Menschenleben überhaupt wird nicht weiter nachgegangen, zumal das Singen mehr und mehr zurückgeht. Das scheint sich jedoch zurzeit zu ändern. Und zwar unter anderem durch die Ergebnisse der neueren Hirnforschung, z. B. bei Gerald Hüther: »Singen ist Kraftfutter für Kindergehirne«, aber auch durch künstlerische Äußerungen wie den Film »Wie im Himmel«, in dem es hauptsächlich um die humanisierende Bedeutung des Singens geht. In diesem Kontext erhalten Kinderreime und Kinderlieder eine neue Relevanz, müssen jedoch auch neue und ungewohnte Formen des Singens entwickelt werden, und das bewirkt erstaunlicherweise gegen den gesanglichen Traditionalismus von Schulen, Kirchen und Gesangvereinen eine Rückbesinnung auf alte Kulturen, wie die der Kelten, Germanen und Indianer, aber auch dahin, wo solche uralten Gesangsformen noch heute gepflegt werden, z. B. in Indien und Afrika.

Etwas Ähnliches lässt sich auch von der Bewegung sagen. Der traditionelle Bewegungsbegriff ist vom Materialismus und von der Mechanik des 19. Jahrhunderts stark beeinflusst. Ebenso – das sei hier noch einmal betont – von der Entwicklung in der Turnerbewegung und vom Leistungssport. Da werden bestimmte Bewegungsmuster und -fähigkeiten antrainiert und eintrainiert (Bauer 2007). Es kommt auf die Optimierung der Leistung an und auf nichts anderes. Innerlich stellt man sich das so vor, dass Rückenmark und Großhirn kommandieren, dass dadurch die Zugkräfte der Muskeln in Gang gesetzt werden und diese dann in bestimmten Rhythmen die Stellung der Glieder im Raum verändern. Dieses mechanische Modell war lange Zeit das Modell für Bewegung überhaupt.

Wenn man jedoch – wie eingangs schon erwähnt – die menschliche Grundbeweglichkeit berücksichtigt, wenn man Bewegung als ein den »ganzen Organismus durchflutendes Lebensgeschehen« (Dore Jacobs) auffasst oder gar nach der Prämisse »Bewusstheit durch Bewegung« handelt, kommt man zu einem anderen Bild von Bewegung.

Jede unserer willentlich ausgeführten Bewegungen wird nämlich erst durch eine ganze Fülle unwillkürlicher *Reflexe* – Berührungs-, Greif- und Gleichgewichtsreflexe –, also durch die ganze Fülle unbewusster Bewegung möglich. Diese müssen deshalb als Urformen und Bausteine von Bewegung überhaupt gelten. Erst, wo es gelingt, durch die Einbeziehung der psychisch-geistigen Dimension diesen ganzen Bereich der unbewussten Bewegungen harmonisch in die Gesamtbewegung mit einzubeziehen, kann Bewegung ihre humanisierende und heilende Kraft entfalten.

Mikrobewegungen

Das, was wir willentlich beim Sprechen tun und wahrnehmen, ist nur ein Bruchteil von dem, was wirklich passiert. Man weiß inzwischen, dass beim Sprechen nicht nur die Atmungs- und Artikulationsorgane aktiv sind. Beim Sprechen und Hören von Sprache bewegt der Mensch wie nebenbei und unbewusst Finger, Hände, Arme, Schultern und Kopf. Damit sind nicht deutliche Gebärden und Gesten gemeint, nein, fein abgestimmte kleine Bewegungen, sogenannte »Mikrobewegungen«. Diese konnten erst durch die besondere Untersuchungstechnik einer Hochgeschwindigkeitskamera nachgewiesen werden, und zwar insbesondere durch William Condon (Professor an der medizinischen Fakultät der Universität Boston). Er ließ Gespräche zwischen zwei Personen filmen und diese Filme dann mit der Handkurbel so langsam ablaufen, dass die Mikrobewegungen sichtbar wurden. Auch Wörter und Silben wurden bis in ihre kleinsten Einheiten zerlegt. Eine Sisyphosarbeit. Für die Analyse eines Gesprächsausschnitts von 4½ Sekunden brauchte er eineinhalb Jahre. Er stellte fest, dass sprachlicher und motorischer Anteil jeweils eine synchrone Einheit bilden. Mikrobewegungen und Mikroeinheiten der Wörter sind vollständig aufeinander abgestimmt. Silben, Wörter und Sätze sind in perfekter Rhythmik mit den körperlichen Bewegungen verbunden.

> Auf ein Beispiel bezogen hört sich das dann so an:
>
> »Wenn ein amerikanisches Kind (oder Erwachsener) in dem Wort ›ask‹ den Laut ›æ‹ ausspricht, bewegt sich der Kopf ein wenig nach links oben, während die Augen ihre Richtung beibehalten. Der Mund verengt sich und kommt nach vorne. Vier Finger krümmen sich (der Daumen bleibt ruhig), und die rechte Schulter dreht sich leicht nach innen.«
> (Condon 1975)

Besonders erstaunlich ist das Ergebnis dieser Untersuchung im Kontext dessen, was wir vorher über Sprache als Bewegungsphänomen und als Kritik am traditionellen Bewegungsbegriff gehört haben, nicht. Es zeigt vielmehr durch ein hochwissenschaftliches Verfahren die Einheit von Sprache und Bewegung, und zwar überdeutlich. Condon hat unmissverständlich klargemacht: Sprache und Sprechen haben viel mehr mit Bewegung zu tun, als wir gemeinhin annehmen.

Das gilt allerdings nicht nur für den einzelnen Sprecher, sondern auch für sein Gegenüber, falls dieses im Gespräch »mitgeht« bzw., wie es auch im Alltag beschrieben wird, »auf gleicher Wellenlänge« schwingt. Die motorischen und verbalen Mikroeinheiten von Sprecher und Hörer sind erstaunlich genau aufeinander abgestimmt und bewirken so Verständigung als harmonischen Prozess. Voraussetzung ist allerdings, dass die Gesprächsteilnehmer aneinander interessiert und innerlich beteiligt sind. Gibt es hier »Unstimmigkeiten«, so ist viel mehr Energie und Anstrengung erforderlich. Jeder von uns kann das in entsprechenden Streitgesprächen erfahren. Je mehr man sich in solchen feinen und der alltäglichen Wahrnehmung entzogenen Rhythmusbewegungen aufeinander einschwingen kann, desto größer wird das Einverständnis, desto enger die Beziehung.

Dazu ist allerdings grundsätzlich Energie erforderlich. Wie gesagt, fehlende Aufmerksamkeit und Desinteresse aneinander, bewirkt durch zeitlichen Stress und andere Energievertilger, machen Verständigung schwer.

> Das Reden tut dem Menschen gut;
> wenn man es nämlich selber tut;
> von Angstprodukten abgesehn,
> denn so etwas bekommt nicht schön.
>
> Die Segelflotte der Gedanken,
> wie fröhlich fährt sie durch die Schranken
> der aufgesperrten Mundesschleuse
> bei gutem Winde auf die Reise
> und steuert auf des Schalles Wellen
> nach den bekannten offnen Stellen
> am Kopfe in des Ohres Hafen
> der Menschen, die mitunter schlafen.
>
> Wilhelm Busch (o. J., S. 17–19)

Artikulationsgebärden

Doch der bewegungskünstlerische Prozess ist bisher nur im ersten motorischen Ansatz beschrieben. Deshalb wenden wir uns jetzt dem *Artikulationsvorgang* selbst zu, und zwar am Beispiel einer ausgewählten Lautfolge, die das Wort PLATSCH ergibt.

> **P-L-A-T-SCH**
>
> »Fühle ›P‹,
> den winzigen Atemstoß, der von den feuchten Stellen der Lippen wegexplodiert.
>
> Fühle ›L‹,
> fließende Vibrationen zwischen Zunge und Alveolen.
>
> Fühle ›A‹,
> stakkato, vom Zwerchfell abfedernd, vom Gaumen zurückgeworfen und zum Mund hinaus.
>
> Fühle ›T‹,
> den winzigen Atemstoß, der zwischen den feuchten Stellen von Vorderzunge und Alveolen explodiert.
>
> Fühle ›Sch‹,
> bei dem die Luft weich zwischen Zungenmitte und Gaumen hinausschäumt.
>
> Nimm jeden Laut langsam, einen nach dem anderen, jeweils mit neuem Atem.«
>
> Nach Kristin Linklater (1997, S. 248)

Die hier beschriebenen Artikulationsvorgänge lassen sich mit einiger Aufmerksamkeit deutlich wahrnehmen. Doch der sprachbildende Bewegungsprozess ist auch damit noch nicht voll erfasst.

Luftlautgestalten

Sprache, so wurde gesagt, ist ein formschaffender Bewegungsprozess. Das kann man durchaus wörtlich nehmen. Wenn ich spreche, so ist das das Resultat innerleiblicher Bewegungsvorgänge, die in bestimmten Gestalten und Wellenbewegungen nach außen wirken.

Keine regelmäßigen Wellen, sondern Klanggestalten in zunächst unsichtbaren Luftformen. Und diese können sogar sichtbar gemacht werden. Rudolf Steiner, Begründer der Anthroposophie, hat 1924 als Erster darauf hingewiesen, dass diese Luftformen mit technischen Mitteln sichtbar gemacht werden können. Und die Dresdener Bewegungskünstlerin Johanna Zinke hat die Idee aufgegriffen und diese Luftgestalten als Ergebnis der Hervorbringung bestimmter Laute sichtbar gemacht und fotografiert. Luftgestalten, die zunächst bei natürlicher Kondensation der Atemluft im Winter deutlich wurden. Dann auch durch das Einatmen von etwas Zigarettenrauch vor dem Sprechen. Diese »Luftlautgestalten« konnten jeweils auf dem Höhepunkt ihrer Formung fotografiert werden. Der Einsatz einer Hochgeschwindigkeitskamera zeigte schließlich deutlich das Werden und Vergehen der jeweiligen Luftlautgestalt. Diese kann noch sekundenlang in der Luft schweben, nachdem die dazugehörigen Schallwellen schon längst verklungen sind.

Der Mensch als artikulatorischer Bewegungskünstler erzeugt mit jedem Laut eine Luftgestalt, die man als »strömende Plastik« bezeichnen kann. Wir erzeugen beim Sprechen nicht nur Schallwellen. Wir plastizieren mit Atemluft in die uns umgebende Luft hinein.

Kommunikativer Tanz

Alles in allem aber ist es ein Wunder, wenn man bedenkt, was sich an unterschiedlichen und fein abgestimmten Prozessen auf geistiger und körperlicher Ebene abspielt, wenn wir uns verständigen und durch »Wörter« – was da alles mitspielt, können wir jetzt zumindest ahnen – einander näherkommen bzw. »uns austauschen«. Es ist jetzt meines Erachtens nicht weit hergeholt, wenn wir das, was sich als Bewegungskunst auf körperlicher und sprachlicher Ebene abspielt, als »Tanz« bezeichnen. Und zwar für Sprache allgemein, aber insbesondere für die Poesie, für Gedichte. Denn hier wirken Rhythmus, Gleichklang/Reim und spielerischer Umgang mit Bild- und Imaginationspotenzial von Wörtern in besonderer Weise zusammen. In der Sprache als formschaffendem Bewegungsprozess verbinden sich Silben, Wörter und Sätze mit den körperlichen Bewegungen zu einer übergeordneten Einheit. Die Beteiligten an einem (gelingenden) Gespräch führen synchron differenzierte Bewegungen aus. In diesem Kontext schlage ich also vor, Sprache als »kommunikativen Tanz« zu bezeichnen, dessen »Schrittfolgen« sowohl durch körperlichen Rhythmus, durch Klang und Zusammenklang (z. B. Reim), aber auch durch das geistige Imaginations- und Begrifflichkeitspotenzial bestimmt werden; ein kommunikativer Tanz nicht nur auf der Oberfläche der Wörter, sondern auch durch Einbeziehen ihrer körperlichen und geistigen Dimensionen. Oder anders gesagt: Die qualitative Erfassung der motorischen, prosodischen und artikulatorischen Dimensionen von Sprache – der »90-Prozent-Hammer« – öffnet die Sicht auf Sprache als kommunikativen Tanz.

Mehrere Autoren sind auf unterschiedlichen Wegen zu einer ähnlichen Sichtweise gekommen. Hier sei auf Nietzsche verwiesen: Immer wieder stellt er Verbindungen zwischen körperlichen und geistigen Dimensionen her. Für ihn ist der Mensch ein rhythmenbildendes Geschöpf, und »Tanz« ist für Nietzsche zeitweise eine idealisierte Leitvorstellung, die nicht nur auf die Sprache, sondern auf die gesamte Kultur bezogen wird, die zukünftig »einem kühnen Tanze« ähnlich sehen werde. Nietzsche erkannte bereits: Der Gebrauch von Wörtern, die Sprache ist ein Tanz (Nietzsche 2000, S. 123).

In anderem und jüngerem Kontext wurde Sprache als »formgebende Bewegungskunst« betrachtet (Patzlaff 2003).

In der indischen Mythologie spielen der Tanz, die tanzenden Götter, Schiwas Tanz in ganz unterschiedlichen Zusammenhängen eine besondere Rolle. Und in der europäischen Mystik wird der kosmisch-irdische Schöpfungsprozess immer wieder als universeller Tanz gesehen.

Und natürlich findet sich diese Sichtweise, dieses sprachliche Bild auch in der Beobachtung der ganz alltäglichen und irdischen Eltern-Kind-Interaktion:

> »Die Mutter (oder der Vater) nimmt die Gesten und Laute des Kindes auf, wiederholt diese variierend. Kind und Bezugsperson stellen sich dabei in ihrer Motorik und Lautbildung so aufeinander ein wie zwei, die gemeinsam freudig tanzen oder im Duett singen.«
>
> (Schiffer 2001, S. 38)

Es lohnt sich, diese Sichtweise – also Sprache als kommunikativen Tanz zu sehen – in alltäglicher Beobachtung anzuwenden. Auf welche Weise tanzen Menschen in Wörtern miteinander? Welche Tänze werden da aufgeführt? Gesellschaftstänze? Feurige Tangos? Symbiotische Walzer? Schieber? Hüpf- und Springtänze? Schuhplattler? Auf welche Weise bewegen und berühren Menschen einander im Gespräch und gerade auch durch das, was sich da untergründig ereignet? So ist z. B. der kommunikative Tanz zwischen Mutter und Kind durch besonders viele direkte Berührungen gekennzeichnet und wird dadurch besonders intensiv. Und weiter können wir fragen: Wie kommen diese Tanzrhythmen zustande? Wie werden sie stabilisiert oder auch gestört?

Es soll in meinen Ausführungen aber nicht etwa angeregt werden, nur noch auf Körpersprache und die unterschiedlichen Bewegungsformen in lautsprachlichen Prozessen zu achten. Ich gehe vielmehr davon aus, dass auf diese Weise tiefe Einsichten in das, was Sprache für Kinder und Erwachsene bedeutet, gewonnen werden können.

Der »90-Prozent-Hammer« ist für die gängige Wertschätzung von Sprache eine Provokation. Eine ähnliche Herausforderung findet sich in der Gebärdensprache, die lange Zeit als wenig intelligenter Notbehelf für behinderte Menschen angesehen wurde. In der Gebärdensprache haben wir einen hundertprozentigen Körperbezug; Lautsprache ist nur in unterschiedlichen Restbeständen vorhanden. Dieser hundertprozentige Körperbezug bewirkt aber in seiner kommunikativen Verfeinerung eine äußerst intensive und meist spielerisch lebendige Kommunikation. Man kann hier kein Blatt vor den Mund nehmen, man muss sich immer direkt ausdrücken. In der Lautsprache, in Wörtern fehlt häufig der lebendige, vitale Ausdruck. In der Gebärdensprache ist notwendigerweise der ganze Mensch beteiligt.

Inzwischen gibt es Gehörlosenchöre, Rezitationswettbewerbe und sogar Universitätsvorlesungen in der Gebärdensprache. Kein Wunder also, dass nach langen Auseinandersetzungen die Gebärdensprache als vollgültige Sprache in immer mehr Ländern anerkannt wird.

Körpersprache allgemein wird in zunehmendem Maße aufgewertet. Unterschiedliche Forschungen haben ergeben, dass Kleinkinder aus ganz unterschiedlichen Kulturen über eine einheitliche rudimentäre Gebärdensprache verfügen, in der sie sich problemlos verständigen können. Erst durch das Erlernen der Lautsprache trennen sich ihre kommunikativen Wege. Und so konnte der Biologe Desmond Morris sogar das folgende Loblied auf die Körpersprache anstimmen:

> »Und genau das macht die Körpersprache
> so entscheidend für unsere Zukunft auf diesem Planeten.
> Lange hat man auf Gesten
> als triviale Nichtigkeiten herabgeschaut.
> Die Linguistik hingegen,
> das Studium des geschriebenen und gesprochenen Wortes,
> hob man auf den Schild.
> Dabei ist es die gesprochene Sprache,
> die Menschen trennt,
> und die Körpersprache, die sie verbindet.«
>
> (Morris 1984, S. 42)

1.4 Eine integrale Übung

Was wollen Sie gerne machen, wenn Sie jetzt einmal mit dem Lesen aufhören und und sich fünf Minuten Zeit nehmen? Suchen Sie sich etwas aus:

> Still sitzen und ruhig atmen ...
> sich räkeln, sich strecken
> sich dehnen und gähnen
> den eigenen Körper von oben bis unten abklopfen
> Hände reiben und Finger kneten
> mit den Zehen wackeln und die Füße aktivieren
> sich schütteln, schütteln
> und nochmal schütteln ...

Und jetzt können Sie weiterlesen. Ein Bezug zur konkreten Bewegung bleibt jedoch erhalten: Es geht um eine Art Yoga-Figur. Durch sie sollen bestimmte menschliche Entwicklungsbereiche und ihre Voraussetzungen gestisch angedeutet und durch bestimmte Gebärden memorierbar gemacht werden. Sie lesen jetzt etwas, das sich genauso gut auch gleich praktizieren lässt. Erst einmal können Sie sich die Bewegungen einfach vorstellen und ihre Impulse und Empfindungen spielen lassen. Vielleicht bekommen Sie dann nach und nach Lust, es selber einmal auszuprobieren. Ob wohl schon mit dem Gelesenen Bewegungsneugier erwacht und wie von selbst Bewegungsimpulse entstehen können?

In einem anderen Bereich klappt das schon vorzüglich: Ganz egal, ob ich ein Referat über das Gähnen halte oder ein Lied darüber singe; die sprachliche Äußerung wird nach und nach in praktische Aktivität umgesetzt. Es wird herzhaft gegähnt! So etwas wünsche ich mir auch in Richtung bewusste Bewegung ... Und außerdem ist es ein wunderbares Untersuchungsgebiet für eine zukünftige Neurolinguistik, die dann untersuchen könnte, wie Texte z. B. über Bewegung, Singen, kreatives Denken u.a. die jeweilige Bereitschaft zu solchen Aktivitäten fördern können (vgl. Masters 2007).

Stellen Sie sich also vor:

> Sie sind im Vollbesitz einer angenehmen Beweglichkeit, die mit fast kindlicher Freude verbunden ist. Sie gehen zurück in die eigene Kindheit, gehen in die Hocke, werden zum spielenden Kind, berühren mit ihren Handflächen die Erde. Lassen dann die Hände umeinanderkreisen, als würden sie Wasser aufwirbeln. Aus dem

Wirbel entwickelt sich eine Spirale, die langsam nach oben strebt. Sie haben Kontakt zum Grund, zum Boden, zur Erde, haben etwas von ihrer Energie gespürt. Jetzt richten Sie sich langsam auf. Sie erleben die »Mühen der menschlichen Aufrichtung«, verbunden mit dem Freiwerden der Hände, die hier eine Spiralbewegung andeuten. Die Inder würden vielleicht sagen: Die Aufrichtungsenergie steigt vom Basis-Chakra über das Herz-Chakra zum Kronen-Chakra in der Mitte des Hauptes.

Abb. 1 Hockstellung, Handflächen berühren den Boden

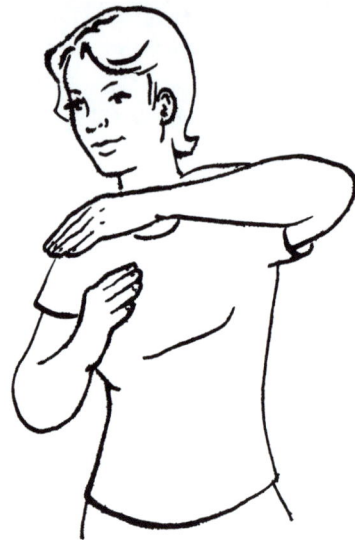

Abb. 2 Spiralbewegung der Hände

Mit der Aufrichtung wird aber auch die stimmliche Entwicklung gefördert. Der Mensch wird mit großer stimmlicher Vielfalt beschenkt. Noch vor aller Sprache und vor allem Denken vollzieht sich die Entfaltung der Stimme. Da ballt sich etwas zusammen, was dann machtvoll nach außen drängt. Das deuten die Hände an:

> Die Hände ballen sich zu Fäusten und legen sich zunächst so auf die Brust, dass sie bzw. die unteren Glieder der kleinen Finger sich berühren (eine alte schamanische Haltung, die mit dem Staunen, dem Ausdruckslaut »Ah« und innerer Reinigung verbunden ist).
> Dann werden die Fäuste etwa in Kehlkopfhöhe nach innen geklappt, sodass jeweils die mittleren Fingerglieder aufeinanderliegen. Diese Doppelfaust öffnet sich jetzt langsam wie eine Blume. Eine Verwandlung, ein Wunder, der Schmetterling schlüpft. Aus der Ballung, aus dem Chaos, aus dem Schmerz heraus. Und dann das Geschenk des ersten Wortes, als frühe Musik, als kindlicher, heiliger Singsang.

Abb. 3 Geballte Hände

Ohne diesen Singsang kommt kein Mensch zur Sprache. In dieser Hinsicht ist jeder Mensch, der spricht, auch musikalisch! Das Kind entwickelt Laut- und Sprachhunger. Nicht als egozentrische Aktivität, sondern als Lauschen und Horchen auf die »Sprachlichkeit« der Welt. Die Ausgangsbasis der weiteren Stimmentfaltung und der Sprache ist diesem Verständnis nach nicht die eigene artikulatorische Aktivität, sondern das Er-hören und Er-lauschen. Erst Gehörbildung, dann weitere Stimmentfaltung.

Sprache ist Bewegung

> Die Hände haben sich wie eine Blüte geöffnet. Sie bewegen sich jetzt in langsamen Pendelbewegungen auf die Ohren zu und entfernen sich wieder.

Abb. 4 Die Hände bewegen sich zu den Ohren

Sie deuten dabei die beiden möglichen Richtungen des Hörens an. Normalerweise hören wir nach außen, nehmen äußere Geräusche und Töne wahr. Diese Geräusche kommen allesamt dadurch zustande, dass etwas mit etwas anderem aufeinanderschlägt, sich mehr oder weniger heftig berührt oder reibt. Eine andere Art der Tonerzeugung scheint es nicht zu geben. Allerdings reden die Inder auch von einer anderen Art der Klangerzeugung, von »Shabda«, dem Summen der schöpferischen Energie. Vielleicht können wir dieses große Summen im Kleinen hören, wenn wir in unseren eigenen Kopf lauschen. Da lässt sich manchmal, wenn die Wahrnehmungsgrenze etwas erweitert ist, ein Klangteppich aus feinem, weißem Rauschen, aus unendlich fein verquirltem Zirpen als Tanz winzigster Körnchen auf feinem Kristall hören. Ein hirneigenes Geräusch, das von einem bestimmten Teil des Gehirns, der Formatio reticularis erzeugt wird. Ein Geräusch, vor dem man keine Angst haben muss wie etwa vor einem Tinnitus, ein Geräusch, mit dem man sich anfreunden kann (vgl. Rohmert 1998).

> Nach der Andeutung dieser unterschiedlichen Hörvorgänge bewegen sich die Hände vor das Gesicht, werden offen seitlich aneinandergelegt, bewegen sich auf das Gesicht zu, fühlen das Gesicht.

Vor dem Sehen kommt das Fühlen. Sowohl Sehen als auch Hören werden durch Einstülpung und Spezialisierung bestimmter Bereiche der äußeren Haut möglich.

Jetzt fühlen die Hände das Gesicht und das Gesicht fühlt die Hände. Auch können die Hände gerochen und geschmeckt werden.

> Dann wandern die Hände nach vorn. Blicken Sie auf Ihre Zeigefinger, die aneinanderliegen. Entfernen Sie sie ein Stück voneinander. Jetzt zeigt zuerst der rechte Zeigefinger in Richtung eines bestimmten Gegenstandes vor Ihnen. Dabei halten Sie das rechte Auge offen. Wenn Sie das rechte nun schließen, scheint der Gegenstand nach links zu hüpfen und Sie können jetzt mit dem linken Zeigefinger auf ihn zeigen. Dann bewegen Sie die Zeigefinger weiter auseinander. Jetzt können Sie den Gegenstand hin- und herhüpfen lassen, indem Sie jeweils ein Auge schließen. Weitere Gegenstände, Figuren, Gestalten werden sichtbar.

Abb. 5 Die Zeigefinger bewegen sich

Man kann einen Gegenstand nur erkennen, wenn man auch das Nichtgegenständliche, das nicht Erkennbare mit einbezieht. Das Endliche, die Gestalt, die Schöpfung, so lehren uns das Auge und sein Sehen, lassen sich nur auf dem Hintergrund des Unendlichen wahrnehmen (vgl. Kükelhaus 1956, S. 71).

> Die Zeigefinger bewegen sich weiter nach außen, Ihr Blickfeld erweitert sich. Sie behalten jedoch die Zeigefinger im Blickfeld, solange Sie nur können. Ihr Blick ist jetzt nicht mehr angestrengt auf einzelne Gegenstände gerichtet, er defokussiert, er entspannt sich.

Dies ist ein Prozess von zentrierter Aufmerksamkeit zum offenen und entspannten Gewahrsam bzw. zur Achtsamkeit. Erst auf dieser Basis von Sinneswahrnehmung und Sprache kann sich das Denken entwickeln.

> Ihre Hände wandern jetzt rechts und links am Kopf vorbei nach oben, als wollten sie die Ausstrahlung der beiden Gehirnhälften erspüren. Sie treffen sich dann über der Mitte des Kopfes, sodass sich die oberen Glieder der Finger berühren und auf die Mitte des Hauptes zeigen, da, wo für die Inder das Kronen-Chakra zu finden ist, in dem Denken, Geist und Bewusstsein integriert werden.
> An dieser Stelle verweilen die Hände und öffnen sich dann wieder in der alten adoranten Gebärde gen Himmel. So, als wollte der menschliche Geist sich aus dem im Schädel eingesperrten Gehirn heraus dem Himmel öffnen ...
> Dann gleiten die Arme in großen Bögen nach unten. Sie gehen in die Hocke. Ihre Hände berühren die Erde. Die nächste Bewegungsreise beginnt.

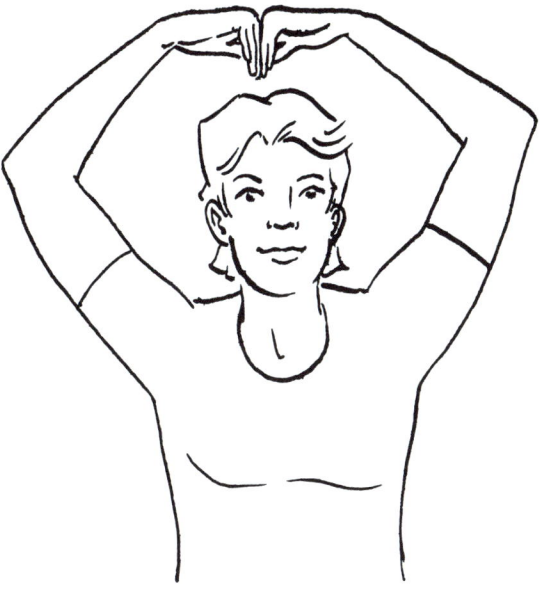

Abb. 6 Kronen-Chakra

Die durch Körperhaltung, -bewegung und -gebärden angedeuteten Zusammenhänge sollen nun noch einmal zusammenfassend dargestellt werden:

Das Leben auf der Erde entstand durch die Auswirkung besonderer kosmischer Einflüsse, insbesondere der Sonneneinstrahlung. Der menschliche Leib konnte sich aus der Tierwelt aufrichten und wurde mit einer besonderen Geistigkeit beschenkt.

Bevor der Mensch aber sprechen und denken konnte, musste sich seine Stimme entfalten, seine Artikulationsorgane, die Impulse von den durch die Aufrichtung frei gewordenen Händen bekamen; die nun verfeinerte Handbewegung wirkte sich auf die Artikulationsbewegungen aus. Die Stimme entfaltete sich zunächst aus der Tiefe des Herzens auf seelisch-intensive und zugleich spielerisch-musikalische Weise, erst dann konnte die eigentliche Sprache entstehen, für die das Lauschen, Hören und Verstehen besonders wichtig waren. Erst danach wiederum konnte sich die Sprache weiter zum Mittel des Denkens entwickeln. Die beiden Hirnhälften, insbesondere die linke, erhalten ihre besonderen Funktionen.

Dieses Bewegungs- und Andeutungsbeispiel ist für Erwachsene gedacht. Für Erwachsene, die sich über bestimmte Zusammenhänge klar werden wollen, um Kinder bewusst fördern zu können. Und das erfordert auch Arbeit an uns selbst. Fein säuberlich und bunt abgepacktes Erziehungsmaterial für Kinder, mit dem man selbst aber nicht viel zu tun hat – das hat meines Erachtens noch nie richtig funktioniert. In diesem Sinne soll die Übung Sprache, Denken und Bewegung auf besondere Weise zusammenbringen. Sie soll große und komplexe geistige Zusammenhänge auf der körperlichen Ebene verdeutlichen, fassbar, erinnerbar machen, sie auf subtile Weise mit Körperempfindungen, mit emotionaler Innenbewegung verbinden. Sie soll die oft nicht klar strukturierte Entwicklungsabfolge von körperlichen, stimmlich-artikulatorischen, musikalischen, sprachlichen und geistigen Prozessen deutlich machen:

Erst Grobmotorik,
dann Feinmotorik,

erst Gehörbildung,
dann Stimmbildung,

erst Stimme
und spielerische Musikalität,
dann Sprache,

dann Denken.

Sprache ist Bewegung. Die Übung dient auch dazu, einige bereits aufgedeckte thematische Zusammenhänge durch äußere Bewegungen sichtbar zu machen.

2

Herz und Herzmusik

2.1 Herzerlebnis im Mutterleib

Nachrichten aus einer fremden Welt. Aus einer Welt, die ewig und ein Leben lang zurückliegt. Aus einer Welt, in der wir alle einmal wohnten und in der wir Wasserwesen waren ... Aus einer Welt, an die wir uns noch viel weniger bewusst erinnern können als an die ersten Jahre unseres Erdenlebens. Aber irgendetwas ist noch da. Eine Sehnsucht oder etwas, was untergründig aus Paradiesvorstellungen und Utopien tönt. Eine Gefühlsaufwallung in der warmen Badewanne, ein euphorisches Verbundenheitsgefühl beim Baden im Meer. Fließende Bewegungen erscheinen uns schön. Das Glück ist ein Flow-Erlebnis. Und im Sommer wollen wir immer noch mehrheitlich zum großen Wasser. Frühe, pränatale Verbundenheitsgefühle können sich immer noch bemerkbar machen, auch wenn wir eine persönliche Verbindung zum damaligen Erleben nicht mehr direkt herstellen können.

Das Erste, was man überhaupt von einem werdenden Menschen im Ultraschall sieht, ist ein sich rhythmisch bewegender schwarzer Punkt: das Herz. Alle anderen Organe – auch das Gehirn – entwickeln sich erst später. Was hat das zu bedeuten? Ist der Mensch ein Herzwesen von vor der Geburt an? Wir kommen zur Welt und irgendwann später lernen wir auch, was das Herz im Organismus macht. Es pumpt das Blut in die Adern und in die Lunge. Hauptsächlich Pumpe also. Aber ist das wirklich alles? Ist die gängige Sichtweise vom Herzen als »Pumpe« überhaupt berechtigt?

Im Mutterleib gibt es sehr unterschiedliche Bewegungsimpulse für das Ungeborene, elementare Beweglichkeiten, die jedoch im menschlichen Organismus zusammengehören – Herztätigkeit, Atem und zusätzlich auch der aufrechte Gang der Mutter. Das wirkt als mütterlicher Bewegungs- und Rhythmusimpuls auf das werdende Leben ein.

> Das Wesen dieser menschlichen Urerfahrung ist der Rhythmus.
> Das Ungeborene steht unablässig unter rhythmischen Eindrücken.
> Das Gewiegtwerden durch den Gang der Mutter ist mit der Rhythmik ihres Herzschlags mit einer Tendenz zum Verhältnis 1:1 korreliert, ebenso die rhythmische Frequenz der Atmung.
> Die ersten rhythmischen Reize werden nach der Verbindung der Leibesfrucht mit dem mütterlichen Kreislauf durch dessen Pulsationen vermittelt.

(nach Clauser 1971, S. 72)

Aber auch die eigenen Wachstumsbewegungen und eine frühe erstaunliche Bewegungslust sind schon da. Diese verbindet sich mit der *frühen Erfahrung von Rhythmus*. Einer Erfahrung, die für das, was wir später erleben und lernen, von großer Wichtigkeit ist.

Einer, der den Zusammenhang von frühester organismischer Erfahrung und späterem Welterleben und Lernen sehr tief und prägnant auf den Begriff gebracht hat, ist Georg Groddek, der Schüler, Mitstreiter und Kontrahent von Sigmund Freud. Groddek spricht vom »prägenden Herzerlebnis im Mutterleib«. Und damit meint er nicht nur Nahrungszufuhr und begleitende Rhythmisierung. Er spricht von einem bisher auf diese Weise wenig beachteten Urimpuls, der später direkt zu den kulturellen Veranlagungen und Ambitionen des Menschen hinführt. Er sagt nämlich, dass in diesem Zusammenhang klar wird, dass »alles Menschliche zum Musikalischen strebt«.

Wo bleibt da der Kopf? Wo bleibt die Erkenntnis?

> *Groddek ist überzeugt,*
> *»daß der Mensch alles in Rhythmen umbilden muß, schon deshalb,*
> *weil die erste Wahrnehmung, die er macht, der Rhythmus ist,*
> *in dem sein eigenes und der Mutter Herz schlägt und weil sich ihm*
> *in der tiefen Einsamkeit des Mutterleibes nichts anderes so tief*
> *einprägt wie die Musik des Herzens«.*
>
> (Groddek, zit. n. Clauser 1971, S. 50)

Es sei dahingestellt, ob das werdende Kind seine Zeit im Mutterleib als »tiefe Einsamkeit« empfindet. Und Groddek weiß, dass das Kind im Mutterleib auch anderes hört, Darm- und Lungengeräusche z. B., und da keineswegs in frühe Abwehr geht. Vielleicht kommt die Vorliebe des Kindes für Rasselgeräusche in den ersten Lebensjahren genau daher. Babyrasseln, insbesondere Kürbisrasseln, soll es in allen menschlichen Kulturen geben. Ob das bis zum Technogezirpe und zur Hintergrundradiomusikbeschallung reicht, die viele fast als natürlich und normal empfinden, sei dahingestellt. Auf alle Fälle ist Groddeks »tiefe Einsamkeit im Mutterleib« keineswegs eine stille und ruhige Angelegenheit. Doch ihm geht es ja gerade um die Besonderheit des Herzens und seine zentrale organismische Bedeutung. Also ist der Herzrhythmus für ihn *das* Gestalterlebnis des werdenden Kindes, und es entspricht auch in jeder Hinsicht der Bedeutung, die das Herz im menschlichen Organismus hat. Und dieses Erlebnis des Herzrhythmus ist auch auf wissenschaftlich nachprüfbare Weise die Basis und der Ausgangspunkt für alles, was später über das Herz gesagt wird, und für die umfassende und vielfältige Bedeutung, die ihm beigemessen wird.

Da gibt es eine ganze Herz-Folklore in Gedichten und Liedern wie »Geh aus, mein *Herz,* und suche Freud«, da gibt es die Romantik mit abertausend *Herz*gedichten und den »*Herzens*ergießungen eines kunstliebenden Klosterbruders« (Wilhelm Heinrich Wackenroder/Ludwig Tieck), und es geht weiter über »Begrabt mein *Herz* an der Biegung des Flusses« (Dee Brown) bis zu »Ein *Herz* für Kinder«, *Herz*-Chakra und *Herz*-Energie. Fast eine leicht inflationäre Überherzlichkeit, möchte man sagen. Aber gerade deshalb ist es umso interessanter und wesentlicher, auf die Anfänge zu sprechen zu kommen. Denn die machen vieles Nachfolgende verständlicher, relativieren es oder zeigen seine Grenzen auf.

Dass der Mensch alles in Rhythmen umbilden muss, fasst Groddek als Streben zum Musikalischen auf. Man könnte auch sagen, dass es hier um ein frühestes Prinzip menschlichen Lernens geht und dass das rhythmische Element auch etwas sein könnte, das nicht nur zur Musik, sondern auch zur Sprache hinführt. Darauf möchte ich später eingehen.

2.2 Besonderheiten des Herzens

Was ist das Herz?
König und Diener zugleich ...
Nimmt auf und gibt ab ...
erlauscht und verkündet.
Zentrum und Pulsation zugleich.
Strömungsgeschehen im Kosmos
im menschlichen Leib.
Sonne ist Herz und Herz ist Sonne,
versorgt alle und wird selbst versorgt,
allmächtig und mit allem verbunden.
Frage und Antwort ... Antwort und Frage.
Impuls und Resonanz ... Keine Kontrolle.
Keine Nachahmung der Arbeit anderer Organe.
Liebe zum Leben? Von Herzen gern ...

Zunächst möchte ich klären, was das Herz überhaupt für ein Organ ist und inwieweit es sich von der Funktionsweise anderer Organe unterscheidet. Für meinen Kontext kommt mir die Darstellung dieser Thematik bei Prof. Dr. med. Walter Köster, der in Sevilla Homöopathie lehrt, sehr entgegen und deshalb möchte ich sie hier verwenden (Köster 1993).

Also zuerst einmal einen kurzen Blick auf einige andere Organe im menschlichen Organismus. Mit der *Lunge* atmen wir Luft ein, filtern den Sauerstoff heraus und atmen Luft, angereichert durch Kohlendioxid aus unserem Blut, wieder aus. Die Lunge kann als größtes Organ unseres Körpers bezeichnet werden. Anders als das Herz ist sie deutlich in zwei Teile geteilt, die sogenannten Lungenflügel. Aber ähnlich wie das Herz ist die Lunge ein ganzes Menschenleben lang pausenlos in Aktion. Dabei neigen beide Lungenflügel aufgrund ihrer Konsistenz zur Passivität, sie brauchen die Energie und Aktivität der rechten Herzkammer. Die Lunge erwartet vom Herzen viel. Sie beansprucht eine ganze Herzhälfte für sich. Alle anderen Organe müssen sich mit der verbliebenen Herzhälfte begnügen.

Der *Magen* ist eine Art Warteraum, ein Proviantmeister. Alles Mögliche kann ihm zugeführt werden: ein Steak, Pistazieneis, Sekt, Tee oder Heidelbeeren, und zwar als mehr oder weniger gut gekauter Speisebrei. Wir haben da noch etwas Fremdes in uns und können es auch wieder abgeben. Die Magensäfte leiten die Verdauung ein. Und der Pförtner in diesem Raum, ein Schließmuskel, sitzt eigenartigerweise nicht am Eingang, sondern am Ausgang. Das Herz dagegen kann nichts mehr zurückschicken. Es muss nehmen, was kommt. Das funktioniert aber nur, weil andere Organe vorausgearbeitet haben.

Von der *Leber* wird gesagt, dass sie das größte Stoffwechselorgan des menschlichen Körpers ist. Ihre Stoffwechselaktivitäten sind so vielfältig, dass es schwerfällt, eine Übersicht zu finden. Sie nimmt den ehemaligen Speisebrei auf, aus dem bereits die unverdaulichen Teile ausgesondert wurden; inzwischen ist er eine vom Dünndarm für glaubhaft gut befundene Nährlösung geworden. Diese Nährlösung wird nun vielfältig verwandelt. In Vitamine und in Eiweißteilchen gegen Hautverletzungen z. B. Sie baut ein überflüssiges Zuckermolekül um, sodass es besser speicherbar ist. Und und und. Die Leber ist so etwas wie ein Ordner, ein Platzanweiser. Unbrauchbare Moleküle gibt sie an die Galle ab. Sie handelt nach dem Prinzip: Vertrauen ist gut. Kontrolle ist besser. Deshalb wird sie bei den Chinesen (im Buch vom »Gelben Kaiser«, vgl. Köster 1993) auch als General gesehen, der die Strategie bestimmt, aber auch mit dem Frühling im Zusammenhang gebracht, weil sie aus ehemals ›totem‹ Speisebrei neues Leben, neue Energie schafft.

Jetzt also frei von der Leber weg zum Herzen: Das *Herz* muss nehmen, was kommt. Es kann nichts aussondern oder gar zurückschicken. Es muss sich darauf verlassen können, dass die anderen Organe ihre Arbeit gut gemacht haben. Das Herz hat grenzenloses Vertrauen und zugleich unglaubliche, geballte Kraft. Gleichzeitig ist es aber auch ein sensibles »Sinnesorgan«. Es reagiert durch Beschleunigung und Verlangsamung sensibel auf das, was der Gesamtorganismus tut. Und es reagiert auf jeweils spezifische Weise auf das, was ihm zugeführt wird. Das Herz verbindet den kleinen Finger mit der Fußsohle. Es zeigt jedem Organ, jedem Körperteil, dass alle miteinander arbeiten und darin miteinander verbunden sind, dass alle einander helfen, damit der menschliche Gesamtorganismus leben kann. Damit weist es auf die gemeinsame Aufgabe aller Zellen hin.

Das Herz thront nicht über allem, und es maßt sich auch nicht an, die Aufgaben von Lunge, Galle oder Leber zu übernehmen. Es braucht keine Titel und keine Statussymbole, keinen Rang, keinen Besitz, es ist die Bewegung selbst, es ist Organ gewordene Lebendigkeit.

Seine zentrale Tätigkeit kann näher beschrieben werden. Das ankommende Blut fließt in eine erste Kammer, bis sich eine Herzklappe öffnet und das Blut in die rechte Herzkammer, eine Art Muskelhöhle, hereinlässt. Aber kaum angekommen, wird das

Blut wieder hinausgepumpt. In die Arterien. Dies geschieht mit geballter Kraft, einem wuchtigen Feuerstoß gleich. Dann fließt das Blut zur Lunge, macht dort eine Ehrenrunde und landet schließlich nach dem entsprechenden Vorraum in der linken Herzkammer, die von besonderer Kraft ist, denn von hier aus wird das Blut in alle Regionen des Körpers gebracht. Wenn diese Blutzufuhr gestört wird, hat das für das Organ und den ganzen Organismus Folgen.

Dieser gesamte Vorgang, den man auch die Pulsation, das Pulsieren des Herzens, nennen kann, entsteht also aus dem Zusammenziehen und Entspannen des Herzmuskels. Dieser kann sich wie eine *Faust* ballen und dann wieder lösen. Ein Wechsel von der sogenannten Systole zur Diastole. Zwei Teile unseres Nervensystems sind hierfür zuständig. Sympathikus, der antreibt, und Parasympathikus, der bremst. Der Herzschlag ist eingebettet in die Kräfte, die in unserem Nervensystem wirken. Woher die rhythmische Kraft kommt, bleibt ein Geheimnis. Gleichwohl hat die Erforschung des menschlichen Herzens in den letzten Jahrzehnten bedeutende Fortschritte gemacht. Man weiß längst, dass diese Schwingungsbreite der Herzfrequenz, die »Herzratenvariabilität«, vom Modus des Atemrhythmus beeinflusst wird. Wenn wir z. B. ausatmen, tritt Entspannung ein, sie verlangsamt sich.

Man hat herausgefunden, dass das Herz seine eigenen Hormone produziert (ANF) sowie sein eigenes Adrenalin, das Noradrenalin, um den Blutdruck zu regulieren. Insbesondere aber das sogenannte »Liebeshormon« Oxytocin, das bei leiblicher Liebe, bei emotionaler Liebeserregung sowie beim Schmusen und Streicheln in großer Menge ausgeschüttet wird. Jetzt haben also auch noch die Biochemiker herausgefunden, warum Liebe so oft mit dem Herzen in Verbindung gebracht wird. Die Hormone des Herzens wirken nicht nur nach unten in den Körper, sondern auch nach oben ins Gehirn. Auf diese Weise beeinflussen sie wesentlich die Steuerung unserer emotionalen und kognitiven Prozesse. So spricht das Herz ein gewichtiges Wort mit, auch wenn der Kopf oft denkt, dass er die ausschließliche Entscheidungskompetenz habe.

Aber damit nicht genug. Das Herz verfügt über ein eigenes Nervensystem mit zahlreichen neuronalen Vernetzungen, sodass sogar von einem »Herzgehirn« geredet wird, das mit dem Kopfgehirn in Verbindung steht und das seine »Herzensangelegenheiten« vertritt. Das heißt, das Herz bewertet z. B. Gefühlsangelegenheiten auf seine Weise und kommuniziert mit bestimmten Zentren des Gehirns, etwa mit dem »Mandelkern«, der auf Bedrohung hirnregulierend wirkt und als Speicher für das emotionale Gedächtnis dient.

Und schließlich produziert das Herz das stärkste elektromagnetische Feld im ganzen Körper. Dieses Feld lässt sich in jeder Zelle des menschlichen Körpers nachweisen, und es strahlt über den Körper hinaus. Und es kann sich auf andere »herz-liche« elektromagnetische Felder einschwingen. Nicht umsonst spricht man dann davon, dass zwei Menschen sich magnetisch anziehen, die gleiche Schwingung und die gleiche Wellenlänge haben (Bossinger 2006, S. 130–134).

> Die »Melodie des Herzschlags« lässt sich hören, wenn Sie Ihr Ohr an die Brust eines anderen legen – eine Melodie, die die Zwischenräume des Pulses in drei Unterteilungspulse teilt,
> z. B.: LAB.TAB – LAB.TAB – LAB.TAB – LAB.TAB
> Wird der Herzschlag schneller, hört man das nur noch als Zweiteilung des Zwischenraums:
> LAB-TAB-LAB-TAB.

Diese »Melodie des Herzschlags« ist ein kompliziertes rhythmisches Geschehen, das wir jedoch als einfache tragende Pulsation erleben (Flatischler 1990, S. 95).

Wenn gesagt wurde, dass das Herz besonders die Lunge und dann auch die anderen Organe versorgt, so heißt das keineswegs, dass das Herz nur für andere arbeitet. Das würde zwangsläufig zur Selbstaufopferung, zur Zerstörung führen. Es zweigt vielmehr einen Teil seiner Arbeit für sich selber ab. Da sind die sogenannten *Herzkranzgefäße*, die genauso versorgt werden wie alles andere im Körper. Wenn dieser Teil der Versorgung gestört wird, besteht die Gefahr eines Herzinfarkts. Auf symbolischer Ebene stehen die Herzkranzgefäße für die Liebe, die man sich selbst gibt, für die Eigenliebe, während die Aktivität des Herzens als Ganzes den orgastischen und konvulsiven, den ganzen Organismus durchströmenden Liebesprozess darstellt. Jenes organismisch-geistige Ereignis also, in dem sich auch zwei Menschen in Liebe vereinigen. Nur in diesem Sinne ist das Herz Herrscher und König bzw. ein königliches Organ, und das ist mehr als genug.

Für den Menschen zeigt sich die Qualität dieses königlichen Organs noch in einem anderen Zusammenhang. Der ehemalige Speisebrei wird in einem fast alchemistischen Prozess größtenteils zur Nährflüssigkeit und schließlich zum Blut. Jetzt – also vom Herzen ab – kann der Mensch von seinem Blut sprechen. Der Speisebrei war noch etwas Fremdes. Das Blut gehört zum Ich. (Siehe hierzu Kap. 6.)

Wir können auch sagen, was wir beim Fühlen des Pulses als zentrale rhythmische Kraft spüren, ist nicht etwas, was wir *haben*. Wir *sind* diese Kraft. Im Puls begegnen wir uns selbst.

Das Herz klopft an
klopft an, klopft an,
ob du da bist.
Mit dem Herzen der Mutter
begann die Welt:

Mit dem nährenden Blut
aus dem Herzen der Mutter
wird der Kreislauf des Kindes lebendig.
Bringt Nahrung, Rhythmus und Laut zugleich.
Erster Anklang von Stimme und Sprache.

Vorhof, Herzkammer, Herzklappe …
Dann der Palast. Kaum da,
strömt das Blut wuchtig bewegt wieder fort.
Herzwände gehen im steten Wechsel
aufeinander zu und wieder auseinander,
aufeinander zu und wieder auseinander.

Zu zweit eins sein und eins sein zu zweit,
zu zweit eins sein und eins sein zu zweit.

Fühle dein Herz,
ist König und Königin zugleich
sitzt in der Mitte und regiert.
Alle Wege führen zu ihm hin.
Das Herz zeigt den Weg und erzählt es allen.
Pulsschlag für Pulsschlag
und bis in den kleinen Zeh hinein,
erzählt von der Liebe tief innen weit draußen.
Fließend und fließend,
ist Rhythmus und Laut
ist Stimme und Sprache.

Das Herz klopft an.
Klopft an, klopft an,
ob du da bist.
Klopft an, ob du da bist.

2.3 Herztätigkeit und sprachliche Artikulation

In alten Kulturen ist nicht das Gehirn, sondern das Herz als zentraler »Fürst«, als »König« angesehen worden. Bei den alten Chinesen war es sogar die Quelle des Geistes. Wenn wir nun ein Organ mit einer solchen medizinischen, psychischen und allgemein kulturellen Bedeutung in Verbindung mit der frühesten Anbahnung von Sprache bringen, so hat das auch Auswirkungen auf die Sprachauffassung selbst. Aber lässt sich ein solcher Zusammenhang überhaupt herstellen? Ist das nicht zu weit hergeholt? In allen möglichen Disziplinen der Linguistik, in den verschiedenen Kommunikationsmodellen und Sprachtheorien, auch in den einschlägigen Darstellungen des Spracherwerbs wird man diesen Zusammenhang vergeblich suchen.

Und ich bin mir auch bewusst, dass ich mich mit meinen organismischen Erläuterungen erst einmal von der Sprachwissenschaft entfernt habe. Ich möchte hier trotzdem der Frage nachgehen, ob Herztätigkeit auf der einen und Sprache und Sprechen auf der anderen Seite überhaupt etwas miteinander zu tun haben. Zunächst scheint das nicht so: Die Zunge, das wesentliche Organ der Sprechtätigkeit, ist der einzige frei bewegliche Muskel unseres Körpers. Sie plastiziert den Atemstrom und schafft damit die Grundlage für das, was wir als sprachliche Äußerung, als Wort und Satz hören.

Das Herz dagegen erscheint uns als muskulöses Gehäuse mit Innenräumen und Pforten, die sich rhythmisch und gleichförmig öffnen und schließen. Die Zunge wäre dann also ein Gestaltungsorgan und das Herz eine eher grobmuskuläre, lebenslang und immerzu gleichförmig tätige Pumpe. Mit dieser weitverbreiteten Sicht werden wir jedoch Opfer einer Fehldeutung, denn die Entstehungsgeschichte des Herzens wird einfach ausgeblendet:

Das Herz ist nämlich zunächst nicht die Ursache der Blutzirkulation: Im Embryo zirkuliert das Blut schon lange, bevor das Herz gebildet wird. Zunächst ist der ganze Kreislauf Herz. Nicht das Organ verursacht die Strömung, sondern die Strömung bildet das Organ (Baur 1996, S. 53). Das heißt in einer bestimmten Entwicklungsphase strömt das Blut schon so, als wäre eine Scheidewand vorhanden. Später verfestigt sich dann das Strömungsgeschehen im gebildeten Organ, und dieses nimmt dann seine oft beschriebene Tätigkeit auf: Aus dem Gesamtkreislauf wird ein Quantum Blut ausgesondert, d. h. das Blut wird gestaut, erzeugt wachsenden Druck und durchbricht die Aortenklappe.

Der hier geschilderte Vorgang ist nun durchaus etwas, das sich mit der Artikulation des strömenden Atems vergleichen lässt. Bei einem Stoßlaut – wie dem »t« – wird dies besonders deutlich: Da wird aus dem allgemeinen Atemstrom auch ein Quantum Luft herausgesondert. Der hintere Teil der Zunge hebt sich zum Gaumendach. Die Luft staut sich und durchbricht dann explosiv die Sperre der Zungenspitze. Man könnte sagen: Die Zunge agiert wie das Herz in der Embryonalphase. Sie *besitzt* keine Kammern, aber sie bildet Kammern, die sich schnell öffnen und schließen. Dadurch entstehen hörbare Strömungsformen, die wir als Vokale und Konsonanten wahrnehmen. Artikulation wäre dann eine Art Herzkammerbildung. Was im Mund geschieht, lässt sich aus dieser Sicht als »Metamorphose des Herzgeschehens« auffassen (Baur 1996, S. 54).

Und vielleicht ist dieser Zusammenhang ja schon in der Bibel vorausgeahnt worden, wenn es heißt:

> Ex abundantia cordis os loquitur ...
> Aus dem Überfließen des Herzens spricht der Mund.
> Matth. 12,34

Von diesen Erkenntnissen aus können wir nun die Einsicht in das Verhältnis von Herz und Sprache noch etwas weiter verfeinern und nehmen dabei die wenig beachtete Arbeit von G. Clauser »Die vorgeburtliche Entstehung der Sprache als anthropologisches Problem« (1971) zu Hilfe.

2.4 Herzpulsation als frühe Anbahnung von Sprache

Es ist bekannt, dass das mütterliche Herz das werdende Leben ernährt. Dazu »pumpt« es das nährende Blut in die embryonalen Stoffwechselorgane und in den embryonalen Kreislauf. Das ist das, was sich als lebens- und entwicklungsnotwendiger Ernährungsvorgang beobachten lässt. Aber da ist noch mehr. Die Nahrungsaufnahme ist etwas, was dem Kind später Glücksgefühle und leibliches Wohlgefühl verschafft, wenn es die richtige Nahrung zur richtigen Zeit erhält. (»Selig lächelnd wie ein satter Säugling«.) Und diese frühe Nahrungsaufnahme über das mütterliche Blut ist – und das ist weniger bekannt bzw. wird ohne große Bedeutung angesehen – mit Vibrations- und Schallreizen verbunden. Mit ihrer Wahrnehmung entwickelt sich das Gehörorgan des Kindes und an erster Stelle die Funktionsfähigkeit des »Labyrinths« im Innenohr.

Vibrations- und Schallreize, das könnte man als nebensächlichen Vorgang abtun, als Begleiterscheinung, die nicht an die Wichtigkeit der Nahrungsaufnahme herankommt. Aber angesichts der Bedeutung, die das Gehör für die Stimm- und Sprachentwicklung hat, wäre das ein folgenschwerer Irrtum. So wie die Nahrung wohltuend ist, so sind es auch die mit ihrer Aufnahme verbundenen Schall- und Vibrationsreize. Ernährung und allererste »Einstimmung« durch Vibration und Schall sind noch eine Einheit. Clauser spricht davon, dass

> »im vorgeburtlichen Gestaltkreis ›Sprache‹ (...) die akustische Rhythmik des mütterlichen Herzschlags der erste Funktionsreiz für die Stimmbildung« ist.
> (Clauser 1971, S. 85)

Diesen Zusammenhang grundiert Clauser mit einer wichtigen Beobachtung, die die morphologische Struktur der Herzmuskulatur betrifft: Es ist eine quer gestreifte Muskulatur, deren Kennzeichen Sarkoplasmareichtum ist. Eine solche quer gestreifte Muskulatur findet sich bezeichnenderweise nur in solchen Organen wieder, die an der Stimmbildung beteiligt sind. Also in der Muskulatur der Stimmbänder, der Zunge, des Gaumenzäpfchens, und der Speiseröhre (Clauser 1971, S. 60).

Bei Säugetieren ist das anders, da stammt der »Musculus vocalis« von der Skelettmuskulatur ab, sodass man bildhaft sagen kann: Hunde bellen mit den Muskeln. Menschen sprechen mit dem Herzen. Stimme und Herz sind sogar auf anatomischer Ebene miteinander verwandt. Das Gehirn wirkt an diesem Zusammenhang in Form von niederen neuronalen Impulsen mit, kann vorerst noch nicht im Bereich der Stimme korrigierend einwirken. Die Stimmbildung ist damit so wie die Tätigkeit des Herzens auch ganz vom jeweiligen Affektzustand abhängig. Sie ist ganz von den jeweiligen Affekten durchdrungen. Man kann sogar sagen, sie ist Ausdruck dieser Affekte. Und das hat große Auswirkungen auch auf spätere Entwicklungsphasen. Denn auch später bleibt die affektive Besetzung von Sprechen und Sprache untergründig erhalten und beim Singen ist sie nicht nur untergründig, sondern rückt vordergründig in den Mittelpunkt. Und die enge Verwandtschaft von »Stimme« und »Stimmung« lässt sich von hier aus gut deutlich machen.

Unsere Stimmorgane bringen Atemluft zum Klingen. Mündliche sprachliche Äußerungen bestehen aus auf besondere Weise geformtem Ausatem. Dazu wird ein Luftstrom über den Kehlkopf und die Stimmbänder geleitet, muss verschiedene Engen passieren, bevor er ins Weite gelangt. Kehlkopfmuskulatur, Mundhöhle, Zunge und Lippen wirken auf komplexe Weise zusammen, begleitet von Mikrobewegungen in anderen Bereichen des menschlichen Körpers (siehe Kap. 1.3). Außerdem schwingen verschiedene Resonanzräume im Kopf, in der Brust und im Bauch mit. Und auch Emotionen, Gefühle, Empfindungen wirken direkt auf die gesamte Muskulatur ein, die am Zustandekommen der Stimme beteiligt ist. Sie können z. B. Resonanzräume öffnen und schließen und beeinflussen somit unmittelbar den Klang der Stimme.

Also kann man sagen: In der Stimme schwingen immer – mehr oder weniger gebremst – unsere Herztöne mit. Unsere Stimme macht unseren momentanen psychischen Zustand hörbar.

»Alle Töne entstehen im menschlichen Herzen. Die Emotionen des menschlichen Herzens sind die Ursachen, die diese Töne erzeugen. Wenn das Herz von der objektiven Wirklichkeit bewegt wird, gibt es seinen Emotionen mithilfe der Klänge Gestalt. Die Klänge bringen beide in Übereinstimmung und erzeugen Veränderungen (oder magnetische Wandlungen?). Eben diese Veränderungen nennen wir die Töne der Musik. Wenn diese Töne harmonisch gemacht werden, damit sie (auf Musikinstrumenten) gespielt werden können, und wenn man Schilde und Streitäxte, Federn und Ochsenschwänze (rituelles Beiwerk des Tanzes) dazugibt, erhält man das, was Musik genannt wird.«

(Su-Ma-Tsien, ca. 100 v. Chr., zit. n. Rudhyar 1984., S. 226 f.)

Und ein Weiteres: Die Herausbildung sprachlicher Artikulationsfähigkeit wirkt sich wiederum auch als formende Kraft auf den Blutkreislauf aus, und zwar als rhythmische Stauung und sogar als Rückleitung. Insbesondere Stoßlaute oder auch andere Konsonanten und sogar Vokale stauen den venösen Blutstrom, formen die venöse Strömung (Husemann, zit. n. Patzlaff 2003, S. 63). Dies wirkt sich sogar auf die Zusammensetzung des venösen Blutes aus. Bis in den Stoffwechsel hinein reicht die – natürlich auch »medizinisch-therapeutisch« nutzbare Wirkung des gesprochenen Wortes (Patzlaff 2003, S. 64).

»Keiner von uns könnte Bewegungsformen erfinden, die allein durch ihren wiederholten Vollzug bis in die Organstrukturen des Körpers entwicklungsfördernd, aufbauend, differenzierend und gestaltend wirken und dadurch die organischen Fundamente legen für alles das, was sich später an seelischen und geistigen Fähigkeiten entwickeln soll, um im vollen Sinne des Wortes Mensch sein zu können.«

(Patzlaff 2003, S. 64)

Jetzt wurde mir eine Sicht auf Sprache verständlicher, die mir als Linguisten fremd war: Sprache ist etwas, was den Menschen emporhebt, ist Ausdruck von Liebe und kreativer Intelligenz. Die französische Psychoanalytikerin Françoise Dolto formuliert in diesem Zusammenhang:

»Die Sprache drückt ein unauslöschliches Begehren aus, einem anderen zu begegnen.«

Dolto sieht im »Begehren« – anders, als bei einer Psychoanalytikerin zu erwarten – in erster Linie eine *kreative* Dimension (Dolto 1989, S. 7 f.). Doch dieses »Begehren« ist zugleich archaisch und elementar. Es reagiert letztlich auf die Gefährdung der Verbundenheit zwischen Mutter und Kind und versucht, diese wiederherzustellen:

»Sprechen bedeutet die Weigerung, die ständige Verbindung zwischen uns und der Außenwelt, uns und den anderen abbrechen zu lassen. Es heißt, ein Band mit etwas aufrechterhalten, das nicht wir selber sind, also gewissermaßen eine Nabelschnur, denn der erste Dialog ist sozusagen fleischlich. Wenn man dem Drang nach Kommunikation auf den Grund geht, findet man den Wunsch nach fleischlichem Kontakt mit dem anderen – und der erste dieser anderen ist die Mutter.

Auf diese Weise erlangt die Sprache als Kommunikationsmittel der Menschen untereinander eine wirkliche Bedeutung. Die ersten Worte richten sich natürlich an die Mutter, und zwar in einem Dialog, der schon von Fleisch zu Fleisch begonnen worden ist.«

(Tomatis 2009, S. 174)

2.5 Hunger auf Nahrung und Sprachmusik

Nahrungsaufnahme ist für das Kind mit Lust verbunden. Da wird nicht nur ein körperliches, sondern auch ein psychisches Verlangen befriedigt. Wir sagen zwar nicht, das Herz isst mit, aber den Ausspruch: »Liebe geht durch den Magen«, den kennen wir schon. Im Embryonalstadium ist es aber gerade das Herz der Mutter, das uns füttert. Und uns auch mit einer allerersten Musik versorgt, denn die brauchen wir anscheinend genauso. Und wenn da etwas fehlt, erwacht unser Begehren, unser Verlangen. Während der Schwangerschaft hat sich der mütterliche Organismus ganz auf diese notwendige Versorgung eingestellt. Nahrung und frühe Musik werden organismisch gekoppelt und miteinander geliefert. Nach der Geburt verändert sich die Situation. Da beginnt das Kind zu atmen und ist auf äußere Nahrungszufuhr angewiesen. Aus dem vorher Gesagten wird aber verständlich, dass das Kind nicht nur einen Nahrungshunger, sondern auch einen *Lauthunger* hat, einen Hunger nach Geräusch, Stimme, Klang, Rhythmus, Ton.

Dieser Lauthunger ist genauso vorhanden wie der Nahrungshunger. Und in der Regel gehen Mütter und Eltern in allen Kulturen ähnlich darauf ein. Sie intonieren einfache Kontaktlaute, rhythmisieren diese, reden mit dem Kind, lassen Rasseln, Glöckchen, Klappern sowie andere Klang- und Rhythmusinstrumente ertönen. Große Gedanken macht man sich um so etwas nicht. Das ist eben so. Bezeichnenderweise gibt es Babyrasseln – als erstes Musikinstrument – in allen Kulturen.

Was sich im kindlichen Organismus besonders nachhaltig auswirkt, sind die akustisch-rhythmischen Dimensionen des Muttererlebnisses. Man könnte hier von einer allgemeinen und elementaren musikalisch-stimmlichen Veranlagung *aller* Menschen sprechen. Das Herz-Kreislauf-System, Bewegungen (vor allem der Gang der Mutter sowie ihre Stimme) schaffen eine pränatale auditive Umwelt, auf deren Fortsetzung der kindliche Organismus ganz und gar eingestellt ist. Rhythmus also durch das Herz-Kreislauf-System und insbesondere durch das Gehen, melodische Sensibilität durch die Stimme der Mutter, das dürfte die Basis für die Entwicklung der Musik in *allen* menschlichen Gesellschaften sein (vgl. dazu Parncutt 1908). Es gibt keinen Stamm und kein Volk auf dieser Erde ohne Musik.

Und in der Tat werden in allen Kulturen Kinder durch Musik und Tanz oder Bewegung überhaupt in besonderer Weise angesprochen. Gerad- und zweitaktige Lieder und Musikstücke sind es, die vom einfachen Kinderlied bis zur Marschmusik und zum Eingeborenentanz reichen. Auch Lieder im Dreivierteltakt, z. B. Wiegenlieder, wirken in diesem Sinne geradtaktig. Und es ist sicherlich kein Zufall, dass das Andante mit ca. 60 Takten pro Minute im Tempo als angenehm empfunden wird und etwas mit der entsprechenden Anzahl der Herzschläge zu tun hat.

Dieses Wissen ist also auch im Bereich abendländischer Musik vorhanden. Zu nennen wäre hier auch der »Tactus integer valor«, der die Basis der Musik im 15. und 16. Jahrhundert war. Er ist durch etwa 60 Schläge pro Minute gekennzeichnet und entspricht damit einem langsamen Herzschlag. Auf der so gearteten Grundpulsation können dann die anderen Tempi aufbauen. Der hier immer wieder betonte Zusammenhang von Herz und Stimme kann jedoch auch zu negativen Erlebnissen führen.

2.6 Herzgeheimnis des Auswendiglernens

Wir wollen etwas richtig »intus« haben. Zum Beispiel einen Liedtext oder ein Gedicht. Wir lesen ihn erst einmal. Mit vielen Wiederholungen. Wir sprechen und singen ihn in unterschiedlichen Körperhaltungen. Im Sitzen, im Stehen, im Gehen, vielleicht sogar im Liegen, und überschlafen ihn, wenn wir klug sind und uns die Zeit dafür nehmen. Wir gehen auf den Schulhof oder in den Wald. Je nachdem. Wir trällern den Text in der Badewanne. Und wenn wir ihn dann richtig intus haben, was ist dann? Dann können wir ihn *aus-wendig*.

Interessant, dass man im Deutschen für etwas, was man »intus« haben will bzw. sich in gewisser Weise einverleiben will, *aus*wendig lernen sagt. Haben wir Deutschen eine Idee von inneren Prozessen, von Verinnerlichung? Sehen wir nur die äußere Vorlage, die man später dann nicht mehr braucht? Auswendiglernen war lange Zeit ein absolutes Muss im schulischen Alltag. Vielleicht eine der ältesten Lernmethoden überhaupt. Als es noch keine Schulbücher und Schreibhefte gab, musste jeder sein Wissen auswendig gelernt mit nach Hause nehmen. Es musste wirklich in Leib und Seele angekommen sein – meist mithilfe von Rhythmus und Gesang –, sonst wurde es schwierig, das im Lernerlebnis Angebotene zu wiederholen. Bei den Kelten z. B. war es noch so. Doch die Griechen und erst recht die Römer machten durch ihre Schriftkultur mit dieser Praxis Schluss. Bald wurden nur noch wichtige Teile des jeweiligen

Lernpensums bzw. solche, die ethisch-moralisch besonders wichtig waren, auswendig gelernt.

In den Schulen unserer Großeltern und Urgroßeltern schließlich war Auswendiglernen für viele eine Plage, für manchen ein Segen. Es war einerseits eine schmerzhafte Art von »Einhämmern« und »Eintrichtern«. Ein kommunikativer Tanz also, der wehtat und eher einer lästigen Prozedur glich. Andererseits aber auch ein schulischer Segen, eine Gabe fürs Leben, die man noch im Alter gerne an Kinder und Enkelkinder weitergab.

In letzter Zeit mehren sich Stimmen, die dem Auswendiglernen hohen pädagogischen Wert zusprechen. So z.B. ein französischer Kulturminister, der interessanterweise nicht zum Auswendiglernen zurückkehren, sondern es neu erfinden möchte. Dabei ist zu beachten, dass im Englischen und Französischen – vielleicht ein später Nachklang der keltischen Kultur, in der durch Musik, Tanz und Gebärde sehr viel auswendig gelernt wurde – diese Art des Lernens seit eh und je auffällig anders bezeichnet wird, nämlich als »to learn *by heart*« bzw. »apprendre *par cœur*«. Und damit wären wir wieder bei unserem Thema.

In gewisser Weise muss sich nämlich beim Auswendiglernen mein Herz öffnen. Ich muss es offenen Herzens aufnehmen können. Meine Gefühle müssen mitspielen. Und genau das entspricht neueren Erkenntnissen über menschliches Lernen und dem, was im Bereich »emotionale Intelligenz« bisher erarbeitet wurde.

3

Schreien – Brabbeln – erste Wörter

3.1 Vom not-wendigen, bitterbösen und künstlerischen Schreien

Wer schreit, redet nicht. Sonst würde er nicht schreien. Ist Schreien also das Gegenteil von Sprache und hat mit geregeltem Sprechen wenig zu tun? Das scheint wirklich so zu sein, und in der wissenschaftlichen Literatur finden wir es bestätigt:

>»Sprechen entwickelt sich nicht aus Schreien und Weinen,
> sondern aus der *Technik*, den Atem mit Stimme zu füllen.«
> (Butzkamm/Butzkamm 1999, S. 55, Hervorhebung durch den Autor)

Das heißt, im Zusammenhang mit der Absenkung seines Kehlkopfs lernt das Kind, seinen Atem zu formen und zu kontrollieren, und so wird es dann nach und nach fähig, sprachliche Silben mit den entsprechenden Konsonanten und Vokalen zu bilden. Das Schreien bleibt also außen vor. Sprache und Sprechen sind etwas anderes als das, was sich im Schrei ausdrückt. Die offizielle Erforschung auch der Kindersprache war hauptsächlich Männersache (Wissenschaftler und Kinderärzte). Doch nähert man sich dieser Thematik aus der Sicht der Mütter, sieht die Sache schon anders aus.

Für Mütter gehört das kindliche Schreien zum frühen Dialog mit dem Säugling. Das Schreien wird ernst genommen und in Hinsicht auf seine kommunikative Intention überprüft. In der Ratgeberliteratur für Mütter gibt es sogar Bücher, die sich ausschließlich mit dem Schreien befassen. Allerdings oft mit dem Ziel, wie man bei den immer häufiger werdenden »Schreikindern« diese Lautäußerung möglichst effektiv eindämmen kann. Und dies führt zum einen zu einer Behandlung von Kleinkindern in unserer Gesellschaft, in der Kinder für immer mehr Zeit ins Kinderbett und in den »Baby-Safe« abgelegt werden, obwohl sie einfach mehr Körperkontakt nötig hätten. Es gibt jedoch auch eine andere Tendenz, nämlich das kleine Kind ständig zum Mittelpunkt von Aufmerksamkeit und emotionaler Zuwendung zu machen, sodass es weniger für sich sein kann, um von hier aus die Erwachsenenwelt wahrzunehmen.

Wenn ich Sprache nicht nur als *form*schaffenden Bewegungsprozess ansehe, sondern auch ihre energetischen, ihre expressiven und affektiven Dimensionen berücksichtige, dann ist es meines Erachtens sinnvoll, mich auch dem Phänomen des Schreiens zuzuwenden, das in seiner Bedeutung weit über die Kindersprache hinausführt.

Die Ellipse eines Schreis
geht von Berg zu Berg
Ay ...

*Der Schrei der Schwerverwundeten, die
nach ihrer Mutter riefen …*

*Der Schrei des Hasen, der die Krallen
der Eule in seinem Rücken spürt …*

Er schrie sich die Seele aus dem Leib …

So schrie das Kind aus Leibeskräften …

Ja, so ist es!

*Die ganze Nacht lang
kann der Säugling schreien,
so sehr
ist er im Einklang mit sich selbst …*

Laotse

Schreien ist etwas, wie diese breit gestreuten Beispiele zeigen, das mit dem Ende und mit dem Anfang des menschlichen Lebens zu tun hat; mit dem Anfang des Lebens gerade auch das letzte Zitat: Es stammt von dem chinesischen Weisen Laotse und wirft einen eher philosophischen Blick auf das Schreien und auch auf seine Bedeutung, die auch uns Erwachsenen etwas Unvermutetes und gerade deshalb Lehrreiches mitteilen soll. Natürlich ist es nicht gut, ein Baby die ganze Nacht lang durchschreien zu lassen. Doch dieses überlaute Signal für das »Einssein mit sich selbst« wird uns auch später noch interessieren.

Es ist bekannt, dass das Schreien des Kleinkindes sehr Unterschiedliches bedeuten kann und dass wir diese Unterschiede gemäß seinen frühen Körperfunktionen und Bedürfnissen interpretieren. Wir betrachten es ganz von der körperlich-leiblichen Seite her und sprechen dann vom

      Geburtsschrei

  Hungerschrei   Schmerzschrei

     Schrei aus Langeweile

   Übermüdung

        Überreizung

oder vom Schrei, der dadurch verursacht ist, dass Darm und Blase entleert werden sollen, die Umgebung oder eine Person fremd sind, eine bestimmte Fühligkeit für Wetter und Mondphasen vorliegt.

Betrachten wir jetzt zwei Typen des Schreiens, den Geburtsschrei und den Hungerschrei. Der Geburtsschrei erfüllt elementare organismische Aufgaben. Die Lungen des Kindes füllen sich mit Luft, und der Kreislauf des Kindes stellt sich auf nachgeburtliche Bedingungen ein. Er wird von den Eltern als Willkommensgruß und als Ausdruck der Vitalität des Kindes betrachtet. Es bleibt allerdings die Frage, wie dieser Schrei zustande kommt.

Meist durch einen Klaps auf den Po in einer schauerlich unbequemen Lage, die aber notwendig ist, damit das Kind nicht erstickt. Ist das die erste Vorbereitung aufs Leben? Anders bei Wassergeburten. Hier macht das Kind den ersten Atemzug nicht in einen motorisch total hilflosen, sondern in einen durch die frühen Schwimmbewegungen bewegungsintegrierten Körper. Es gibt nämlich auch Kinder, die wenig schreien bzw. erst einmal gar keinen Grund sehen, zu schreien.

Aber irgendwann kommt der Hunger, meist ein dramatischer Schreianlass, den der US-amerikanische Babyforscher Daniel N. Stern auch entsprechend drastisch beschreibt. Da ist der Hunger wie etwas, das durch den Organismus des Säuglings rast wie ein Orkan, der alles, was vorher war, außer Kraft setzt und seine eigenen Gefühlsmuster und Rhythmen erzwingt. Das Schreien, das jetzt erfolgt, erlebt das Kind keineswegs als chaotischen Zustand, sondern als organisierte Aktivität. Das Kind kann sich in den vitalen Rhythmus des lauten Schreiens fallen lassen, den es als pulsierende Wellen erlebt. Damit wird der Schmerz erträglicher,

»(...) so wie Jammern und Herumhüpfen ›helfen‹, wenn man sich den Zeh gestoßen hat«.

(Stern 1990, S. 40)

Stern liefert die Innenansicht eines Babyschreis. Er macht ihn als komplexen *Regulierungs- und Ausdrucksprozess* durchsichtig. Bei den oben aufgelisteten Schreiarten wird es ähnlich aussehen.

Doch gibt es noch ein anderes Schreien. *Ein Schreien aus Lust und Freude. Leitet dies möglicherweise sogar zu intensiven Formen des Singens über?* Vielleicht kommen wir der Sache näher, wenn wir das Schreien von seiner emotionalen, von seiner Ausdrucksseite her betrachten.

Das Schreien des Kindes ist bekanntlich seine allererste Lautäußerung, und es ist anzunehmen, dass es für das Kind ein ganz besonderes Ausdruckserlebnis darstellt, etwas, was das Kind durch und durch empfindet und dessen Wirkung ihm die allerersten und tiefsten Gefühle von Unglück und Glück, Macht und Ohnmacht vermittelt. Das Schreien des Kindes bewirkt die Zuwendung der Mutter. Das Kind kann so durch das Schreien seine eigene Situation verändern:

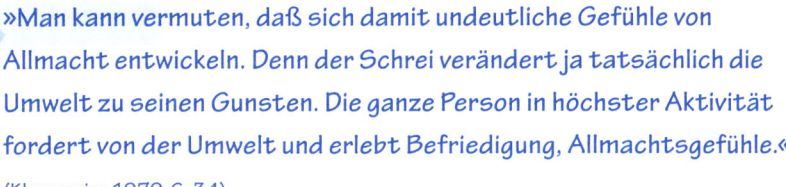

»Man kann vermuten, daß sich damit undeutliche Gefühle von Allmacht entwickeln. Denn der Schrei verändert ja tatsächlich die Umwelt zu seinen Gunsten. Die ganze Person in höchster Aktivität fordert von der Umwelt und erlebt Befriedigung, Allmachtsgefühle.«

(Klausmeier 1979, S. 34)

Afrikanische Gesänge, Flamenco, Rock 'n' Roll, Heavy Metal und alle möglichen Gesangsarten, bei denen es auf sehr intensiven und lauten Stimmeinsatz ankommt, fallen mir dazu ein. Ob da, wo im Gesang mehr geschrien wird, wie z.B. in Afrika, auch das Schreien der Kinder eine andere Bedeutung hat als bei uns?

Lustvolles Schreien ist auch darauf angewiesen, dass es ankommt, dass es Resonanz erzeugt. Und in diesem Kontext müssen dann auch andere Laute berücksichtigt werden, die in der frühesten Phase der Stimmentwicklung vorkommen, der Kontakt-, Schlaf-, Trink- und Wohligkeitslaut (Butzkamm/Butzkamm 1999, S. 54 f.). Leisere Laute, die zeigen, dass sich das Baby auch anders äußern kann als durch Schreien. *Schreien ist für das Kind jedoch eine ur-menschliche Not-wendigkeit.*

Der kleine Affe kann sich am Fell seiner Mutter anklammern. Das Menschenkind kann das nicht. Also gebraucht es seine Stimme, um einen intensiven und lebensrettenden Kontakt zur Mutter herzustellen. Und das Kind merkt, das das Schreien Wirkung hat. Es hat eine selbstregulatorische Funktion nach innen, und es schafft Resonanz nach außen. Und das Kind schreit nicht nur mit dem Mund, der ganze Körper ist in besonders deutlicher Weise beteiligt, und insofern ist das Schreien des Kindes das, was die erste Basis nach der Geburt für die Entwicklung der Sprache darstellt. Es lässt sich auch als erster Grundschritt im kommunikativen Tanz verstehen.

Der Schrei kann Nahrung herbeischaffen und ist damit für das Kind die allererste Erfahrung mit der Magie und Macht der Sprache. Die Resonanz der Mutter besteht darin, dass sie praktisch durch direkte Handlung auf die Bedürfnisse des Kindes eingeht. Sie kann dies jedoch auch sprachlich-vokal tun, indem sie die Lautäußerungen des Kindes auf besondere Weise interpretiert und imitiert. Absichtslose, spielerische Lautungen des Kindes werden so kommunikativ.

Es handelt sich hier um eine Form des emotionalen Austauschs, als dessen Urzelle die sogenannten »Lächeldialoge« gelten. Im ursprünglichen emotionalen Austausch wird eine gemeinschaftliche Seelensituation geschaffen.

> »Der Urgrund allen Verstehens ist genetisch vorgegeben.
> Es sind Gefühle wie Ärger, Trauer, Wut und die damit verbundenen
> Ausdrucksbewegungen wie Lächeln oder Weinen ... Ursprüngliches
> Sprechen heißt Übereinstimmen, nicht: Sichauseinandersetzen.«
> (Butzkamm/Butzkamm 1999, S. 61)

Der gemeinsame emotionale Grundton schafft die Basis für Verständigung. Die Basis für diese Art von Kommunikation ist jedoch nicht immer vorhanden. Da gibt es nämlich noch das unspezifische Schreien, das Schreien ohne ersichtlichen Grund. Dies hat nämlich gerade in letzter Zeit erheblich zugenommen und führt zur Verunsicherung der Mütter. In anderen Gesellschaften sieht es anders aus, und dies lässt sich auch begründen. In Gesellschaften, in denen Mütter ihre Kleinkinder am eigenen Leib tragen und so in ständigem Körperkontakt mit dem Kind sind, ist das unspezifische Schreien kaum zu finden.

> »Möglicherweise wird der Säugling durch das stundenlange
> Liegenlassen, wie es in unserer Kultur seit Beginn der Industrialisierung, das heißt seit rund 150 Jahren, der Brauch ist, in einen
> unphysiologischen Zustand versetzt, der sich unter anderem
> in unspezifischem Schreien äußert.«
> (Largo 2001, S. 210f.)

Dabei heißt es aber auch hier, das richtige Maß zu finden. Der Säugling, der körpernah zu viel bewegt wird, kann ebenso zum Schreikind werden. Dabei ist das Schreien nicht einfach da, sondern es macht eine bestimmte Entwicklung durch: Zunächst schreien die Kinder von Woche zu Woche mehr. Häufig schreien sie mit ca. sechs Wochen am meisten. Dann werden die Schreiphasen wieder kürzer, und nach drei Monaten schreien die Kinder nur noch wenig (nach Largo 2001, S. 207).

Schreien bei Kindern und Erwachsenen kann bitterböse sein und auch die entsprechenden Gefühle ausdrücken. Wie schon gesagt, hat das Schreien – allgemein und aus neutraler Sicht betrachtet – selbstregulatorische Wirkung, und es schafft Resonanz. Aus Gründen, die stark mit den negativen Anlässen des Schreiens und seiner Wirkung auf seine »Zuhörer« zu tun haben, ist es in Misskredit geraten. Schreien soll eher vermieden und eingedämmt werden. Und das hat meines Erachtens auch seine Berechtigung, wenn Schreien mit Macht- und Gewaltausübung z. B. in Familie, Schule, Militär verbunden ist. Ich habe jedoch die Erfahrung gemacht, dass es durchaus sinnvoll sein kann, sich auf einige positive in diesem Kapitel herausgearbeitete Elemente des Schreiens zu besinnen, dieses sogar in der Arbeit mit Kindern zuzulassen bzw. sogar zu provozieren und selbst einzusetzen. Dabei handelt es sich jedoch um eine Variante des Schreiens, nämlich das lustvolle Schreien. Dieses ist nicht – wie es ein Psychoanalytiker ausdrücken würde – von »Es-Impulsen überschwemmt«, es wiederholt auch nicht frühkindliche Allmachtsgefühle, borgt zwar ein wenig davon aus und gibt vor allen Dingen Kraft, Vitalität und Präsenz. Schreien kann nämlich auch ganz anders sein.

> **Zwei Beispiele aus meiner Arbeit mit Kindern**
>
> **1**
> In der Einleitungsphase meiner Konzerte erkläre ich den Kindern meine Gitarre, und dabei führe ich auch einen spanischen Wirbel vor, was die Kinder in seinem Tempo und in seiner Klangkraft allein schon anspricht. Deshalb klatschen sie auch zuerst langsam und dann schneller mit, was wiederum eine besondere Wirkung hat. Und in diesem Kontext singe ich dann einen explosiven Flamencoschrei, einen kurzen und sehr lauten Flamencogesang. Der Bereich des üblichen Singens wird hier durch Lautstärke und fremdartige Modulation eindeutig verlassen. Die Kinder – obwohl die wenigsten schon einmal einen Flamenco gehört haben, sind meist begeistert und wollen das Ganze noch einmal hören. Anfangs kostete mich diese Art der Äußerung einige Überwindung, denn die meisten Kinderlieder sind in dieser Richtung eher harmlos. Hier könnte mit der Stimme durchaus mehr gemacht werden.
>
> **2**
> Ein anderes Lied handelt von einer Katze, die sich räkelt und auch gern einmal einschläft. Dann schlafe ich auf der Bühne zum Schein selber ein, und die Kinder sollen mich wecken. Es dauert meist nicht lange, da entdecken die Kinder die Macht des Schreiens, steigern sich da richtig hinein und wollen manchmal gar nicht aufhören zu schreien. Aber dann wird die Katze wieder munter und das Lied geht weiter. Das war zunächst als reiner Gag gedacht, aber inzwischen weiß ich, dass dieses Schreien mehr bedeutet. Wo kann sich ein Kind (und der Erwachsene) heutzutage mal richtig ausschreien? Außerdem erhöht es in starkem Maße die Präsenz der Kinder. Sie atmen anders und sind aufmerksamer. Ganz im Gegensatz zu dem, was von ungewolltem Lärm geplagte Lehrer/innen erwarten würden. Außerdem lohnt es sich meines Erachtens, den jeweiligen Anlass von Schreien und Lärm herauszukriegen bzw. ihn sogar in Grenzen zuzulassen und ihn nicht sofort ausschließlich als Störung anzusehen.

Ist Schreien also doch nur etwas für Kinder, oder wie sieht das bei den Erwachsenen aus?

- Geburtsschrei – auf die Umstände, die dazu führen, habe ich hingewiesen.
- Todesschrei – wenn Schmerz und Verwundung den Menschen in völlige Verzweiflung treiben.
- Lustschrei – wenn der Mensch auf leiblicher Ebene einen himmlischen Moment von Erleuchtung erlebt.
- Ärger- und Wutschrei – wenn Worte zu Wurfgeschossen werden.

Halt, sagt da der Psychotherapeut: Es gibt noch etwas anderes. Durch das Schreien kommt der Mensch zu sich selbst. Da kommt raus, was lange zurückgehalten wurde. Da lösen sich Stauungen und Verspannungen wie von selbst. Dann wird der Mensch wieder Mensch, kann richtig durchatmen und sich einfach nur freuen, dass er da ist. Doch besteht die Gefahr, dass Schreien als schnelles therapeutisches Medikament gehandelt wird. In der Realität müssen bestimmte Phasen berücksichtigt werden:

    Zuerst ist ein Bedürfnis da.
→ Dieses Bedürfnis wird frustriert.
→ Jetzt erfolgt eine Reaktion auf die Frustration.
→ Zorn und Wut steigen auf und werden hinausgeschrien.

Man muss diese Phasen Stück für Stück zurückgehen, wenn man zu einer Lösung kommen will.

»Nichts anderes ermöglicht die Auflösung, weder Schreien noch, so laut man kann, ›Mami‹ brüllen. Derartiges Verhalten hat mit Bedürfnis direkt nichts zu tun.«

(Janov 1981, S. 107 f.)

Dieses Zitat stammt aus der Primärtherapie von Arthur Janov, die häufig auch die »Urschrei-Therapie« genannt wurde, was Janov selbst hier kritisiert. Schreien kann also im therapeutischen Kontext für Erwachsene in bestimmten Phasen durchaus sinnvoll sein, ist aber kein Allheilmittel. Hier geht es ja um individuelle Lautäußerungen für Erwachsene.

Im Schreien werden die Konsonanten »verbrannt«. Der intensive Schrei ist vokalischer Natur. Gerade, wenn der Schrei als kollektives Phänomen auftritt, sich der Mensch ent-individualisiert und aus Förmlichkeit und sozialer Rolle herausfällt, z. B. bei schrecklichen Ereignissen wie dem Untergang der Titanic. In dem Augenblick, als das Schiff im Meer versank, soll der Todesschrei von fünfzehnhundert Menschen die Luft erschüttert haben (Jünger 1979, S. 26).

Natürlich gibt es auch harmlosere und lustvollere Anlässe zu kollektivem Schreien, z. B. bei Popkonzerten und in Fußballstadien.

Also auch: Freude am Schreien? In New York wurde 2008 eine Schreischule eröffnet. Hier kann man bei der Sängerin Melissa Cross Unterricht im künstlerischen und effektvollen Schreien nehmen. Sie geht davon aus, dass Schreien eine Kunst ist, bei der man sich nicht die Stimmbänder ruiniert, sondern sie schonend behandelt und eine unangestrengte, kontrollierte und technisch versierte Lautäußerung zustande bringt. Heavy-Metal-Sänger z. B., die in ihrem Metier mit immer neuen stimmlichen Herausforderungen konfrontiert werden (vom normalen »Bad-Boy-Bonus« zum exzessiven »Growlen«), suchen in der New Yorker Schreischule nach Hilfe. Melissa Cross hat auch eine DVD herausgebracht, die sie »The Zen of Screaming« nennt (Scheller 2008, S. 42).

Schreien steht für das Kind am Anfang seines lautlich-sprachlichen Individualisierungsprozesses. Für den Erwachsenen bedeutet das Schreien eher eine Loslösung, ein Herausfallen aus vorgegebenen Rollen und Verhaltensregeln, einen Entindividualisierungsprozess. Es ist jedoch nicht so, dass Schreien alle Menschen gleich macht. Es gibt da – insbesondere bei Kindern – durchaus Unterschiede.

»Schon in der Wiege unterscheiden sich auf der ganzen Welt die Babyschreie. In einer internationalen Kinderkrippe sollte eine gute Kinderschwester in der Lage sein, das Herkunftsland eines Säuglings anhand seines Geschreis zu identifizieren. (...) Jedes Wesen hat so von Geburt an je nach seiner Nationalität oder seiner Muttersprache einen speziellen Lautgenerator. Alles ist schon bereit für das Hinhorchen auf seine Umgebung.«

(Tomatis 2009, S. 41)

Schreien bleibt also ein Phänomen, das im Anfangsbereich von Sprache – als erste elementare Lautbewegung des kommunikativen Tanzes – berücksichtigt werden muss und das für einige Überraschungen außerhalb unserer landläufigen Vorstellungen gut ist. Außerdem haben wir uns mit Tomatis wieder in den Bereich kindlicher Stimm- und Sprachentwicklung begeben und können jetzt nach weiteren Entwicklungsschritten fragen.

3.2 Brabbeln macht Spaß

Was machen die Kinder eigentlich, wenn das Schreien immer weniger wird bzw. es nichts zu schreien gibt und sie sich ganz wohl fühlen? Nicht mehr laut zu sein heißt noch lange nicht, leise zu sein. Manche sagen, sie reden nur Unsinn. Andere sagen, sie gurren, sie babbeln, sie brabbeln, sie lallen, sie strampeln mit ihren Sprechwerkzeugen mit einer Ausdauer, die erstaunlich ist.

Wenn es nichts mehr zu schreien gibt und nichts als bedrängend erlebt wird, breitet sich sinnliche Zufriedenheit im Kind aus. Aber gerade die ruft Lust an der Lebendigkeit des menschlichen Körpers hervor. Das Kind beginnt, mit seinen Fingern und seinen Händen zu spielen. Doch diese Spielmöglichkeiten sind begrenzt. Und da entdeckt das Kind ein Spielzeug, dessen Möglichkeiten schier unbegrenzt scheinen. Und dieses Spielzeug ist die eigene Stimme und alles, was sich damit hervorbringen lässt. Und zwar im Kontext einer Sinnes- und Muskelfröhlichkeit, die man im späteren Leben suchen muss. Also ran ans

Plappern
Brabbeln
Lallen
Gurgeln
Schnalzen
Murmeln
Summen
Flüstern
Prusten und an das beliebte
Spuckebläschenformen.

Aber alle unsere noch so lautmalerischen Erwachsenenwörter sind nur ein fader Abklatsch von dem, was da wirklich passiert. Schon der große russische Gelehrte Roman Jakobson, der sich sonst eher für strukturelle Phonologie, Futurismus und ähnliche Themen interessierte, war fasziniert von diesem scheinbar so sinnlosen Babygeplapper:

»Ein lallendes Kind kann Artikulationen aufhäufen, die sich nie innerhalb einer Sprache oder sogar einer Sprachgruppe zusammenfinden: Konsonanten beliebiger Bildungsstelle, mouilliert und gerundet, Zischlaute, Affrikaten, Schnalze, kompliziertere Vokale, Diphthonge usw.«

(Jakobson 1969, S. 20)

In dieser Phase werden akustische Augenblickserzeugnisse zu Lusterlebnissen. Und das Kind probiert Artikulationsmöglichkeiten aus, die ein sprachbegabter Erwachsener nur mit Mühe erreicht. Das Kind lotet die wachsenden Möglichkeiten seiner Stimme aus und übt sich im Umgang damit. Die Feinmotorik von Kehlkopf, Rachen und Mundraum, die Stimmbänder, die Atemmuskulatur, die Bewegungen von Zunge und Lippen, all das wird im wahrsten Sinne des Wortes aufeinander abge-»stimmt«.

»Welche Muskelgefühle gehen mit welchen Tönen einher? Dies ist die ›doppelte Gegebenheit des Lautes‹, der ebenso motorischer Vollzug des Sprechwerkzeuges wie selbstgehörter, zurückgegebener Klang ist.«
(Butzkamm/Butzkamm 1999, S. 56)

Es ist mehr als ein feinmotorisches Strampeln. Feinheiten von Muskelbewegungen werden da eingeübt, die mit der Bewegung der Füße nicht erfasst werden können. Es sind spielerische Übungen auf der Ebene der Grundbeweglichkeit des kommunikativen Tanzes. Es sind noch nicht die Tanzfiguren der späteren Sprache. Hier wird vielmehr mit Lust und Energie an einer Basis für alle möglichen kommunikativen Tänze, für alle möglichen Sprachen gearbeitet. So tauchen nebeneinander auf:

- suahelische Knacklaute
- arabische Rachenlaute
- chinesischer Singsang
- englische Quäk- und Lispellaute

Die »Blüte der Lallphase« ergibt sich aus stets wieder praktizierten Monologen, insbesondere nach dem Aufwachen und vor dem Einschlafen, wenn die Phase der Zufriedenheit nicht durch Müdigkeit überdeckt wird. Doch nach und nach nehmen die Erwachsenen, Geschwister und insbesondere die Mutter Einfluss auf dieses Lallen.

»Die Mutter versteht ihr Baby dabei so zu dirigieren, daß das Gebrabbel zu einer Antwort wird. (...) Es plappert nicht mehr einfach drauflos, sondern lernt, auf das Gegenüber zu achten (...).
So entsteht eine noch wortlose Wechselseitigkeit. Das Kind lächelt und erwartet, daß du zurücklächelst. Es streckt die Zunge heraus und wartet darauf, daß du es ihm gleichtust. Später wird es sprechen und erwarten, daß du antwortest.«
(Butzkamm/Butzkamm 1999, S. 61)

Spielerische Laute, Spiele mit der Variation und Ausdruckskraft bestimmter Konsonanten, z. B. Dentale sowie Summ- und Zischlaute sind hier von Bedeutung.

Zwischen dem zweiten und fünften Monat sind es dann die Vokale, die in ihrem Einklang besonders betont und ausgedehnt werden. Man sagt, dass Kinder zuerst die Intonation der Mutter/der nächsten Bezugsperson aufnehmen, die ihnen als Wiedererkennungsmelodie Orientierung gibt.

Solche Arten der Einflussnahme tragen dazu bei, dass nun auch einzelne Sprachsilben der »Muttersprache« auftauchen, dass nach und nach eine Art Jargon entsteht: ein Singsang, ein Kauderwelsch aus Lautsequenzen, die aber schon satzähnliche Rhythmen und Melodien erkennen lassen. Die Klanggestalt, die Melodie der Muttersprache, die das Kind schon früh gehört hat, wird jetzt erneut wichtig, und zwar für die Ausrichtung der eigenen Lautierungen. Auch Stimme und Stimmführung orientieren sich an den Eltern. Das Mädchen spricht ähnlich wie die Mutter, der Junge wie der Vater. Aber es gibt auch Abweichungen. Wortähnliche Gebilde, Protowörter treten dann auf, deren Bedeutung aber noch völlig unklar ist. Von hier aus scheint sich der Weg zu den ersten muttersprachlichen Wörtern bruchlos neu zu ergeben.

Und in der Tat sieht man in der jüngeren Forschung – weil man das Dialogische, Interaktive *zwischen* Mutter und Kind hervorhebt – mehr einen Übergang als einen Bruch. Die ältere Forschung hatte sich mehr auf die Beobachtung des einzelnen Kindes konzentriert. Jakobson spricht davon, dass das Kind, um zu den ersten Wörtern der Muttersprache zu kommen, sein ganzes vorheriges Lautvermögen verliert. Lautliche Vielfalt wird von der »phonetischen Kargheit« der ersten so bedeutsamen Kinderwörter abgelöst. Und an anderer Stelle heißt es:

»Es ist, als könnte das Kind eine bestimmte Sprache nur durch einen Akt des Vergessens erlernen, durch eine kindliche Sprachamnesie oder eher eine Lautamnesie, da das Kleinkind nicht Sprache schlechthin zu vergessen scheint, sondern eine offenbar grenzenlose Fähigkeit zu undifferenzierter Lautbildung.«

(Heller-Roazen 2008, S. 11)

Sind damit die spielerische Kraft und die Lautierungslust der Lallphase für immer dahin? Es stimmt, die Lallphase geht unwiederbringlich zu Ende. Das Erlernen der eigentlichen Muttersprache ist ein viel zu umfangreiches und mächtiges Projekt – voll von neuen Wörtern, Lautkombinationen und -verwendungsweisen, regelgeleitet und voll struktureller Vielfalt –, sodass so etwas Lautanarchisches wie die Lallphase glatt an den Rand gedrängt wird. Trotzdem bleibt noch so etwas wie ein Echo,

»eine Echolalie, welche die Erinnerung an das undifferenzierte, unvordenkliche Lallen bewahrte, das durch sein Verschwinden erst die Existenz aller Sprachen ermöglicht«.

(Heller-Roazen 2008, S. 12)

Dieses Echo findet sich meines Erachtens in unterschiedlichen Bereichen: Da ist zum einen die immer wieder erstaunliche Freude der Kinder an Nonsensversen lautspielerischer Art, ihre Freude an Fantasiewörtern und Onomatopöien (Lautmalereien). Diese Freude kann sich in ständiger Wiederholung äußern, wobei das spielerische Training der Artikulationsorgane und nicht der thematische Bezug im Vordergrund steht. Erwachsene greifen da manchmal ein: Wie kann man nur eine solche Banalität von Kinderreim so oft wiederholen?! Die Kinder aber üben lustvoll eine bestimmte Form des kommunikativen Tanzes. Und das erinnert schon an die feinmotorische Muskellust der Brabbelperiode, die immerhin ca. acht lange Monate praktiziert wird. Nonsens, der Kindern in diesem Kontext entgegenkommt, ist meist eine Art des komischen Sprachspiels, in dem die Autoren die Spielwiese frühkindlicher Äußerungen wiederbeleben und bewusst die konventionellen Regularitäten der Sprache außer Kraft setzen. Jetzt werden Kinderlieder und -reime wichtig, die mit gezielten, sich wiederholenden Bewegungen einhergehen. Klatschverse, Fingerreime, Backe, backe Kuchen oder sprachspielerische Kose- und Spiellieder.

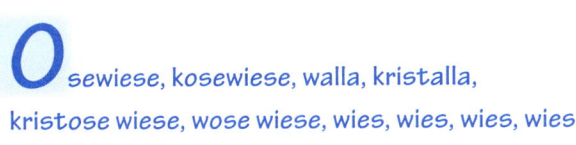
Osewiese, kosewiese, walla, kristalla,
kristose wiese, wose wiese, wies, wies, wies, wies.

Koselied aus Holland

Ein anderes Phänomen in diesem Zusammenhang ist das sogenannte »Gibberisch«. Es soll auf einen islamischen Mystiker zurückgehen, der keine normale Sprache mehr benutzte, sondern nur noch brabbelte. Er hieß Gibar und war der Meinung, dass die normale Alltagssprache den Menschen daran hindere, eine Verbindung mit Gott zu finden. Erst, wenn der Mensch aus der normalen Sprache aussteige, öffne sich der Weg zum Göttlichen. Also brabbelte er in all seinen Reden und erwartete von seinen Anhängern ein Ähnliches. Dieser Umgang mit Sprache ist bis heute überliefert. Und zwar als freies Drauflosbrabbeln allein oder in Gruppen. Im Brabbeln ist alles erlaubt, nur nicht die Wörter der eigenen Muttersprache oder der Fremdsprachen, die man gelernt hat. Dabei kommt heraus, dass jeder Mensch sein eigenes Gibberisch spricht. Und dass dieses Gibberisch oft an andere Sprachen erinnert, die der Betreffende jedoch nicht erlernt hat. Und er kommt dabei meist zu einer größeren Intensität des Gefühlsausdrucks.

Auch das kleine Kind spricht in den ersten acht Monaten eine Art von Gibberisch, das dann nach einer so langen Spiel- und Übungszeit den ersten wenigen Wörtern der Muttersprache weichen muss. Und so wird denn auch gefragt, ob diese Zeit nicht etwas zu lang ist, um schließlich ein bedeutungshaltiges »da« oder »mama« oder »ne« hervorzubringen. Wir Erwachsenen haben vergessen, wie es ist, zur Sprache zu kommen! Wir sprechen – oft nachlässig – die Wörter aus, als wäre nichts dabei. Und dabei vergessen wir, dass wir alle feinmotorische Akrobaten sind, Stimmvirtuosen, und einen kommunikativen Tanz nach dem anderen aufs Parkett legen. Die harte Arbeit, die dafür notwendig war, haben wir vergessen. Es lohnt sich, denke ich, uns trotzdem an diese Basisarbeit unseres feinmotorisch-sprachlichen Menschseins zu erinnern. Und sie hat uns herzlichen Spaß gemacht, sonst hätten wir nicht den Weg zur Sprache gefunden. Ein Echo davon ist uns aber doch geblieben: unsere Bereitschaft zum und Freude am Praktizieren von Kinderreimen und Fingerspielen mit Kindern. Mit ihrer Sprachentwicklung erinnern sie uns immer wieder selbst daran!

3.3 Erste Kinderwörter und ihr Geheimnis

Vom Lautbestand der ersten Wörter

Erste Wörter des Kindes sind beides: oft beobachtet und dokumentiert und doch geheimnisvoll. Ihre Bedeutung und Funktion sind hinlänglich beschrieben. Also werde ich zuerst den üblichen Erklärungen folgen, um dann vielleicht doch noch etwas Neues zu entdecken. Vielleicht gibt es da sogar ein Geheimnis ...

Aber schon bei den üblichen Betrachtungen der ersten Kinderwörter fällt etwas auf, was in unserem Zusammenhang besonders hervorgehoben werden muss: Sie sind in erster Linie Laut*gebärden*, d. h., der Bewegungsanteil ist bei ihnen sehr deutlich und hoch. Es ist meines Erachtens verkehrt, sie gleich als »sprachliche Zeichen« erwachsenensprachlich zu vereinnahmen.

Wie spielt sich also die Aneignung der ersten Wörter ab? Die Eltern hören dem Brabbeln ihres Kindes mehr oder weniger genau zu und beginnen, bestimmte Doppelsilben mit deutlichen Artikulationsbewegungen und immer wieder zu sprechen. Das kann sich durchaus eine Weile hinziehen, und dann kommt der große Moment. Das Kind sagt etwas, das kein Brabbellaut, sondern ein Wort sein könnte. Ein Wort, das sich auf etwas beziehen lässt, z. B. auf die Zuwendung der Mutter, auf ein Geräusch, auf einen Gegenstand. Dieses Wort kann erst nach und nach ein Zeichen werden, ein sprachliches Zeichen, das auf etwas hinweist, das für etwas steht. Denn zum Stehen braucht es Stabilität und Kontinuität. Das heißt, diese Lautgebärde muss sich in ähnlicher Form wiederholen und eine ähnliche bzw. dieselbe Funktion haben.

Auch die Zeigegebärde bildet sich erst nach und nach aus diffusen Bewegungen der Hand heraus. So ähnlich ist es auch mit dem ersten Wort. Die Vielzahl der Brabbellaute tritt in den Hintergrund, und nur ganz wenige und spärliche Lautfolgen bleiben übrig. Aber die haben es in sich. Sie sind winzige Türchen, durch die das Kind in den großen Raum der Sprache eintritt, die Sprache, die es in ganz bestimmten Lauten der mütterlichen Stimme schon sehr lange gehört hat. Es spricht also etwas aus, was schon da ist. Es spricht auf seine Art etwas weiter. Von hier aus gesehen steht nicht die anfängliche Sprachaktivität am Anfang der Sprache, sondern das Horchen und Hören. Und gleichzeitig muss jedes Kind die Sprache neu erfinden.

Im Bewusstsein des Kindes passiert enorm viel. Es lernt etwas kennen, eine geheimnisvoll magische Formel, in der es eine Absicht, ein Gefühl, eine erste Erkenntnis konzentrieren kann. Und der Gebrauch dieser Formel erwirkt bei den anwesenden Erwachsenen enthusiastisches Entzücken und erhöhte Zuwendung. Das Miteinander zwischen Kind und Bezugsperson wird interessanter und stärker.

Die Sprachwissenschaft handelt das Ganze etwas trockener ab. Sie spricht von der »phonetischen Kargheit« der ersten Sprachphase bzw. vom »minimalen Konsonantismus und Vokalismus«. Jakobson hat dabei aber etwas Interessantes entdeckt: Die ersten Laute sind jeweils die Basis für das phonetische System der jeweiligen Muttersprache. Und unter diesen ersten in Richtung Wort kombinierten Lauten gibt es – wenn das Kind die Phase der gleichlautenden Doppelsilben (z. B. ma-ma, pa-pa, da-da) verlässt – Oppositionen von Konsonanten und Vokalen, die eine besondere Bedeutung haben. Als erster vokalischer Gegensatz tritt nach Jakobson der zwischen einem breiten und offenen Vokal (a) und einem engen, hellen Vokal auf (i/e). Jakobson wollte mit dem Prinzip des »primären Konsonantismus und Vokalismus« auf eine Gesetzmäßigkeit hinweisen, die unabhängig von der jeweils individuellen Entwicklung des Kindes, aber auch unabhängig vom spezifischen Phonembestand seiner Muttersprache gültig ist.

Aber diese frühen Lautoppositionen der zweiten Phase der ersten Kinderwörter sind in ihrer Funktion nicht nur phonetisches Aufbaumaterial, sondern viel mehr. Nehmen wir ein Beispiel:

> Eine zentrale Vokalopposition finden wir – in ganz unterschiedlichen Sprachen – in dem Enge-Vokal »i« und dem offenen Vokal »a«. Diese ontogenetisch (nach Jakobson) gesehen erste und fundamentale Vokalopposition stellt ein lautliches Grundmuster dar, das in ganz unterschiedlichen Bereichen der Sprache wirksam ist.
> – Es ist sprachgeschichtlich relevant als Teil von Ablautreihen (binden, band ...) und spielerischen Lautformeln (mhd. wigen, wagen, gigen, gagen).
> – Es findet sich in Onomatopöien (bim-bam, pitsch-patsch, tick-tack, gick-gack).
> – Es ist ein lautliches Grundmuster, das als vokalischer Hoch-tief-Unterschied auch dann in Onomatopöien (und Lautübertragungen) eingeht, wenn gar keine deutliche lautliche Hoch-tief-Opposition im Geräusch vorhanden ist. Es geht als Grundmuster in das betreffende Wort ein und bringt es zum »Klingen«.

Mit diesen Beobachtungen sind wir dem literarischen Bereich schon näher gekommen. Und weiter: Das, was an der *Sprache* des Kinderliedes bzw. der Kinderlyrik als »klingend« und »musikalisch« gelobt wird, geht meist vom Primärbereich aus (Wörter, die klingen, und Wörter, die mit Konsonanten überlastet sind, vgl. Tschukowski o. J., S. 197). Kinder mit nicht deutscher Muttersprache bekommen durch die lautlich-musikalischen Vorgaben leichter einen Zugang zur deutschen Sprache.

Taki taki tumulum
Taki taki tutzi
Taki taki tumulum
Taki taki tuk.

Bei alldem dürfen wir den jeweiligen Bewegungs- und Handlungskontext nicht vergessen.

> »Wenn die ersten Wörter endlich auftauchen, sind sie in kommunikatives Handeln eingebunden, mit dem das Kind vertraut ist. Und wenn schließlich in der Rede grammatisch geordnete Wörter die Verständnismöglichkeiten potenzieren, so werden doch die vorsprachlichen kommunikativen Errungenschaften wie Körpersprache, Melodie, Rhythmus usw. stets mitgeführt.«
> (Butzkamm/Butzkamm 1999, S. 68)

Dieser Sachverhalt gilt insbesondere für die allerersten Wörter, die reinen Doppelsilben, in denen noch keine Vokaloppositionen vorliegen.

»Ma-ma« als Urwort der Kindersprache

Drei unterschiedliche Typen und Verwendungsmuster lassen sich hier unterscheiden. Nehmen wir als Erstes das Wort »ma-ma«. Es ist *das* Wort in den meisten Kindersprachen dieser Erde. Es klingt und hat den Ruf einer »natürlichen« Sprache, in der noch keine Konvention und keine Grammatik herrschen, in der alles unverstellter, natürlicher Ausdruck ist.

> »Der Laut zieht das wichtigste Objekt der Umgebung an, die Mutter, und mit ihrem Erscheinen ist dem schmerzlichen Zustand abgeholfen. Kann es nun sein, dass das Auftreten des Lautes mama (...) gerade in einem Stadium, wo das artikulierte Reden beginnt – mit seiner emotionalen Signifikanz und seiner Macht, die Mutter zur Rettung herbeizuholen –, bei einer großen Zahl menschlicher Sprachen die Wurzel ma für Mutter hervorgebracht hat?«
>
> (Malinowski 1974, S. 357f.)

Das Wort »mama« entsteht also aus einer Laut*gebärde*, mit der das Kind sein wesentliches Bedürfnis nach Nahrung und menschlicher Zuwendung ausdrückt und die spätere Handlung durch eine Lautgebärde vorwegnimmt. Alle seine mit Nahrung und Zuwendung zusammenhängenden Gefühle bezieht das Kind auf seine Mutter oder eine andere Pflegeperson. Mütter sprechen von sich in der dritten Person, verwenden also auch selber das Wort »mama«. Kinder machen daraus etwas Eigenes.

Clara und William Stern haben die ersten Lallworte mit diesem Komplex als »zentripetal« beschrieben, d. h. als primären Ausdruck eines auf das Subjekt zurückgerichteten Strebens.

> »Sie drücken die Beziehung auf die eigene Person, ein An-sich-heran-Ziehen oder In-sich-hineinnehmen-Wollen aus; es sind die Lautgebärden, die etwa der Hand- oder Armgebärde des Greifens und Umfassens entsprechen.«
>
> (Stern/Stern 1928, S. 355)

Das erste sinnvolle Wort des Kindes erneuert auf sprachlich-symbolische Weise die Verbindung zu der Person und ihren Handlungen, mit der das Kind einst eine körperliche Einheit bildete und zu der es immer wieder hinstrebt.

> »Ich habe die These aufgestellt, die Mutter sei das Außenwelt-Ich (external Ego) des Kindes (1951). Bis das Kind selber ein organisiertes und strukturiertes Ich entwickelt, übernimmt die Mutter die Ich-Funktionen des Kindes.«
>
> (Stern/Stern 1928, S. 355)

Eine Vereinnahmung also, die natürlich und absolut notwendig ist, jedoch die Gefahr enthält, dass die Mutter später an dieser Art psychisch-sprachlicher Symbiose festhält.

Manche Wissenschaftler (z. B. Spitz) rechnen das Wort »ma-ma« noch nicht zur Sprache. Sie sehen es lediglich als affektive Lautgebärde und gliedern es aufgrund seiner emotionalen Ausrichtung aus. Wenn wir jedoch Sprache insgesamt als Bewegungsphänomen betrachten, so können wir abschließend feststellen: Es ist ein Beispiel für ein vorwiegend gefühlsgesteuertes Lautschema, das als Gebärdenwort auf natürlichen Handlungsantrieben aufbaut. Sein affektiver Gehalt wird in der späteren Entwicklung des Wortes zurückgedrängt, jedoch nicht aufgehoben.

Stimme der Mutter

Du hast sie gehört, als du noch woanders warst
als ferne Botschaft mit sieben Siegeln
etwas, was fern ist – groß und mächtig
und zu dir kommt und dich ganz ergreift
wie die Stimme Gottes ertönt
aus den Wolken des ewigen Himmels
durchtönt dich diese Stimme
macht dir Mut auf Leben und
Hoffnung auf ein anderes Sein
Manchmal ist die Stimme auch Stau
und Gewitter doch dann wieder Sonne
aus Klang und Rhythmus und Lauten
Und die Stimme bleibt nach dem großen
und schmerzlichen Wandel
Nichts war mehr wie vorher
doch die Stimme bleibt
Du erkennst sie wieder
und sie tröstet und sagt und singt ...

»Da« – vom Ursprung des Kontaktes zur Welt

Die Besonderheit der Hinweisgebärde »da« ergibt sich schon aus ihrem Lautbestand,

»(...) der orale Verschlußlaut tritt (...) als affektfreieres bzw. affektloses Gebilde auf, anstatt zum Wehklagen dient er zum ›Hinweisen, Fortweisen, Zurückweisen‹ und zur ruhigeren, gleichgültigeren Benennung und kündigt somit den eigentlichen Übergang zum Gefühlsausdruck zur darstellenden Sprache an«.

(Jakobson 1969, S. 100)

Nach C. und W. Stern handelt es sich auch hier um eine »lallmäßig-naturhafte Lautgebärde«, die die körperlich-äußerliche Zeigegebärde (ein erstes Hinstreben zum Gegenstand) mit den Sprechorganen nachahmt (Stern/Stern 1928, S. 355).

Der Übergang vom Gefühlsausdruck zur darstellenden Sprache, wie er sich in dieser lautlichen Zeigegeste vollzieht, bedeutet beim Kind aber keine Affektverdrängung. Dies hängt mit der ganzheitlichen Zuwendung des Kindes zum Gegenstand zusammen. Die Sterns sprechen davon, dass die »Physiognomie« eines Gegenstandes eine Gesamtreaktion hervorruft,

»gleichsam ein Einswerden mit dessen eigentümlicher Lebendigkeit, und nun werden auch die Lautäußerungen in dieses physiognomische Verhalten einbezogen. Es sind namentlich die ausdruckshaltigsten Momente des Sprechens: Tempo, Tonfall, Sprachmelodie, Vokalisation, in denen sich dieses eigentümliche gefühlsmäßige Identifizieren mit dem Gegenstand bekundet«.

(Stern/Stern 1928, S. 123)

Der Übergang vom Gefühlsausdruck zur darstellenden Sprache hat für das Kinderlied spezifische Bedeutung. Die ersten Reime und Lieder sind für die Kinder u. a. Objektivations- und Identifikationsvorlagen für ihre Gefühle und Vorstellungen. Sprechen und Singen sind noch miteinander verbunden.

»Nein« – das erste wirkliche Wort?

Mit dem dritten Typ erster Kinderwörter hat sich u. a. R. A. Spitz (einer der Begründer der modernen Kindersprachforschung, 1967; auch: Clauser 1971, S. 86 f.) sehr ausführlich beschäftigt. Es sind das Wort »Nein« und die entsprechende Geste. Er hat den Bewegungsanteil dieser Äußerung klar herausgearbeitet. Doch zunächst einmal geht es ihm um etwas anderes. Er geht davon aus, dass die verneinende Geste des Kopfschüttelns und das Wort »Nein« die ersten semantischen Symbole sind, die er von den »globalen« Wörtern bzw. Einwortsätzen, die vorher erscheinen, wie z. B. Mama, Papa, Pipi unterscheidet: Die Bedeutung dieser Geste und des dazugehörigen Begriffs wird nach Spitz nicht durch Konvention ankonditioniert, sondern baut auf vorsprachlichen Bewegungsphänomenen bzw. archaischen Gebärden auf. Als frühestes Stadium ermittelt Spitz die Hin- und her-Bewegung des Kopfes, das »Suchverhalten« (»rooting behaviour«) des Kindes in Hinsicht auf die Brustwarzen. Das zweite Stadium setzt ein, wenn bereits die ersten Rudimente eines bewussten Ichs konstituiert sind. Das Kind lehnt, sobald es sich gesättigt fühlt, weitere Nahrung durch Kopfdrehung ab. Dies ist jedoch noch keine gebärdenhafte Mitteilung an die Mutter, sondern lediglich Ausdruck seines psychophysischen Zustandes (natürlicher Ausdruck von Ärger und Missbehagen). Das dritte Stadium tritt nach Spitz etwa im 15. Monat ein. Jetzt wird das Kopfdrehen als Gebärde, die sich an eine andere Person richtet, kommunikativ. Dies geschieht im Kontext der Gesamtentwicklung des Kindes, in der Art und Weise, wie es Objekte und Personen wahrnimmt und in seine Handlungen einbezieht und gegebenenfalls von seinen Eltern daran gehindert wird. Dabei spielen nicht nur die Verneinungsgeste und ihre sprachliche Komponente eine Rolle, sondern auch Warngesten (»dududu!«) und Zurückhaltungsgesten (»bä bä!«)

Die Darstellung der Genese von »Ja« und »Nein« scheint in sich stimmig und stichhaltig, ist es jedoch nicht: Die Genese der Verneinungsgebärde, die Spitz darstellt, ist nicht allgemein menschlich, sondern von Volk zu Volk, von Kultur zu Kultur verschieden. Gebärde und Geste können natürlich auch konventionelle Bedeutung haben. In manchen Ländern des Balkans und in der Türkei wird durch Kopfschütteln Bejahung ausgedrückt. Ebenso in Indien, wo der Kopf auf langsame, schlängelnde Art bewegt wird, was ebenfalls intensive Bejahung ausrückt. Die Darstellung von Spitz trifft auf Mitteleuropa sowie auf Ostasien und Teile Afrikas zu.

Worauf beruht die Fehleinschätzung bei Spitz? Immerhin ist inzwischen erwiesen, dass sich Kinder aus ganz verschiedenen Kulturen durch frühe Gebärden, Gesten und Lautierungen verständigen können; wenn die jeweilige Muttersprache Raum greift, können sie das nicht mehr. Spitz versucht vielmehr, seine Bestimmung des Sprachbeginns und die ausschlaggebende Rolle des kognitiven Aspekts, der Rationalität und des Verstandes festzuschreiben. Sprache beginnt so mit der ersten logischen Polarität, wobei das »Nein« im Vordergrund besteht. Aber was bedeutet das für die Sprache und das entsprechende Menschenbild, wenn das »Nein« zum Urwort der Sprache erklärt wird?

Das hat weitreichende Folgen. Das »Jaaa!«, die öffnende, positive Energie spielt hier keine Rolle. Distanz, Abtrennung und Verneinung stehen hier am Anfang von Sprache und Denken. Und für die Mutter hat das »Nein« dann auch eine besondere pädagogische Bedeutung. Nämlich dann, wenn das Kind nicht mehr in seinem »Bettkäfig« gefangen ist, sondern laufen gelernt hat. Jetzt ist die Mutter in besonderem Maße auf sprachliche Mittel angewiesen, um das Verhalten des Kindes zu beeinflussen. Dieses Stadium ist gekennzeichnet durch den Konflikt zwischen der Initiative des Kindes und den Befürchtungen der Mutter. Jedes »Nein« stellt eine affektive Versagung für das Kind dar, macht es wieder passiv. Die Heftigkeit dieser Versagung wird vom Kind durch einen Kompromiss aufgefangen. Es identifiziert sich nach und nach mit der Mutter, und so macht auch das »Nein« beim Kind eine Entwicklung durch.

Eine Entdeckung: Kinderwörter als Ursprung der Poesie

Erste Kinderwörter haben einen eigenen Charakter. Sie sind Resultate feinmotorischer Muskelschulung, die zugleich mit spielerischer Freude und energetischer Ernsthaftigkeit betrieben wurde. Gleichwohl sind der ganze Körper, die ganze Psyche daran beteiligt, auch wenn es nach außen hin nicht so aussieht. Sie sind noch keine Wörter im entwickelten Sinn, aber aus ihnen entwickelt sich alles Sprachliche. Erste Wörter sind Lautgebärden, Sprechhandlungen und Einwortsätze in einem.

Das ist erstaunlich. Gibt es noch etwas zu entdecken? Oder ist schon alles gesagt? Tatsächlich lassen sich in den ersten Kinderwörtern Elemente erkennen, die bisher verborgen waren. Es gibt nämlich eine Spur, die von der Reim-, Sing- und Lautspielkunst der Kinder zurück zu den ersten Kinderwörtern führt.

Erste Kinderwörter haben Potenzen, die man ihnen tatsächlich nicht ansieht. Und es war der Lyriker, Essayist und sporadische Sprachwissenschaftler und Literaturforscher Peter Rühmkorf, der als Erster auf diese Spur aufmerksam gemacht hat, in seinem allgemein kaum und auch von der offiziellen Linguistik wenig beachteten Buch »Agar agar zaurzarim« (Rühmkorf 1981). Diese Potenzen haben etwas mit dem zu tun, was Literatur, insbesondere Poesie und Lyrik, ausmacht.

Und damit komme ich zu meiner Grundthese: *Erste Kinderwörter sind der Ursprung der Poesie im Menschenleben.*

Also eins nach dem anderen. Wir wissen inzwischen: Reime, gereimte Sprache also, sind eine spezifische Art des kommunikativen Tanzes. Lassen wir uns auf eine tänzerisch-motorische Innenansicht des Reimvorgangs ein. Da gibt es einen ersten Schritt, eine eröffnende Bewegung, eine Vorlage, ein Aufsetzen mit dem Wort, das den Reim auslösen soll, dann folgt eine Bewegung, ein Fort-Schritt, der bewegt sich »fort«. Vielleicht in eine unerwartete Richtung. Eine erneute Schwingung, die Spannung bzw. gespannte Erwartung erzeugt. Diese Spannung steigert sich und löst sich erst dann, wenn der Schwingungsbogen in einer eleganten Abschlussgeste endet bzw. wenn der

Fuß an der richtigen Stelle aufsetzt; also nicht in der Luft stoppt oder danebengeht. Sprachlich ausgedrückt, wenn das Reimwort erscheint, als solches erkannt bzw. erhört wird, wenn der ersehnte Gleichklang sich einstellt und etwas, was vorher unterschiedlich war, durch den Reim verbunden worden ist. Je größer die Distanz zwischen dem Vorlagewort und dem Reimwort ist, desto souveräner muss der Reimende mit den übrigen strukturerzeugenden Kräften der Sprache, mit Syntax, Lexik und Semantik umgehen können. Doch wie fängt das alles an?

Kleine Kinder haben, wie bereits erwähnt, einen besonderen Hang zum Reim und zum Reimen.

»Unaufhörlich schwatzt er allen möglichen Unsinn (...). Ganze Stunden wiederholt er irgendwelche albernen Gleichklänge, die keinen Sinn haben: alja, walja, dalja, malja.«

(Tschukowski o.J., S. 177)

Das Kleinkind mit seinen noch unentwickelten Artikulationsfähigkeiten (das betrifft die Phase der ersten Wörter, nicht nur die Brabbelphase) neigt dazu, gleiche – im Gegensatz zu unterschiedlichen – Lautfolgen zu produzieren. Zum Beispiel sagt das Kind auf die Vorgabe »bit-te« immer wieder »bi-bi«. Erst aufgrund dieser Neigung können die ersten Kinderwörter überhaupt entstehen, stabilisiert und im Gedächtnis festgehalten werden.

»Daß wir Wörter wie mama und hamham und dada bereits als Elementarreime zu bezeichnen neigen, scheint mir dabei weniger willkürlich, als es zunächst anmuten mag. Poetologisch, begriffstechnisch fügt die Lautwiederholung sich ohne jeden Zweifel in die Kategorie der ›rührenden‹ oder ›reichen Reime‹ ein.«

(Rühmkorf 1981, S. 51)

Das Bedürfnis der Kinder nach Gleichklang in der Sprache kann auch als musikalisches Bedürfnis gesehen werden. Aber der Reim bindet ja auch verschiedene Inhalte, zwischen denen eine gewisse Spannung besteht, harmonisch zusammen. Das Kind empfindet den Reim wie eine Wortschaukel – ein Bild, das meine Ausführungen zum kommunikativen Tanz ergänzen soll. Reim als Wortschaukel also,

»von der es, in regelmäßiger Wiederkehr ausschwingend erhoben, nach der Zäsur des pausierenden Anhalts entsinkend wieder zurückgeschwebt wird ... Damit wird in den gleitenden Bezügen der Seele jeder Vers zum Gleichnis für Aufbruch, Ankunft und Heimkehr«.
(Bodensohn 1965, S. 38)

Die Entwicklung des Reimgeschehens lässt sich also bis in die allersten Kinderwörter zurückverfolgen. Rühmkorf spricht sogar von

»nervösen Verbindungsfäden zwischen früher Kinderreduplikation und einer lebenslangen Lust an geklonten Lauten«.
(Rühmkorf 1981, S. 52)

Um es noch einmal zu sagen: Für das Kind ist der Reim keine poetisch-literarische Qualität unter anderen, sondern eine genetische Notwendigkeit für die Aneignung von Sprache und die Entwicklung seines Gedächtnisses. Nicht nur die Sprache – sondern, wie wir gesehen haben, auch die Poesie – entwickelt sich aus den ersten Kinderwörtern.

»Der Reim ist die Erinnerung an die gemeinsame Wurzel der Worte, bis zu der keine Sprachforschung jemals vordringen wird und die der Dichter in seinen Träumen errät.«
(Jünger 1979, S. 19)

Die ersten Wörter des Kindes bestehen bekanntlich nicht aus einzelnen Lautfolgen oder Silben, sondern aus Doppelsetzungen, aus Reduplikationen. Wiederholung bedeutet eine erste elementare *Rhythmisierung* der Lautfolge. Die Bildung erster Wörter ist untrennbar mit der Rhythmisierung von Lautfolgen verbunden. In dieser Phase hat der Rhythmus *sprachbildende* Funktion. Durch die rhythmisierte Doppelsetzung werden die ersten Wörter für das Kind auffassbar und merkbar und schaffen damit die Voraussetzungen für die Bildung einer Wortbedeutung.

Ist das Kind aber über das Stadium erster angestrengter Artikulationen hinaus, fängt es an, die Wörter selbst zu wiederholen und in gleichförmigen, rhythmischen Ketten vor sich hinzusprechen, so, als müsste es sich dieses Wort in rhythmischen Wiederholungen für immer unvergesslich machen. Im Mutterleib hat das Kind rhythmische Geborgenheit erfahren, in der sich ihm bestimmte Bewegungsabläufe – als Anzeichen von Leben und Lebendigkeit überhaupt – auf meist angenehme Weise mitteilen. Nach der Geburt fehlen diese wohltuenden Rhythmen, und das Kind befindet sich zunächst in einer äußerlich rhythmuslosen Welt, die sich um seine Ernährung und seine Trockenlegung kümmert. Wird das Kind auf die Mutter oder in ihre Arme gelegt, erfährt es nicht nur die Wärme des Hautkontaktes, sondern vielmehr wieder einen Anteil an rhythmischer Bewegung.

Im nachgeburtlichen Leben muss sich das Kind seiner rhythmischen Fähigkeiten neu und teilweise in anstrengenden Prozeduren vergewissern. Hat es seine vorgeburtliche Bindung an den Rhythmus und an die Rhythmen, die im Inneren seines Leibes nach wie vor vorhanden sind, ganz vergessen? Wohl kaum. Wenn Rhythmus nichts Aufgesetztes sein soll, muss diese alte Verbindung immer wieder aktiviert werden, und in glücklichen und besonders kreativen Momenten greift das Kind sicher darauf zurück. Auch bei der Bildung und Rhythmisierung der ersten Wörter. Im zweiten Kapitel hatte ich auf die Bedeutung des Herzens für die früheste Sprachanbahnung hingewiesen. So ist es meines Erachtens durchaus möglich, dass wir in der rhythmischen Zweiergestalt der ersten Kinderworte ein fernes Echo der Tätigkeit des menschlichen Herzens finden können.

Kleine Zwischenbemerkung: Rhythmisierung von Lautfolgen hat jedoch nicht nur im Initialstadium der Sprache sprachbildende Funktion, sie hat eine ähnliche »Hebammenfunktion« auch bei der Entstehung der Poesie im Erwachsenenalter.

> »Mir ist zwar von Natur eine glückliche Stimme versagt, aber innerlich scheint mir oft ein geheimer Genius etwas Rhythmisches vorzuflüstern, so daß ich mich beim Wandern jedes Mal im Takt bewege und zugleich leise Töne zu vernehmen glaube, wodurch dann irgend ein Lied begleitet wird, das sich mir auf die eine oder die andere Weise gefällig vergegenwärtigt.«
> (Goethe in »Wilhelm Meister«, zitiert nach Mayer 1959, S. 45)

Nun zum dritten Punkt: Verbindung der ersten Kinderwörter zu Sprachzauberei und Magie.

> »Der Magier sitzt auf seinem hohen Stuhl
> und blickt gnädig auf die Welt.
> Er ist auf der Höhe seiner Macht.
> Schließt er seine Augen,
> so verschwindet die Welt.

Öffnet er seine Augen,
so kehrt die Welt zurück.
Herrscht Harmonie in ihm,
dann ist auch die Welt harmonisch.
Wenn Wut seine innere Harmonie erschüttert,
ist auch die Einheit der Welt erschüttert.
Regt sich ein Wunsch in ihm,
dann spricht er die magischen Silben,
die den Gegenstand erscheinen lassen.
Seine Wünsche, seine Gedanken,
seine Bewegungen und seine Laute
regieren das All.«
(Selma Freiberg, zit. n. Rühmkorf 1981, S. 52 f.)

Wie bereits betont, kann das kindlich-kommunikative Schreien (und später bestimmte davon beeinflusste Formen des Singens) diffuse Allmachtsgefühle hervorrufen. Gehen die Motivation und Intensität des Schreiens in die ersten rhythmisierten Silben und ammensprachlichen Lallwörter ein, so werden auch hier diese diffusen Allmachtsgefühle reaktiviert:

»Der laut, mit kläglicher Stimme geäußerte Name einer Person besitzt die Macht, diese Person erscheinen zu lassen. Nach Nahrung muß man rufen und sie erscheint – in der Mehrzahl der Fälle.
So muß die kindliche Erfahrung im Geist des Kindes den tiefen Eindruck hinterlassen, daß ein Name Macht über die Person oder das Ding hat, die er bedeutet.«
(Rühmkorf 1981, S. 359)

Die ersten Wörter als kindersprachliche Verdoppelungen sind in diesem Stadium unmittelbar mit bestimmten Wirkungen verbunden. Spricht das Kind diese ersten Wörter, erlebt es, wie sie Zuwendung bewirken. Dies ist die früheste und archaischste Form, in der Kinder erfahren, dass Wörter etwas »bedeuten« können. Sie können etwas bewirken, anziehen und hervorrufen. Wörter als Medium früher *Magie* also ...

Man kann beobachten, dass Kinder auch später eine sich nähernde Person, ein Tier oder ein Spielzeug mit der fortwährend wiederholten Nennung des Namens begrüßen und damit eine Verbindung herstellen. Damit wird das Wort als erstes Mittel benutzt, um in eine innige Beziehung zu einem äußeren Objekt zu treten, um es Gestalt werden zu lassen. Das heißt: Schon mit den ersten referenziellen, sich auf reale Personen und Gegenstände beziehenden Begriffen lernt das Kind Fiktionalität und Fantasie zu gebrauchen und in seinem *eigenen* Sprachgebrauch weiterzuentwickeln. Aufgrund dessen lässt sich solche Sprachmagie nach ihrer Intensität unterscheiden:

- wenn Wörter auf etwas einwirken und dieses verändern wollen
- wenn Wörter einen Gegenstand aufrufen und geistig herbeiholen sollen
- wenn Wörter etwas schwer Erfassbares benennen und in eine bestimmte Ordnung bringen.

In vielen Kinderreimen und Liedern werden Elemente dieses Sprachgebrauchs aufgegriffen. Ich denke da an Heilungs- und Trostformeln wie

Heile, heile, Segen,
drei Tage Regen,
drei Tage Schnee,
tut's dem Kind
schon nimmer weh.

und natürlich auch an die Zaubersprüche im Märchen, z. B.:

»Mantche, Mantche Timpetee,
Buttche, Buttche in der See …«

und auch an jene zahlreichen gereimten Anrufe von Tieren und Tierliedern, die eine ursprünglich magisch-mythische Beziehung zu dem Tier herstellen und dann auch in anderen Situationen gesungen werden.

3.4 Sonnenfleck und Scherbenhaufen

Was Sprache alles kann.
Unglaublich.
Sie macht sichtbar.
Sie hat für alles einen Namen.
Sie sagt, was Sache ist.
Sie hat für alles einen Namen,
und wenn man den weiß,
kann man das Ding auch kriegen.
Sie hebt hervor.
Schneller und eleganter, als es die Hand vermag.
Sie kann sogar hervorheben, was gar nicht da ist.
Das sollen ihr die Hand und alle ihre fünf Finger
erst mal nachmachen.
Die Sprache hilft mir zu sagen, was ich will,
zu sagen, was ich ganz toll mag.
Und wenn ich habe, was ich will,
dann bin ich glücklich.
Die Sprache ist mein Glücksbringer.
Nein, ich weiß noch nicht alles.
Aber ganz plötzlich weiß ich,
wie Sprache funktioniert,
und ich brauche dazu nur ein einziges Wort.
Und das macht mich so selig,
als hätte ich die ganze Welt
in meinem Spielzeugeimer.
Und das Kind denkt glücklich:
Die Sprache ist schön.
Und wahrscheinlich
wird das jetzt so weitergeh'n ...

Doch dann kommt es plötzlich ganz anders.

> *Dies ist die Geschichte von dem kleinen Jungen und dem Sonnenfleck. Er liebte ihn schon lange. Es ist so schön, wenn er da ist. Und so geheimnisvoll. Er leuchtet und ist da, das ist klar. Nur – wo ist er denn eigentlich? Der kleine Junge kann nämlich durch ihn hindurchgreifen. Und dann fühlt er den Fußboden. Also: Wo ist er eigentlich, sein Freund, der Sonnenfleck? Egal. Heute ist er da. Ganz deutlich. Der kleine Junge kennt diesen Freund schon aus der Zeit, als er noch nicht sprechen konnte. Heute möchte er den Sonnenfleck auf besondere Weise kennenlernen.*
>
> *Also beugt er sich hinunter, um den Sonnenfleck mit den Lippen zu berühren. Lippen sind wie Finger, wie zarte Finger. Sie können etwas er-fühlen, und sie leiten über zum Schmecken. Das können richtige Finger nicht. Aber gerade in dem Moment, als sich die Lippen des kleinen Jungen dem Sonnenfleck nähern, geht die Tür auf, und die Mutter kommt ins Zimmer, fragt nicht lange, sieht sofort, was los ist, und sagt etwas angeekelt: »Lass das sein! Was tust du da?«*
>
> *So etwas hat der kleine Junge nicht erwartet. Er starrt zuerst auf das Sonnenlicht und blickt dann zu seiner Mutter hinüber. Die beugt sich zu ihm hinunter, lächelt ihn jetzt sogar an und sagt tröstend, dass das nur Licht, nur Sonnenschein sei und dass man gerade auf dem Fußboden nur anschauen, aber doch nicht essen darf, und schließlich sagt sie, dass er schmutzig sei. Die Mutter hat den kleinen Jungen dabei umarmt. Der schaut eine Weile zurück und geht dann hinaus aus dem Zimmer.*
>
> *(erzählt nach Stern 1990, S. 128)*

Er macht eine schlimme Erfahrung. Eine Stimme bzw. ein paar Wörter können seinen ganz besonderen Sonnenschein-Lichtsee gefrieren lassen. Dieser Lichtsee ist – erwachsen ausgedrückt – wie der Bote einer Welt, in der alles schön und hell ist. Es ist die besondere Qualität der ganzheitlichen, vorsprachlichen *Erlebniswelt*, eine Welt der vermischten Sinneseindrücke, die nun mit der strikt wertenden und strukturierenden Welt der Sprache zusammengeprallt ist. Dieser Zusammenprall hat einen Haufen Scherben hinterlassen.

Die ganzheitliche vorsprachliche Welt der vermischten Sinneseindrücke ist im Kind immer noch vorhanden. Bisher nahm man an, dass Sprache unbedingt notwendig sei, nicht nur um diese Eindrücke darzustellen, sondern auch um diese Darstellungen miteinander zu verknüpfen, um sich ihrer zu erinnern. Heute weiß man, dass sie auch ohne Umsetzung in Wörter gespeichert und abgerufen werden können (Stern 1990, S. 130).

Wir haben gesehen: Um solche vorsprachlichen Erfahrungen abzuwerten, zu paralysieren und letztlich zu zerstören, *wird ebenfalls Sprache eingesetzt*. Sprache, die wir eben noch in höchsten Tönen gelobt haben. Sprache kann also nicht nur neue Welten erschaffen; sie kann auch eine ganze Welt zerstören. Sie ist nicht nur eine Bewegungskunst, ein kommunikativer Tanz, der die Tänzerin und den Tänzer glücklich macht und ihre/seine Bedürfnisse durch Kommunikation aus Bewegung stillt. Sprache ist *auch* etwas, was begrenzt und einengt, was Beweglichkeit verhindert und zum Denk- und Handlungsgefängnis wird.

Dabei ist die Sprache zunächst ein so wunderbares Erlebnis gewesen. Bis zu dem Punkt, wo das Kind selber verstehen und sprechen gelernt hat. Der kleine Junge hat einen ersten Vorgeschmack davon erhalten. Dieses Wechselbad wird zeit seines Lebens immer wieder stattfinden. Illusionierung und Desillusionierung folgen dicht aufeinander, stellen gerade in dieser Kindheitsphase ein heftiges Problem dar. Allerdings hängt die Heftigkeit und Ausprägung dieses Problems stark von der jeweiligen Kultur und Gesellschaft ab, und die Eltern, Mutter und Vater, haben hier auch unterschiedliche Aufgaben, spielen unterschiedliche Rollen.

3.5 »Pipikak«

Wenden wir uns also jetzt dem Phänomen »Analphase« und Sprache zu. Wenn wir von diesem Begriff aus auf die Veränderungen im kindlichen Verhalten im genannten Zeitraum blicken – was sehen wir da?

Eine mehr oder weniger strenge »Sauberkeitserziehung«, d.h. vor allem Kontrolle des Schließmuskels, verbunden mit einer Sprache, die Neuorientierung und Verhaltensänderung bewirken soll. Das Kind soll etwas lernen. Es soll lernen, nicht mehr »in die Windeln zu machen« (bzw. zu kacken), sondern aufs Töpfchen »zu gehen«, oder wie gehabt »Bäuerchen machen«. Schon die sprachlichen Ausdrücke zeigen es an: Im einen Falle »macht« das Kind etwas, gibt etwas von sich, wenn es innen drängt, und das zunächst meist in bequemer Liegelage. Doch dann wird Haltung angesagt, das Kind muss »auf's Töpfchen gehen«. Ein erster Euphemismus. Der eigentliche Vorgang bleibt außen vor.

Gleichzeitig wird eine mehr oder weniger massive Bewertung dieses Vorgangs in Szene gesetzt. Was vorher war, ist schlecht, soll am besten gar nicht mehr vorkommen. Was neuerdings praktiziert wird, ist gut und zukunftsträchtig. So soll es jetzt immer sein. Das Kind soll nicht einfach sprachlos die Entleerung des Darms genießen. Es soll *sagen*, was los ist, damit es ordnungsgemäß sein »Geschäft machen« kann. Und dafür wird es belobigt. Fehlt die Gelegenheit oder ist niemand da, den es ansprechen kann, soll es sein »Geschäft« zurückhalten und warten. Wenn das Kind das endlich tut, wird es wiederum belobigt.

Das Kind ist auf Zuwendung aus. Gerade auch, wenn sie sich in Form einer sprachlichen Belobigung vollzieht. Dadurch entsteht für das Kind aber ein Dilemma. Es muss seine alten Bedürfnisse und Lustgefühle verraten, um das zu bekommen, was es von den Eltern, insbesondere von der Mutter, braucht. Die Sprache spielt bei diesem Verrat eine große Rolle, und sie wird jetzt zum ersten Mal als etwas erlebt, das einschränkt und wehtut. Denn für das Kind ist das, was es da durch Öffnung des Schließmuskels vollbringt, keineswegs eklig und schmutzig, sondern besonders interessant. Es erregt – oft zum Ärger der Mutter – sogar seine spielerische Neugier, und das Kind ist stolz auf diese Hervorbringung.

Heutzutage ist es vielen Müttern wichtig, dass ihre Kinder früh sauber sind. Und für diesen Lernprozess wird Sprache eingesetzt: als Aufforderung, als Wertung, als Belobigung, als Warnung, als Drohung und als Strafe. Und es entsteht die Gefahr, dass das Kind sich von seinem eigenen Körpergefühl entfernt, um der Mutter zu gefallen. Vielleicht ist dies eine der Ursachen für die Vernachlässigung des Körpers bis zur Körperfeindlichkeit. Das Kind verliert die Sprache für die eigenen Bedürfnisse und tut das, was anderen gefällt und was ihnen weniger Unannehmlichkeiten macht. Es geht hier um die Einführung eines ganzen Wertesystems und die Einsicht, dass »alles seine Ordnung hat«. »Ja« und »Nein« – Bejahung und Verneinung, die wir in diesem Kapitel schon kennengelernt hatten, treten in eine neue Phase ein. Das Kind soll in die Lage versetzt werden, Unterscheidungen zu treffen. Unterscheidungen zwischen:

- sauber – schmutzig
- angenehm – eklig
- ordentlich – unordentlich
- gut – schlecht.

Das Gute wird mit Ordnung verbunden und das Schlechte mit spontanen »Äußerungen« des eigenen Körpers. Eine ganz frühe psychisch-körperliche Erfahrung von »gut« und »schlecht« also. Doch nach und nach übernimmt das Kind diese Wertungen. Die denaturierte Nahrung tut ihr Übriges dazu. Das Kind verliert den Mut, eigene Experimente anzustellen, denn es weiß jetzt, was eklig ist und wovon man die Finger lassen muss.

Doch jetzt kommt ein Aber: Je rigider die Sauberkeitserziehung verläuft, desto größer wird ein untergründiges Verlangen nach den alten Bedürfnissen und ihren Interessengebieten. Dieses Verlangen kann sich jedoch nicht mehr ausleben. Also flüchtet dieses Verlangen in Fantasie und fiktive Sprache. Die Verdrängung der alten Bedürfnisse rächt sich. Das Anale und Fäkale bekommen gerade, weil sie als ausschließlich schmutzig und eklig abgetan werden, überdimensionale Aufmerksamkeit.

Das Interesse des Kindes für »Kaka« ist groß. Mit Vorliebe gibt es sich solchen Fantasien und Vorstellungen hin, die damit etwas zu tun haben. Neu erfundene und zusammengesetzte Wörter sind dann besonders attraktiv, wenn sie mit diesem »Thema Nr. 1« etwas zu tun haben. »Pipikak« – diese Zusammensetzung kann zum absoluten Lieblingswort des Kindes werden. Und wie groß ist die Freude, wenn sich so etwas auch noch rhythmisieren und reimen lässt, sodass es als feste Form im Gedächtnis bleibt und immer wieder verwendet werden kann. Eine regelrechte »Pipikakalyrik« entsteht in dieser Phase. Und damit hat sich auch die frühe Reimlust verändert:

Wenn die Kinder nämlich die ersten Phasen des Spracherwerbs hinter sich gebracht haben, fangen sie an, an dem Erworbenen herumzuprobieren und herumzuspielen, und es kommt mit dem Vertrauen in die eigenen Fähigkeiten

»(...) und dem ihm verbundenen Unabhängigkeitssinn ein akustischer Umlautungstrieb mit ins Spiel, der im Zusammenhang zugleich den Mißklang sucht«.
(Rühmkorf 1981, S. 77)

Das drückt sich u. a. im Namensspott und ähnlichen Erscheinungen aus:

Ilse bilse
Renate Tomate
Anne Pupanne
Hans Schwanz
(Rühmkorf 1967, S. 99)

Peter Rühmkorf schreibt zu diesem Funktionswandel der kindlichen Reimlust:

»Wo der Elementarreim eben noch als Doppelsetzung erschien, da begegnet er uns jetzt geradezu zer-setze-risch. Wo er mit Beschwörung und Magie zu tun hatte, sucht er anscheinend nun nach Sakrileg und Desillusion.«
(Rühmkorf 1981, S. 78)

Also reimt das Kind dann fröhlich aus seinem Lieblingswort heraus:

Pipikak und Pipifak
Pipi Papi Kackerlakack.

Ernest Bornemann, Peter Rühmkorf und andere haben sich ernsthaft mit solchen Versen befasst, denn sie sehen hierin eine notwendige Vitalitätsquelle für Sprache und Lyrik (Rühmkorf 1967; Bornemann 1973b).

Heini Klausen
Lässt einen sausen
Mit Getose
In die Hose.
Mit Gebraus –
Und du musst raus!

Pepita Popo
Sitzt auf'm Klo.
Pepita Pipi
Macht kikeriki.
Pepita Papa
Macht A-a.
Pepita Pupu –
Raus bist du!

Do re mi fa sol,
Du hast die Hose voll,
Mi fa sol la si,
Die Hose voll Pipi.
Fa sol la si do,
Pipi am Popo,
So do re mi fa,
Popo voll A-a,
So la si do re,
Und jetzt geh!

Pup und Spinne
gingen in den Wald.
Da wurden Spinne die Füße kalt.
Da machte Pup ein Feuer an,
damit Spinne sich wärmen kann.

Solche Verse haben nicht nur Ventilfunktion. Sie bringen das Kind wieder ins psychische Gleichgewicht. Denn das Kind – und letztlich auch der Erwachsene – möchte im Einklang mit seinen natürlichen Körperfunktionen leben.

Ein derzeit beliebter Kinderwitz:

> Treffen sich zwei Unterhosen in der Waschmaschine. Sagt die eine zur anderen: »Mensch, bist du schön braun, warst du in Urlaub?«

Wortanale Entladungen finden sich auch sehr häufig in der Erwachsenensprache. Man betrachte etwa die Verwendung des Wortes »Scheiße« nicht nur bei Jugendlichen. Ein geradezu inflationärer Gebrauch. Material zu den Spielarten des analen Humors ist reichlich vorhanden. Und noch in Liedern für Vorschul- und Schulkinder spielt er eine Rolle, z. B. im Lied vom »Cowboy Jim aus Texas«, der aufs Klo geht und im »Fisch Fasch« mit seinem »weißen Arsch«. Das heißt., analer Humor ist erlaubt. Genitaler Humor dagegen ist provokativ. Erwachsene versuchen meist, vor Kindern solche Wörter zu vermeiden. Aber Kinder hören in der Regel mehr, als sie hören sollen.

Der Psychoanalytiker Ernest Bornemann geht davon aus, dass die Impulse für Abzählreime häufig aus Äußerungen von Erwachsenen stammen bzw. stammten, in denen die Kinder etwas Verbotenes und Faszinierendes herausgehört und es nun auf ihre eigene Weise wieder zusammengeleimt und -gereimt haben. Dies geschieht jedoch nicht ständig, sondern in seltenen Augenblicken, wo etwas als Fantasiegebilde und Reim entsteht, das sich dann verbreitet und schließlich Jahrzehnte und sogar Jahrhunderte überlebt.

Uns ist die Lust auf solche Art von Reim und Wortspielerei keineswegs ein für alle Mal verflogen. Gerade sehr kreative Menschen sind hier aktiv geworden, und zu bestimmten Zeiten wurden sie geradezu kultiviert. Ein Brief von W. A. Mozart aus dem Jahr 1777 endet so:

> (...) mir ist sehr leid, daß der H: Praelat Salat schon wieder vom Schlag getrofen worden ist fist. doch hoffe ich, mit der hülfe Gottes spottes, wird es von keinen folgen seyn schwein.«
>
> (Mozart 1777/1962, S. 106)

Zu vorgerückter Stunde wurde von Jugendlichen und Erwachsenen früher gerne ein Lied gesungen, in dem es hauptsächlich um »Scheiße« geht und von dem niemand weiß, wo es herkommt.

> Scheiße im Kanonenrohr
> kommt Gott sei Dank nur selten vor.
> Scheiße in der Lampenschale
> macht gedämpftes Licht im Saale.

Bei Kindern verfliegt dieses psychisch-sprachliche Echo auf anale Orientierung und Sauberkeitserziehung irgendwann, es verliert seinen Reiz und seine Wirksamkeit, lebt jedoch in veränderter Form und auf seine Art bei Jugendlichen und Erwachsenen weiter.

3.6 Trotz und Wille

> Nei, nei, nei
>
> Üses Brüederli seit: »Nei!«
> Nei verusse, nei dahei.
> Nimm i ihn mol an der Hand,
> wünscht er mich ins Pfefferland.
> »Nei, nei, nei, nei, nei, nei, nei, nei,
> nei, nei, nei!«
>
> Kusch go ds Mittag ässe?
> Kusch go s Büechli läsa?
> Kumm mier laufend kli?
> Wend kli luschtig si?
> »Nei, nei, nei, nei, nei, nei, nei, nei,
> nei, nei, nei!«
>
> Kusch go Klötzli biige?
> Wetsch in ds Sitzli stiige?
> Wetsch uf ds Häfi goh?
> Der Gagg in ds WC loh?
> »Nei, nei, nei, nei, nei, nei, nei, nei,
> nei, nei, nei!«

Bisch e ganz e Liebi: »Nei!«

Bisch e ganz e Bösi: »Nei!«

Säg doch bitte jo: »Nei!«

S'isch ganz eifach: Jo: »Nei!«

Jo, säg eis und zwei, säg jo: »Nei!«

Also guet, denn säisch halt sofort, sofort,

aber sofort nei: »Nei!«

Bardill 2007

Nach dem ersten Lebensjahr fängt das Kind in zunehmendem Maße an, seinen *eigenen* Willen wahrzunehmen und zu entwickeln. Es will immer mehr selbst bestimmen und handeln. Und es merkt auch mit großem Vergnügen und der dazugehörigen Lust, dass sein Wille zu erfolgreichen Taten führt. Sein Wille wird wahrgenommen und ihm *zunächst* gewährt. Das bezieht sich auf sprachliche und nicht sprachliche Handlungen. Aber dann passiert es, dass sein selbstbestimmtes Handeln, dieses frühe kindliche Gefühl von Handlungsfreiheit auf Widerstand stößt.

Es gibt jetzt für das Kind drei Möglichkeiten. Es geht in den Trotz oder in die Fantasie, oder es lässt sich durch etwas anderes ablenken. Trotz und Fantasie haben *beide* ihre sprachliche und nicht sprachliche Dimension. Trotz ist in dieser Phase meist das nächstliegende, und das Kind wird dann versuchen, durch körperliche Aktion und/ oder durch »Widerworte« den Stau bzw. die Barriere aufzulösen. Je älter die Kinder werden, desto eher benutzen sie die sprachliche Schiene. Aber zunächst ist körperliche Aktion angesagt, und die Eltern müssen wissen, wie man damit umgeht.

Da spielt es sich dann ab, das Drama, auf das Eltern oft zu schnell reagieren oder sich ein ganz anderes Kind wünschen. Das sieht schlimm aus: Das Kind schreit bis zum Anschlag, läuft gar blau an, wird von Weinkrämpfen geschüttelt oder wirft sich auf den Boden und bearbeitet ihn mit seinen Fäusten. Wenn das Kind mit solchen Trotzreaktionen Erfolg hat, also z. B. die heiß begehrten Süßigkeiten bekommt, wird es Trotzreaktionen strategisch einsetzen. Deshalb ist es wichtig, dass das Kind in Ruhe, aber nicht alleingelassen wird (Butzkamm/Butzkamm 1999, S. 83).

In dieser Situation kann das Kind aber auch beginnen, seine eigene Gedankenwelt, seine Fantasie zu aktivieren. Es kann das ersehnte Ding in Gedanken, in der Fantasie erreichen und umspielen. Es gibt z. B. Wunschverse, -lieder und -geschichten, durch die das Kind wenigstens auf sprachlich-fiktiver Ebene seine Handlungsfreiheit und Bedürfniserfüllung wiedergewinnt. Und das kann sein eigenes Vorstellen, Reden und Erzählen beflügeln. Es kommt aber auch darauf an, dass Sprache gerade im Falle des kleinen Kindes mit praktischem Tun verbunden bleibt und nicht zur bequemen Kompensation benutzt wird.

Bülow, Nolle, Witte, Zoo ...
Auf dem Dache sitzt ein Floh,
der sich nicht zu helfen wo.

3.7 Die andere Seite – zur Hierarchie der familialen Stimmen

Die unmittelbare Erziehung, die erste Zuwendung und Ansprache des Kindes gehören in der Regel zu den Aufgaben der Mutter. Doch dann kommt eine Phase in der motorischen und sprachlichen Entwicklung, in der das Kind unbedingt den Vater und dann auch die Großeltern braucht.

Die Großeltern können das Kind ernster und selbstbestimmter nehmen, als es der Mutter möglich ist. Am besten über die Versorgung mit Süßigkeiten hinaus! Sie können ihm Liebe und Zuwendung schenken, für die die Mutter manchmal keine Zeit hat. Sie können bestimmte Tätigkeiten des Kindes begleiten, ihm Dinge nahebringen in direkter Form oder in Reimen, Liedern, Geschichten und Märchen. Dinge, die früher einmal bedeutsam waren. Sie können den Blick des Kindes für die Vergangenheit der Familie und für die Vergangenheit überhaupt öffnen. Diese Aufgaben bleiben auch erhalten, wenn die Familie unvollständig ist. Fernsehen und andere Medien können den lebendigen Kontakt nicht ersetzen.

Das Ohr des Kindes ist an die Stimme der Mutter und an hohe Frequenzen gewöhnt. In der Stimme des Vaters dominieren tiefe Frequenzen. Seine Stimme könnte dem Kind eher »wie ein gestörter Radiosender, der auf volle Lautstärke gedreht ist« erscheinen (Tomatis 2009, S. 92 f.). Zumindest klingt das, was der Vater sagt, zunächst wie eine Fremdsprache, eine Sprache aus einer anderen Welt. Die Stimme der Mutter ist die Heimat, der vertraute Weg. Dementsprechend verweist Tomatis darauf, dass im Französischen »voix« Stimme und »voie« Weg in der mündlichen Aussprache übereinstimmen. Zunächst ist die Sprache ganz Muttersprache!

Die Mutter ist das Haus und die Heimat. Das kommt nach Tomatis auch in Kinderzeichnungen zum Ausdruck. Auch hier spielt der Vater schon eine Rolle. Aber eher im Hintergrund. Eine tiefe und umfassende Begegnung kann nach Tomatis erst dann stattfinden, wenn die Sprache des Kindes schon gut strukturiert ist. Zunächst ist der Vater wie ein anderer Verwandter, ein Bruder der Mutter, ein Onkel, der jedoch auch wieder sehnlichst erwartet wird. Für die alleinerziehende Mutter ist es eine Belastung und eine Herausforderung, diesen Part selber zu übernehmen oder anderswie zu organisieren.

Aber eigentlich braucht das Kind einen Vater, denn dieser kann bei günstigen Voraussetzungen dem Kind die Welt der Sprache auf neue Weise öffnen und für Entferntes zugänglich machen. Der Vater kann die Tür öffnen, die über die Familie hinaus zur Begegnung mit anderen, zur Gesellschaft führt. Tomatis beschreibt hier nicht die Familienwirklichkeit, sondern ein elementares Polaritätsverhältnis für die Entwicklung des Kindes.

»Die Mutter gibt ihr Herz, der Vater gibt seine Sprache. Sie hat ein Recht auf Liebe, er auf Zukunft. In einem mutterlosen Haus kann ein Kind nicht leben. Wenn das Haus aber dunkel bleibt, wenn es nicht lebt, hat das Kind kein Verlangen, sich ins Leben zu stürzen.«

(Tomatis 2009, S. 92)

Die Kommunikation mit dem Kind stellt den Vater vor besondere Aufgaben. Er darf nicht davon ausgehen, dass mit seiner Präsenz schon alles getan ist. Was er mit dem Kind redet, scheint ihm vielleicht gar nicht so wichtig, und so kommen gut gemeinte, aber für das Kind bedeutungslose und ungenaue Sätze zustande. Dann heißt es schnell, das Kind hört mir nicht zu. Der Vater flüchtet dann unter Umständen in »lange Monologe und schwingt unerträglich langweilige Reden« (Tomatis 2009, S. 96), die weit vom Interesse des Kindes entfernt sind. Für Tomatis heißt »reden« zunächst einmal *zuhören* und auf das Kind eingehen. Das wird jedoch in der heutigen Zeit immer schwieriger, weil das Kind schon früh durch das Fernsehen und andere Medien an außerfamiliale Informationsquellen herankommt.

»Die Kinderfragen haben das Register gewechselt. Durch das Fernsehen sind die Gören oft mehr am Puls der Zeit, besser informiert und aufgeweckter als ihre Eltern. Die Gesellschaft hat alle ihre Kommunikationssysteme erneuert. Sie sind schneller, gezielter, effektiver geworden. Kinder sind dafür empfänglich und fühlen sich in dieser neuen Welt wohl.«

(Tomatis 2009, S. 95)

Das klingt zunächst einmal optimistisch und aktuell. Doch Tomatis bleibt nicht bei dieser Einschätzung stehen. Er sagt auch etwas, das ganz anders klingt: Die Weltbevölkerung hat rasant schnell zugenommen. Informationsfluss und Informationsmenge haben sich explosionsartig vermehrt und zeichnen ein überhelles und »gnadenlos brutales Bild« von der Welt. Kinder werden mit Bildern überversorgt und zugeschüttet. Bilder aus einer verwirrten und verwirrenden Welt, deren Konsistenz selbst die Erwachsenen nicht mehr adäquat erklären können. Früher wurde sich das heranwachsende Kind

> »(...) ganz langsam seiner Zukunft bewusst. Heute wird es ins kalte Wasser geworfen, ohne dass man ihm das Schwimmen beigebracht hätte. Seine erste Regung ist, uns zu verurteilen, sein erstes Wort ist »nein«, seine erste Bewegung ist Flucht. Es kann keine Welt integrieren, die sich als sinnloses Chaos darstellt.«
> (Tomatis 2009, S. 80)

Was hilft? Was hilft gegen die visuelle Überschwemmung, die mit Verdrängung, Virtualisierung und Verflachung der Sprache verbunden ist? Zunächst alles, was den Menschen wieder in ganzheitliches Erleben im Einvernehmen mit sich selbst und im Einvernehmen mit der Schöpfung zurückbringt. Was das Potenzial der menschlichen Sprache anbetrifft, so greift es meines Erachtens zu kurz, einfach aufgrund der gängigen Auffassung von Sprache eine Sprach- und Leseförderung zu betreiben.

Soll Sprache wieder lebendig, authentisch und unmittelbar werden, so muss bei der Sprachförderung, aber auch in der alltäglichen Praxis Sprache als das behandelt werden, was sie gemäß ihrer menschlich-göttlichen Herkunft ist, nämlich eine dem Menschen geschenkte und gleichzeitig von ihm entwickelte hoch spezialisierte Bewegungskunst. Eine Bewegungskunst, in der emotionale Intelligenz und entwickeltes logisches Denkvermögen zusammenklingen.

3.8 Praxis: Vokalgebärden und Klatschtonleiter

Vokalgebärden

Um auch heutigen Kindern einen allerersten Zugang zu geistig-motorischen Zusammenhängen im sprachlichen Bereich zu schaffen, habe ich unterschiedliche Formen von Lautgebärden zum Teil übernommen, aber auch selbst entwickelt und bereits in vielen unterschiedlichen Kindergruppen angewendet sowie in Fortbildungskursen für Erzieherinnen, Lehrer und Eltern vorgestellt.

Es handelt sich um leicht erlernbare Gebärden für die einzelnen Vokale. Dabei gehe ich von ganzkörperlichen, großräumigen Bewegungen aus und nähere mich dann über Zwischenstationen den kleinräumigen Handgesten, den »Geheimzeichen«, die das Lesen- und Schreibenlernen der Kinder begleiten (Dummer-Smoch 1994, S. 77–82).

A

1. Bei A werden die Arme mit offenen Händen V-förmig ausgestreckt. Die Füße sind dabei schulterbreit versetzt. Die Geste entspricht auch der A-Gebärde in der Eurythmie (Abb. 7).
2. In der zweiten Phase sind die Arme angewinkelt. Die Hände sind in der Nähe des Kopfes und so gehalten wie bei 1. Diese Haltung ist weniger anstrengend, kann aber die A-Stimmung auch gut wiedergeben (Abb. 8).
3. Zeigefinger und Daumen beider Hände bilden in Anlehnung an das gedruckte A ein Dreieck in Höhe des Halses. Die Figur symbolisiert zugleich die weite Mundöffnung beim Sprechen des A (Abb. 9).

Abb. 7 *Abb. 8*

Abb. 9

Schreien – Brabbeln – erste Wörter

O

1. Die Hände beschreiben einen Kreis um den und über dem Kopf. Als Variation auch einen Kreis vor der Brust (Abb. 10).
2. Bei der Artikulation des O sind die Handflächen nach innen gewölbt, so, als würden sie vor dem Mund ein großes O anzeigen (Abb. 11).
3. Der Zeigefinger fährt einmal um den Mund herum und deutet damit die Form des O und den runden Mund an (Abb. 12).

Abb. 10

Abb. 11

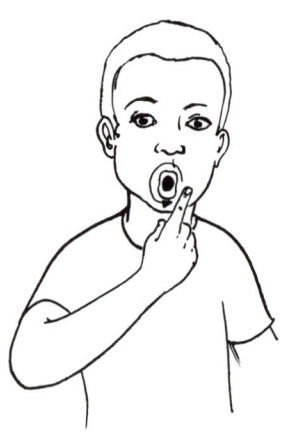

Abb. 12

E

1. Bei E klappen die Hände nach innen, sodass sie mit den Handflächen nach unten, die linke etwa 10 cm unter der rechten Hand, in Höhe des Kehlkopfes gehalten werden (Abb. 13).
2. Die Arme werden so gekreuzt, dass sie fest aufeinanderliegen. Druck wird ausgeübt. Außen und Innen prallen aufeinander. Je heftiger die Außenwelt herankommt, desto stärker müssen innere Kräfte gegenwirken. In der Differenz, in der Auseinandersetzung wird so die Welt erlebt (Abb. 14).
3. Daumen und Zeigefinger der rechten (bei Linkshändern der linken) Hand werden weit auseinandergespreizt. Sie werden in Mundhöhe so gehalten, dass sie den breiten Mund beim Sprechen des E symbolisch noch breiter machen. Keine Berührung des Gesichts! (Abb. 15)

Abb. 13

Abb. 14

Abb. 15

I

1. Ein Arm wird gerade nach oben, der andere nach unten gestreckt (Abb. 16).
2. Bei I richten sich beide Hände wieder auf, sodass sie übereinanderstehen. Die Rechte vor dem Gesicht und die Linke darunter vor der Brust. Die gestreckten Finger zeigen nach oben (Abb. 17).
3. Der Zeigefinger tippt leicht oben auf den Kopf und deutet damit den i-Punkt an, den man oben auf dem kleinen »i« nicht vergessen darf (Abb. 18).

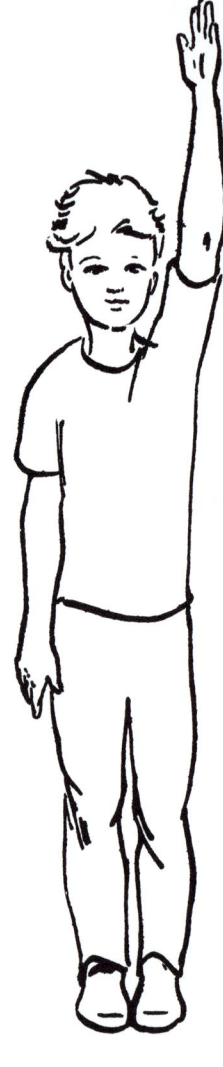

Abb. 16

Abb. 17

Abb. 18

U

1. Die Arme sind nach oben gestreckt, bilden ein U. Die Füße ebenfalls. Der Körper wird wie ein Tunnel empfunden (Abb. 19).
2. Die Arme bewegen sich nach unten und bilden ein U vor dem Unterleib (Abb. 20).
3. Der Zeigefinger tippt einmal von unten gegen das Kinn. Diese Gebärde wurde gewählt, um eine deutliche Unterscheidung zum Zeichen für das O zu ermöglichen (Abb. 21).

Abb. 19

Abb. 20

Abb. 21

Diese Körper- bzw. Handgebärden gehen in den einzelnen Phasen, dann aber auch von Laut zu Laut fließend ineinander über und weisen so auf den Zusammenhang der Laute im Artikulationsprozess hin. Sie erleichtern und provozieren die Artikulation der jeweiligen Vokale.

Undeutliches und fehlerhaftes Sprechen kommt meist daher, dass die feinmotorischen Artikulationsgebärden nicht bewusst erfasst worden sind bzw. über sie hinweggehuscht wird. Hier werden sie durch die Körper- bzw. Handgebärden großräumig deutlich gemacht und unterstützt. Ich führe sie den Kindern jedoch nicht als einzelne sprachdidaktische Bewegungsfiguren vor, sondern eingebettet in eine Geschichte, in eine Bewegungsgeschichte, in der ich verschiedene Bewegungen – vom Affenschnaufer bis zu einzelnen TaiChi-Figuren – zeige und die Kinder diese grobmotorischen Bewegungen mitmachen. Dann kommen wir zu einem Wald. Ich rufe in den Wald hinein, und die Kinder spielen das Echo. Und jetzt kommen die einzelnen Vokalgebärden, und zwar als Ausrufe in unterschiedlichen Variationen. Das »E« z. B. wird als normaler Vokal intoniert und dann wieder als herausfordernd lauter Kontaktlaut: »Eeej!« (Du da!), und schließlich als leise einschmeichelndes »E«. Der entsprechende ganzkörperliche und stimmliche Einsatz macht den Kindern (und den Erwachsenen) meist großen Spaß. Aus der Geschichte heraus entwickelt sich dann melodisch das dazugehörende Lied (z. B. »Anne Kaffeekanne«).

Man kann diese Verbindung von Körper- und Lautgebärden jedoch auch als Erwachsener betreiben, und zwar als eine Art Lautgebärdengymnastik bzw. -übung, die eine ganzheitliche Vorübung zu späterem gemeinsamem Singen darstellt. Dabei wird man auch festellen, dass je nach Gruppe bestimmte Vokale eher volltonig und musikalisch klingen und andere dagegen verhalten bis schräg. Unterschiede gibt es z. B. zwischen einem verhaltenen »A« (Angst vor Öffnung) und einem leidenschaftlich-schnarrend intonierten »E«, einem engeren und deshalb auch »neutraleren« Laut, bei dem man sich dann auch mehr traut!

Nun zum zweiten Beispiel. Hier sind Handgebärde und Lauterzeugung eins. Das heißt, die Hände erzeugen die Töne, und die Stimme kommt dann später begleitend dazu. Es handelt sich um die sogenannte »Klatschtonleiter«. Das ist eine Reihe von Vokalen, die (zunächst) nur durch die Hände erzeugt werden. Sie orientiert sich ebenfalls an den fünf Vokalen.

Klatschtonleiter

»Tuk« – Zu diesem Ton ist mir lange nichts eingefallen. Er klingt etwas dumpf aus dem Bauch herauf. Der Klang der Vokale fängt mit ihm erst an. Also schlage ich die Handballen aufeinander und forme mit den Händen ein »U«. Der U-Effekt wird verstärkt, wenn ich dabei die Ellenbogen auf die Tischplatte setze.

»Tok« – Um diesen Ton zu klatschen, mache ich die Hände hohl, schlage sie über Kreuz aufeinander, und so entsteht zwischen den hohlen Handtellern der tiefste Ton der Klatschtonleiter, das »Tok«. Also:

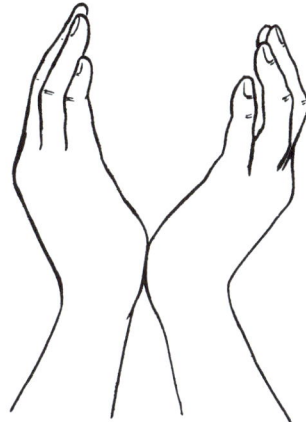

Abb. 22 »Tuk«

Abb. 23 »Tok«

Wenn wir die Klatschtonleiter in der Gruppe lernen, können wir auch ein »Tok« rundgehen lassen. Wir hören auf das »Tok« der Nachbarn und machen dann unser eigenes »Tok«. Aber nicht zu schnell. Jede/r soll sich »austoken« können. Wir können sehen, dass ganz unterschiedliche »Toks« erklingen: Laute, leise, schüchterne, feste, lockere.

Unsere Hände haben unterschiedliche Formvermögen, unterschiedliche Erfahrungen und Gefühle stecken in ihnen, unterschiedliche Energien. Aber meist ist das gemeinsame »Tok« doch sehr deutlich hörbar.

»Tak« – Bei diesem Ton werden die Hände flach und ganz aufeinandergeschlagen. (Das Bitten und Beten ist in dieser Handhaltung angedeutet.)

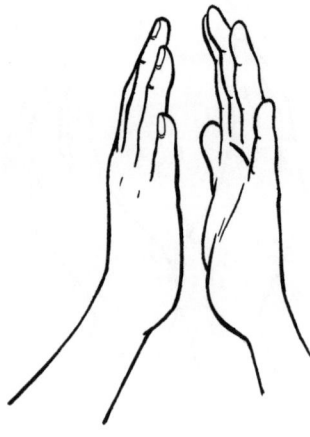

Abb. 24 »Tak«

»Tek« – Dieser Ton klingt metallisch und wird häufig im spanischen Flamenco verwendet. Er ist meist der lauteste und durchdringendste von allen Klatschtönen. Dabei schlage ich mit den Fingern der rechten Hand in den Handteller der linken, also in die halbe Hand. Die Finger der linken Hand sollen nicht steif gestreckt sein, sondern locker und muschelförmig der rechten Hand entgegenkommen. So lassen sich die lautesten »Tek«-Klatscher erzeugen.

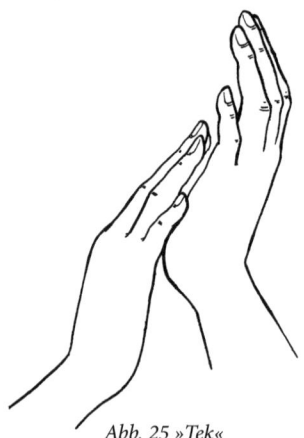

Abb. 25 »Tek«

Aber wie kann ich wohl einen noch höheren Ton erzeugen? Es ist möglich, nur die Finger aufeinanderzuschlagen. Aber es gibt noch eine klangvollere Art, den Ton zu erzeugen. Der Ton heißt »Tik«. Hier werden die Hände wieder über Kreuz aufeinandergeschlagen. Diesmal aber so, dass der Handrücken der rechten Hand in den Handteller der linken schlägt, und zwar so, dass die Knöchel der rechten Hand in den Handteller der linken schlagen. Wenn ich die linke Hand etwas spanne, entsteht ein höherer »Tik«-Ton. Man muss auch hier wieder ausprobieren, bis ein schönes »Tik« entsteht:

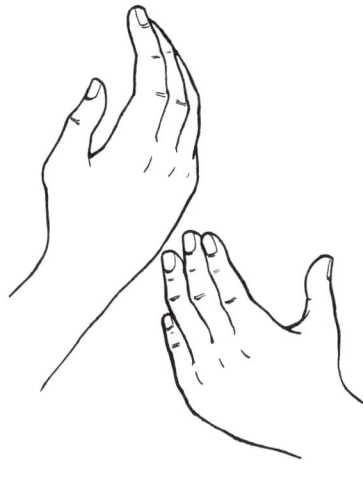

Abb. 26 »Tik«

Mit der Klatschtonleiter kann ich die Vokale in bestimmten Wörtern hervorheben. Das unterschiedliche Klatschen – die Energie der Hände – kann helfen, die Artikulationsmotorik im Mundbereich zu aktivieren. Für (behinderte) Kinder, die Schwierigkeiten haben, Vokale auseinanderzuhalten, ist dies eine gute Hilfe.

Das bisher ausgearbeitete Material ist bereits für ältere Kinder, etwa ab dem vierten Lebensjahr, gedacht. Bei der Betrachtung der motorisch-gebärdenorientierten Seite der Sprachentwicklung waren wir von den unterschiedlichen Typen erster Kinderwörter und dann von den für sie typischen Lautgebärden augegangen bis hin zum Konsonanten »r«.

Wenn wir uns jetzt der Anal- und Trotzphase in der kindlichen Entwicklung zuwenden, wird das Teufelswörtchen »Nein« wieder wichtig. Und in diesem Zusammenhang lohnt es sich, in Kürze den Konsonanten »n« näher zu betrachten.

»N« gehört zu den sogenannten Nasenlauten, wie »m« und »ng« auch. Bei diesen Lauten gerät der Atem in eine Art Sackgasse, stößt an unterschiedliche Artikulationsorgane an und ist gezwungen, durch die Nase zu entweichen. Alle drei Laute werden stimmhaft gebildet. Mund- und Nasenräume vibrieren mit.

Allerdings hängt das Gaumensegel schlaff herunter. In der Aktivität des Gaumensegels lässt sich der Sprachwille erkennen. Bei den Nasalen ist das Gaumensegel passiv geworden. Der Sprachwille hat sich zurückgezogen. Das hat aber zur Folge, dass die Nase frei wird.

Nun bewirken diese drei Laute unterschiedliche Gestaltungen von Mund- und Nasenraum. »M« nimmt den größten Mundraum ein, nämlich bis zu den Lippen, »n« verkleinert diesen Raum und »ng« bewirkt nur noch in der Nase Resonanz.

Man könnte auch sagen, dass sich »n« in den oberen Teil des Kopfes zurückzieht und insbesondere Nasen-, Kopf- und Schädelvibrationen verursacht. Wir ziehen uns lautlich in den Kopf zurück, trennen uns vom übrigen Teil des Körpers. Dieses wiederum ist die lautlich grundierte Basis für Erkenntnis und Verneinung. Wenn Araber z. B. »Nein« sagen wollen, heben sie Nase bzw. Kopf hoch und schnalzen mit der Zunge. Jemand, der sich aus eingebildetem Durchblick zurückzieht und ganz im Kopf bleibt, gilt als *hochnäsiger* Mensch. Aber es gilt auch allgemein: Für die Verneinung ist Erkenntnis notwendig.

4
Tasten und Greifen

4.1 Vom Herz zur Hand

Man kann es sich schon fast denken. Auch zwischen Herz und Hand lassen sich Verbindungen erkennen. Im liebevollen Streicheln, in Gebets- und Segnungsgebärden, aber auch schon in aller menschlicher Entwicklungsfrühe …

Nachdem sich nämlich in der pränatalen Phase Hände und Finger herausgebildet haben, schweben sie zunächst fast leblos im Wasser, sind allerdings schon kaum merklich von Wachstumsbewegungen erfasst. Sie scheinen eins zu sein mit dem, was um sie ist. Es gibt noch keine deutlich eigenständige Bewegung. Aber dann, eines Tages, passiert etwas Besonderes. Die Hände schweben auf das eigene kleine Herz zu. Das hat schon lange angefangen zu schlagen und sich dem großen Rhythmus zugesellt, der vom Herzen der Mutter ausgeht.

Die Hände wandern auf das kleine Herz zu, werden vom Rhythmus des eigenen Herzens belebt und bewegt. »Innerviert«, sagen die Wissenschaftler. Man könnte auch von einer »Beherzung« sprechen. Jetzt werden Arme und Hände lebendig, fangen an, sich selbstständig und vom Kind aus zu bewegen. Strecken, Drücken, Pressen, alles Mögliche. Machen langsame, manchmal auch heftige Bewegungen. Was jede Mutter auch spüren kann. Eine Art Embryonal-TaiChi, ein »Schwimmen in der Luft« …

Trotzdem soll der hier angeführte Herzbezug von Händen und Fingern nur *ein* wichtiger Bereich unter anderen sein. Schließlich haben wir ja auch noch den in gleicher Weise relevanten Satz von Immanuel Kant: »Unsere Hände sind unser äußeres Gehirn.« Das eröffnet einen weiteren Untersuchungsbereich. Und zwar gerade, wenn wir uns mit der Bedeutung der Hand- und Fingerbeweglichkeit für die Sprachförderung von Kindern befassen wollen. Dies soll im Sinne der Erarbeitung von Grundlagen geschehen, in die auch ungewohnte Bereiche einbezogen werden sollen.

4.2 Hand und Evolution

Woher kommt die menschliche Hand? Welche Ähnlichkeiten hat sie mit Händen unserer allernächsten Verwandten im Tierreich, mit denen wir eine unglaublich hohe Anzahl von Genen gemeinsam haben? Wir erleben eine Überraschung. Nahe Verwandte wie Schimpanse und erst recht Gorilla und Orang-Utan haben wirklich sehr eigene Hände, von denen sich die menschliche Hand deutlich abhebt. Zugleich aber können wir auch eine berührende Ähnlichkeit mit den Händen unserer tierischen Verwandten erkennen.

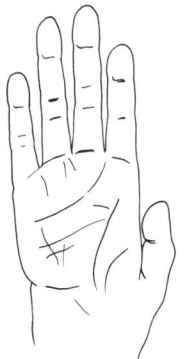 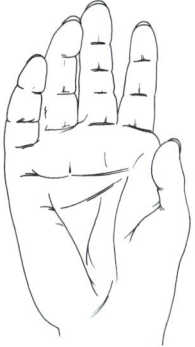 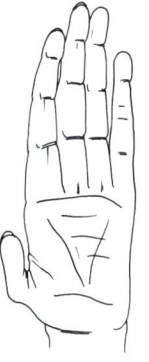 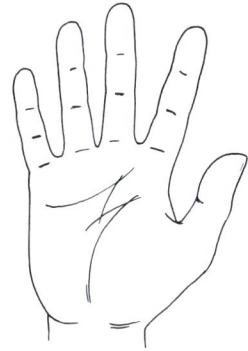

Abb. 27 Hand eines Schimpansen   *Abb. 28 Hand eines Gorillas*   *Abb. 29 Hand eines Orang-Utans*   *Abb. 30 Hand eines Menschen*

Woher kommen die Unterschiede? Menschenaffen machen mit ihren Händen ganz ähnliche Dinge wie Menschen. Aber: Sie klettern mehr, und, was noch wichtiger ist, sie benutzen die Hände zur Fortbewegung auf dem Boden. Das heißt, sie stützen sich mit dem zweiten Glied der vier längeren Finger auf dem Boden ab. Dieser sogenannte Knöchelgang findet sich nur bei den Menschenaffen, insbesondere bei Gorillas und Schimpansen. Die Hand ist bei ihnen ein Übergangsorgan. Sie dient sowohl zum Greifen, zu allen möglichen Formen des Hantierens, als auch zum Abstützen des Oberkörpers und zur Fortbewegung.

Der Unterschied zwischen der Hand der großen Affen und der menschlichen Hand lässt sich an einem Finger besonders deutlich machen, und das ist der Daumen; der menschliche Daumen, von dem schon Isaac Newton gesagt hatte:

»Mangels anderer Beweise würde mich der Daumen vom Dasein Gottes überzeugen.«

(Newton, zit. n. Wehr/Weinmann 2005, S. 11)

Der Daumen des Menschenaffen ist kurz und gedrungen und sitzt an der unteren Seite des Handtellers. Welche Veränderungen führten nun zum menschlichen Daumen? Aufgrund von spezifischer Hantierung bildete sich u. a. ein eigener Daumenbeugemuskel heraus. Die Zwischenfingerfalte vertiefte sich. Der Daumen wurde länger und konnte schließlich (Oh, Wunder! Darüber später mehr) die Fingerspitze des Zeigefingers, aber auch der anderen Finger erreichen. So kam es zu einer »kraftvollen Opposition« des Daumens gegenüber der Handfläche und den Fingerkuppen (nach Reill, in Wehr/Weinmann 2005, S. 63). Der Dreipunkte-Feingriff bzw. Spitzgriff sowie der Pinzettengriff, der Daumen-Zeigefinger-Ring, wurden möglich. Die Daumenbeweglichkeit ermöglichte die Intelligenz der Hand.

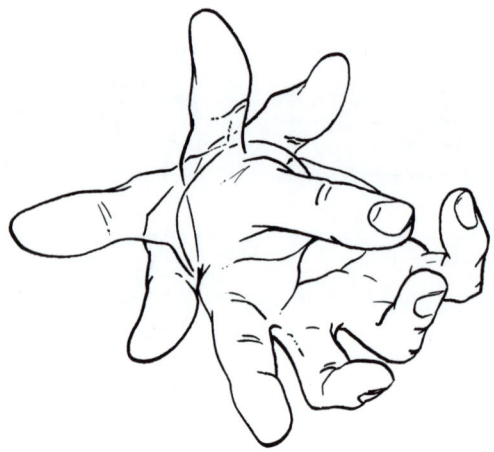

Abb. 31 Beweglichkeit des Daumens

Gibt es nun im Tierreich nicht auch Hände, die der Menschenhand ähnlicher sehen? Die gibt es. Allerdings da, wo wir sie weniger erwartet haben, nämlich bei Rhesusaffen, Japanmakaken, auch bei Waschbären und Bibern. Und es ist so: Der Mensch hat aus dem Tierreich tatsächlich ein älteres Modell der Hand mitgebracht. Ein altmodisches Modell. Die Hände der großen Affen sind für bestimmte Vorrichtungen spezialisiert. Der Mensch kann mit seiner Hand alles Mögliche machen. Die Geschichte der menschlichen Hand ist die Geschichte der Menschheit.

»So ruht alles Menschsein in dem Göttergeschenk der freien Hände. Sie sind der beredte Ausdruck seiner Freiheit überhaupt.«

(Baur 1996, S. 132)

Oder sagen wir es prosaischer mit Carsten Niemitz: Der Mensch kann mit seiner Hand schnellere und präzisere Manipulationsaufgaben lösen als jeder Menschenaffe.

»Dies liegt daran, dass unserer biologisch alten, recht primitiven Hand ein äußerst leistungsstarkes Gehirn mit entsprechender Nervenversorgung hinzugefügt wurde. Es ist also die neuromuskuläre Ausstattung, die unsere für nichts spezialisierte Hand so kreativ macht, obwohl oder gerade weil es immer noch eine alte unspezialisierte Hand eines ökologischen Generalisten ist.«

(Niemitz 2004, S. 88)

Wenn der Mensch also eine hochintelligente, aber zugleich eine »alte« und »für nichts spezialisierte Hand« hat, was ist dann, so möchte ich weiterfragen, mit seinen Füßen? Die sind nämlich wirklich modern, d. h. hochspezialisiert, und zwar für den aufrechten Gang und für längere Wanderungen. Einen solchen Fuß sucht man im Tierreich vergeblich. Also könnte man die Frage nach der Herkunft der Hand auch so stellen: Wie kann der Mensch auf die Füße kommen, um die Hände freizubekommen und mit ihnen all das zu tun, was die menschliche Kultur ausmacht? Dieser Frage möchte ich im Kapitel 5 nachgehen. Doch zunächst möchte ich mich der Thematik Hand und Gehirn zuwenden, um dann weiter zur Hand- und Sprachförderung zu kommen.

4.3 Hand und Gehirn

Manchmal besteht der Mensch nur aus Kopf, z. B. wenn er ein »kluger Kopf« ist. Das verführt, und er will mit dem Kopf durch die Wand oder lässt vor lauter Kopflastigkeit den Kopf hängen; wird wütend und fordert den Kopf der Kopflastigkeit. Doch der Mensch ist ein Dickschädel. Ein Musterbeispiel von Selbstbe*haupt*ung. Alles Denken vollzieht sich im Kopf, und sonst nirgendwo. Dabei kann der ganze Mensch denken! Aber wie soll so etwas aussehen?

Schon in bestimmten Situationen im Alltag können wir Beobachtungen machen, die in diese Richtung zielen. Gerade, wenn wir an unserer Handgeschicklichkeit, Bewegungsvielfalt und Ausdrucksfähigkeit gearbeitet haben und das nicht als bloße »Hand-fertig-keit« festhalten, können wir erstaunliche Einsichten erhalten. Dann ist es, als hätten unsere Hände Einfälle. Als fielen ihnen aufgrund ihrer eigenen Intelligenz Problemlösungen und neue Wege ein. Dann werden kreative Prozesse möglich, die es nicht gäbe, wenn die Hand lediglich als gut trainiertes Werkzeug benutzt würde.

Musiker und andere Künstler, Handwerker und alle, die die Fähigkeit ihrer Hände in kreative Prozesse miteinbeziehen, erleben so etwas. Etwas, das sich nicht leicht in Worte fassen lässt. Manchmal scheint es so, als ginge eine außerpersönliche Energie in die Hände ein, die diesen Prozessen eine ganz besondere Bedeutung gibt. Rudolf Steiner spricht hier sogar vom »Karma« (ein Begriff aus dem Hinduismus, der mit »Schicksal« nur annähernd übersetzt werden kann):

> »In dem Augenblicke, wo wir mit den Fingern zu denken beginnen – und man kann gerade mit den Fingern, mit den Zehen viel heller denken, wenn man sich dazu aufgeschwungen hat, als mit den Nerven des Kopfes – in dem Augenblicke, wo wir mit dem, was nicht ganz Materie geworden ist, mit dem unteren Menschen anfangen zu denken, sind

> unsere Gedanken die Gedanken unseres Karma. Wenn wir mit der Hand
> nicht bloß greifen, sondern denken, dann verfolgen wir mit der Hand
> denkend unser Karma.«
>
> (Steiner 1992, S. 56)

Steiners Gedanken lesen sich wie ein leidenschaftliches Plädoyer gegen die Kopflastigkeit, gegen die weitverbreitete Kopflastigkeit, die viel zu viele unserer institutionellen und privaten Lernsituationen bestimmt und die aufgrund unserer ganzen zivilisatorischen Entwicklung eine besondere Gefahr geworden ist.

Es ist der alte Kontrast und Streit zwischen Theorie und Praxis, zwischen Kopf und Hand, zwischen denen, die mit den Dingen zu tun hatten, und denen, die über sie redeten, schrieben und diskutierten. Bei den Griechen in besonders früher und heftiger Form. Da ließ man die Sklaven die Arbeit und Drecksarbeit machen, um auf dem Marktplatz Philosoph und Demokrat sein zu können.

> »Daß der Mensch auf Erden so borniert ist – verzeihen Sie, es fällt
> mir halt kein anderes Wort ein –, das rührt davon her, daß er all sein
> Denken in diese Region des Kopfes einschließt. Aber man kann mit
> dem ganzen Menschen denken.«
>
> (Steiner 1992, S. 26)

Das betrifft auch die Füße, die z. B. beim Sehen im Dunkeln eine ungeahnte »Intelligenz« entwickeln. Und die Hand wird oft das »Werkzeug der Werkzeuge« genannt. Aber sie ist nur sehr begrenzt als Werkzeug verwendbar. Gleichwohl kann sie alle möglichen Werkzeuge simulieren, erfinden und »ausdenken«. Sie verhilft sogar zu Einsichten, die dann zu Gesetzmäßigkeiten und abstrakten Begriffen führen. Hugo Kükelhaus, der Handwerker und Philosoph zugleich war, hat ein Beispiel dafür gegeben. Es macht klar, dass praktisches Greifen und geistiges Begreifen zusammengehören (vgl. Abb. 32).

> »Die Hand hat eine selbsteigene Urteilsfähigkeit. Sie hält einen Stab
> von einem Ende an waagerecht dadurch, dass der Daumen ihn von oben
> nach unten, in Abstand dazu die Fingergruppe von unten nach oben
> drückt. Damit erfüllt die Hand das ›danach‹ vom Intellekt formulierte
> ›Hebelgesetz‹.«
>
> (Kükelhaus/zur Lippe 1982, S. 127)

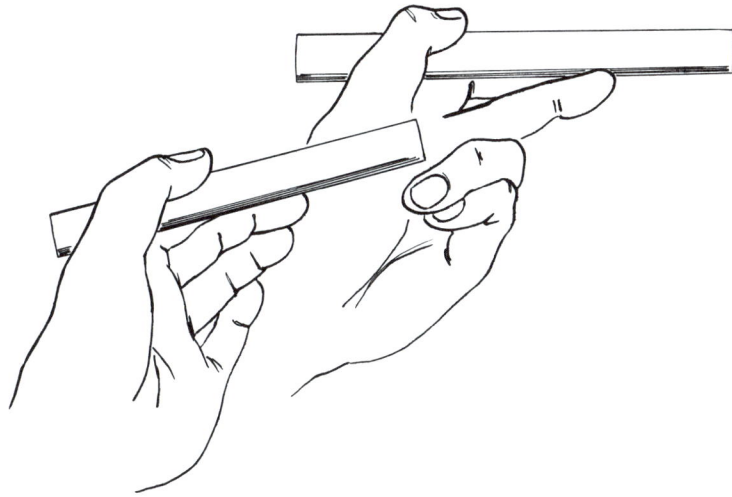

Abb. 32 Urteilsfähigkeit der Hand (in Anlehnung an Kükelhaus 1982, S. 127)

Aufgrund dieser »handgreiflichen« Einsichten kann der Mensch dann z. B. zum Begriff der Kausalität kommen, ohne dass sich ein Philosoph im stillen Kämmerlein so etwas ausdenken muss. Aber auch der Philosoph im stillen Kämmerlein kann zu erstaunlichen Einsichten kommen. Denn der Satz »Die Hand ist das äußere Gehirn des Menschen« stammt – wie wir inzwischen wissen – von keinem anderen als Immanuel Kant, der nicht gerade in dem Ruf steht, ein Philosoph der Praxis zu sein.

Ja, die Hand,
die allgegenwärtige menschliche Hand ist ein Erkenntnisorgan!
Wie sonst sollten Blinde die Welt verstehen?
Was tut die Hand?
Tastend modelliert sie die Form eines Gegenstandes,
»umschreibt« ihn, wird kreativ und bildet ihn auf diese Weise neu.
Das Erlebnis von Wirklichkeit wird so –
was sein Name schon andeutet –
zu einer »handfesten« Erfahrung.
Und Ungläubigen sei empfohlen:
Fass an, was du nicht glauben willst.
So wirst du lernen, was ist.
Klar und deutlich ist für das Auge das,
was auf der Hand liegt.

*Die Hand als »Werkzeug der Werkzeuge«,
aus der alles Handwerkszeug entstand.
»Organon« hieß erst mal »Werkzeug« und
dann erst Körperorgan.
Und die überaus praktische Maria Montessori rief es allen zu:
Kinder sollen möglichst viel mit den Händen lernen ...*

Kinder brauchen umfangreiche Erfahrung von »Handgreiflichkeit«, um zu Begriffen zu kommen. Sie brauchen die Möglichkeit, mit Handgreiflichkeit experimentieren zu können, um diese Erfahrung dann zu verinnerlichen. Piaget hat das als »Interiorisationsprozess« dargestellt. Vom Greifen zum Begreifen, das ist eine zentrale Leitvorstellung im ganzheitlichen Lernen: Was die heutige Hirnforschung u. a. so bedeutsam macht, ist, dass sie Zusammenhänge und Nachbarschaften nachweist, die sonst nur vermutet werden können. So schließt z. B. der für den Satzbau zuständige Hirnbereich direkt an den der Handmotorik an (Lehrbuch der Inneren Medizin, zit. n. Baur 1996, S. 131).

Ja, darauf wurde schon lange hingewiesen: Greifen und Begreifen gehören zusammen. Und deshalb die wichtigen Fragen: Wie lernt das Kind greifen und schließlich das Begreifen? Wenn der Mensch etwas begreift, wie greift er dann und wohin? Haben Handgeschicklichkeit und Begriffsbildung etwas miteinander zu tun?

All das heißt allerdings nicht, dass der Finger-Hand-Weg der einzige Weg ist, um zu Begriffen, zum Denken zu kommen. Ein Kind, das z. B. ohne Arme geboren wird, kann durchaus zu Begriffen und zum Denken kommen! Es muss dafür andere Bereiche des menschlichen Organismus im Zusammenspiel mit bestimmten Sinnesorganen aktivieren. In diesem Kontext sei auch an die Wale und Delfine erinnert, die es ohne entwickelte Handmotorik zu nachweisbaren, aber uns Menschen in ihrer Komplexität nicht zugänglichen Bewusstseins- und Intelligenzformen gebracht haben.

Wir Menschen versuchen es immer wieder auf unsere Weise, anders als die Wale und Delfine. Das ist nicht nur kopflastige Ignoranz, sondern es weist mitunter auch auf etwas anderes hin. Schon Kant irrte, als er das Windelwickeln als Einschränkung der optimalen Entwicklung des Kindes ablehnte. Säuglinge, die monatelang eng gewickelt werden, ent-wickeln sich hinterher motorisch ganz normal. Außerdem, um es noch einmal zu betonen: Auch Kinder, die ohne Arme auf die Welt kommen, weisen eine erstaunlich normale intellektuelle Entwicklung auf. Der Mensch ist ein Musterbeispiel an Flexibilität. Das heißt, er kann in einem solchen Falle andere Sinnesmodalitäten intensivieren, verfeinern und nutzen.

Von den unterschiedlichen Funktionen der beiden Hirnhälften und der Hirnhemisphärenintegration ist im Zusammenhang mit der Erörterung von Lernprozessen häufig die Rede. Das nicht behinderte Kind entwickelt sich in Vorübungen und Übungen zum Malen, Zeichnen, Schreiben, Grüßen und vielen anderen Handlungen zum Rechts- bzw. Linkshänder. Die Entscheidung für eine Hand ist keine freie Entscheidung. Es ist aber auch keine Entscheidung, die ausschließlich durch Imitation oder gar Aufforderung zustande kommt. All das spielt natürlich mit. Aber dem ganzen Prozess liegt eine körperliche Veranlagung zugrunde, die bei allen Menschen gleich ist, auf die Links- und Rechtshänder jedoch in unterschiedlicher Weise eingehen.

Dabei spielen nicht nur die funktionalen Unterschiede der Hirnhälften, sondern auch die der Ohren eine Rolle. Sprache wird hauptsächlich in der linken Hirnhälfte verarbeitet. Die rechte Hirnhälfte kontrolliert das Nervensystem, hat aber mit Sprache auch etwas zu tun.

So wie wir nämlich eine rechte und linke Hand, ein rechtes und ein linkes Auge, ein rechtes und linkes Ohr und einen rechten und linken Fuß haben, so haben wir auch eine rechte und linke Hirnhälfte. Und die haben – wie man inzwischen weiß – sehr unterschiedliche Funktionen. Von den Augen und Ohren kennt man diese Unterschiede weniger. Die Unterschiede zwischen Füßen und Händen dagegen ... Die Kenntnis dieser Unterschiede gehört zum Allgemeingut.

Dass Händigkeit und Lateralität (also die Dominanz einer Körperseite) etwas mit Sprache und Sprachförderung zu tun haben, ist weniger bekannt.

4.4 Hand und Händigkeit – links und rechts auf dem Weg zur Sprache

Bis etwa zum vierten Lebensjahr greifen Kinder mal mit der rechten, mal mit der linken Hand nach Gegenständen. Beide Hände sind ja auch anatomisch gleich und sehen gleich aus.

Die Unterschiede von linker und rechter Hirnhälfte und linker und rechter Hand (weniger beim linken und rechten Fuß) sind oft stark übertrieben, grob vereinfacht sowie zu einseitigen Wertungen benutzt worden. Da wird etwas, was zum großen Teil auf Training, Angelerntem und entsprechender Erfahrung beruht – der Mensch ist ein Gewohnheitstier –, zu einer natürlichen Anlage verklärt. Hinzu kommt: Durch regelmäßiges Beanspruchen wird ein Organ besser durchblutet und wächst infolgedessen an. Der Mensch will eben seine Ordnung haben, und das kann zu gefährlichen Einschränkungen seiner Lebendigkeit und Kreativität führen. Dagegen wird vonseiten jüngerer Forschung immer wieder betont:

> Wir »müssen (...) uns von der Vorstellung einseitig lokalisierter Funktionen verabschieden. Vielmehr sind beide Körperhälften sensorisch wie motorisch in vielfältiger Weise in den beiden Hälften unseres Nervensystems repräsentiert (...) Es kann nicht deutlich genug hervorgehoben werden, dass unser Verhalten immer auf Funktionen beider Gehirnhälften basiert.«

(Wehr/Weinmann 2005, S. 173)

So ist z. B. die *rechte* Hirnhälfte für die Sprachintegration zuständig, d. h. all jene Prozesse außerhalb von Phonetik, Syntax und Lexik, die es erst möglich machen, dass Sprache als Kommunikationsmedium funktioniert. Zur linken Hirnhälfte führt jedoch der Hörnerv eigenartigerweise vom *rechten* Ohr aus. Das rechte Ohr ist nämlich auf die Analyse von Sprachlauten, auf das Hinhören spezialisiert. Das linke Ohr reagiert in besonderer Weise auf musikalische Zusammenklänge, z. B. auf Akkorde.

> »Der Vorteil für die linke Hemisphäre soll dadurch erreicht werden, dass Mund und Ohr innerhalb dieser Gehirnhälfte durch eine Art artikulatorische Schleife miteinander verbunden werden. Die rechte Hand soll eigentlich eher zufällig aufgrund der Nähe von Hand- und Mundrepräsentationen von diesem Arrangement profitieren.«
> (Tomatis 1957, S. 104)

Wenn wir also zum besseren Zuhören die rechte Hand ans *rechte* Ohr legen, obwohl doch die linke Hirnhälfte in besonderer Weise für Sprache zuständig ist, dann tun wir das durchaus gemäß unseren körperlichen Anlagen (zum Zustandekommen des »Umwegs« über das rechte Ohr vgl. Tomatis 1957, S. 104). Die rechte Hand ist es auch, die bei allen Arten von Rednern besonders aktiv ist. Sie wird zum Mund geführt und mitunter so bewegt, als sollte sie bei der Geburt der Begriffe helfen. Hände – und besonders die rechte – funktionieren auch wirklich wie Klangerzeuger, wie unser erstes Mikrofon.

Kinder entdecken und erlernen diese Zusammenhänge erst nach und nach. Doch grundsätzlich kann man sagen, dass die Lateralisierung ein wichtiger Schritt zur Sprache ist, der in einer bestimmten Entwicklungsphase auch vom Kind als eigenes Bedürfnis empfunden wird:

> »Die Lateralisierung drückt einen tiefen Wunsch aus zu kommunizieren und die Welt zu erfassen. Sie mobilisiert den Körper, macht die Bewegungen sicherer, aber erst die Sprache gibt ihr die volle Kraft.«
> (Tomatis 1957, S. 102)

Tomatis geht davon aus, dass die Grundlateralität eines jeden Menschen durch die Sprache vorgegeben wird. Da ist eine natürliche Asymmetrie vorhanden, aber keine Trennung in Gut und Schlecht oder in eine lebendige und eine tote Seite.

»Der Körper lebt eine fließende Dynamik, in der die Bewegung sich nur entwickelt, wenn sie gut abgesichert ist, einen festen Stützpunkt hat. Ein Mittelstürmer trifft, wenn er mit dem rechten Fuß schießt, weil er die Position seines linken Beins geschickt genutzt hat.«
(Tomatis 1957, S. 110)

Dass diese Asymmetrie auch umgekehrt funktioniert, und zwar mit Erfolg, das zeigen viele Linkshänder. Von Michelangelo, Leonardo da Vinci bis zu Paul McCartney. Für Linkshänder ist jedoch die Lateralität eine ganz besondere Herausforderung. Tomatis sieht das so:

»Die Linkshänder sind ständig auf Hindernisparcours unterwegs, dadurch sind sie einfach bessere Fahrer geworden als ihre rechtshändigen Kameraden, die risikolos auf gut ausgebauten Autobahnen dahinsausen.«
(Tomatis 1957, S. 110)

Es kommt aber insgesamt darauf an, dass der Körper die Lateralisierung gut aufnehmen *und* gut verarbeiten kann. Sonst entstehen Funktionsstörungen in Form von Zögern, Befangenheit und Unsicherheit. Und das wiederum ist keineswegs nur bei Linkshändern so. Auch Rechtshänder können sehr »linkisch« wirken, wenn sie unter anderem ihre linke Seite nicht beherrschen.

Trotzdem sind Linkshänder in vergangenen Zeiten katastrophal behandelt worden. Man sagte von ihnen, sie seien böse und brächten Unglück. Kindern wurde der linke Arm festgebunden, um sie zu zwingen, das »gute Händchen« zu gebrauchen. Die Linke wurde nicht als notwendiger Teil betrachtet, der unter gewissen Umständen auch die Aufgaben der Rechten übernehmen kann, sondern als Hindernis, als Übel. Es wurde vergessen, dass der Mensch nur auf zwei Beinen gehen kann. Die Linke wurde brutal unterdrückt und damit auch ein kooperatives Prinzip, das strukturiertes menschliches Ausdrucksvermögen erst möglich macht. In diesem Zusammenhang kann man fast von einer gnadenlosen Diktatur der rechten Hand reden, die für solche Prinzipien wie Integration, Emotionalität und Kreativität blind ist.

Die Italienerin Lucia Capacchione, die lange Jahre unter einer nicht diagnostizierbaren Krankheit litt, wurde durch die Entdeckung und Entfaltung jener unterdrückten Kräfte, die sich hauptsächlich durch die linke Hand ausdrücken, geheilt. Sie wurde dann selbst Therapeutin und hat ein ganzes Buch über die Vernachlässigung und Verunglimpfung der linken Hand geschrieben.

> »Ist Ungleichgewicht der Preis, den wir für unsere Fähigkeit, schreiben und lesen zu können, zahlen müssen?«, fragt sie. Auch über die besonderen Umstände ihrer Heilung wird darin berichtet: In der zweiten Therapiesitzung machte ihre damalige Therapeutin einen außergewöhnlichen Vorschlag. Lucia sollte als Rechtshänderin, die sie war, mit links aufschreiben, wie sie das in der Therapie Gelernte umsetzen wolle: »So malte ich in langsamen, ruckartigen Strichen unbeholfen – aber dennoch leserlich – riesige Buchstaben, die folgenden Text ergaben:
>
> GIVE MYSELF PERMISSION
> TO LET MY CHILD OUT
> AND FEEL MY FEELINGS
> AND SAY I'M O.K.!!
>
> (Capacchione 1990, S. 17)
>
> Beim Schreiben mit der linken Hand fühlte Lucia, wie sie wieder zum vierjährigen Mädchen wurde, dem der Vater gerade beibringt, seinen Namen zu schreiben. Gestik, Mimik, Körperhaltung ... alles wird in diesen mühseligen Prozess einbezogen. Danach fühlt sie sich leicht und beschwingt. Sie stellt fest, dass sie mithilfe der linken Hand über Gefühle reden konnte, die sonst verborgen und verdrängt waren. Und sie stieß auf eine intuitive kreative Stimme, deren Äußerungen einen intensiven Heilungsprozess bewirkten. Die durch Emotionsstau entstandenen Spannungen, der dadurch entstandene Stress wurden abgebaut. Aufgrund dieser Erlebnisse wird Lucia Capacchione später selber therapeutisch arbeiten und immer wieder – fast missionarisch – auf die »Kraft der anderen Hand« hinweisen.

Wir können auch sagen, die linke Hand eröffnet eine andere Ausdrucksform des kommunikativen Tanzes als die rechte. Der Tanz der rechten Hand ist konventionell, eingefahren, voraussehbar, regelmäßig und selbstherrlich. Der der linken ist eher kindlich, wild, gefühlsselig, kreativ, unkonventionell, wechselhaft und frei. In beiden Tanzformen ist der ganze Körper beteiligt. Jedoch gemäß der aufgezeigten Eigenschaften in unterschiedlicher Weise.

Auf dieser Ebene lässt sich auch eine wichtige Einsicht im Umgang mit und beim Erlernen von Fremdsprachen gewinnen. Ich konnte selbst erleben, wie ein Dozent auf einer Tagung zum selben Thema zunächst französisch sprach und dann deutsch. Der französische Teil war gestenreich und schwungvoll. Die Hände kamen häufig zum Einsatz. Der deutsche Teil war sachlich und korrekt. Handgebärden und Emphase in der Stimme wurden eher vermieden. Das muss nicht immer so sein. Doch prinzipiell möchte ich Tomatis beipflichten. Er sagt, dass mit jeder Sprache, die ein Mensch neu erlerne – sei es die Muttersprache oder eine Fremdsprache – unbekannte

Bereiche des Gehirns aktiviert würden, neue Formen von Körperbeweglichkeit entstünden und neue Horizonte für meine Gedanken eröffnet würden. Jede Sprache mache aus meinem Körper ein besonderes Kommunikationsinstrument, bringe eine andere Seite im Inneren zum Schwingen (Tomatis 1957, S. 49).

Dass auch die rechte und die linke Hand unterschiedliche Sprachen sprechen, haben wir bei Lucia Capacchione gesehen. Das lässt sich meines Erachtens nicht nur im therapeutischen, sondern auch im pädagogischen Bereich, z. B. mit erwachsenen Studenten, nutzen: Die folgende Aufgabe habe ich häufig in meinen Seminaren verwendet:

> – Schreibe mit der linken Hand (Linkshänder mit der rechten)! Schreibe auf, was du zu dieser Aufgabe zu sagen hast, wie du dich dabei fühlst!
> – Lass dann die rechte Hand die Schreibarbeit der linken kommentieren!
>
> Das Lernziel darf erst im Nachhinein zur Sprache gebracht werden. Es betrifft die Einsicht, wie man selbst mit der eigenen Unbeholfenheit, Langsamkeit und mit »hässlicher« Schrift umgeht. Die zentrale Frage lautet: »Inwieweit verhalte ich mich gemäß meinen eigenen didaktischen Vorstellungen?«

4.5 Zeigegeste und Sprachentfaltung

Kurzfassung einer Sprachentstehungstheorie

Die Hand lehrte den Menschen das Sprechen. Irgendwann begannen unsere Vorfahren, auf Dinge zu zeigen und damit Laute zu verbinden. Der Zeigefinger gab den Dingen ihren Namen. Aus dem bloßen Zeigen in Richtung eines Bären z. B. wurde nach und nach ein Benennen. Die Hand-Laut-Bewegung wies also auch dann auf einen Bären hin, wenn gar keiner sichtbar war. Aus einer zeigenden *Bewegung* war ein symbolisches *Zeichen* geworden, das sich als Folge dieses Prozesses auf der lautlichen Ebene von unartikulierten Lautungen zu einem Wort wandelte. Und die Sprache war da.

Eine grobe Vereinfachung. Aber vielleicht doch nicht ganz von der Hand zu weisen. Also der nächste Versuch bzw. die Versuchsreihe: In der UdSSR wurde in den Siebzigerjahren eine Versuchsreihe mit drei–vierjährigen Kindergartenkindern durchgeführt. Die Kinder wurden in drei Gruppen aufgeteilt. In der ersten Gruppe konnten die Kinder mit unterschiedlichen Spielmaterialien die ganze Zeit spielen. In der zweiten stand die verbale Kommunikation im Vordergrund. Da wurde hauptsächlich gesprochen. In der dritten schließlich wurden auf verschiedene Art und Weise Fingerspiele praktiziert.

Das Ergebnis der Untersuchung war überraschend und erregte auch in Deutschland großes Interesse. Die zuständige Wissenschaftlerin Mariela Kolzowa hatte nämlich ermittelt, dass die Fingerspielgruppe nicht nur feinmotorisch, sondern auch sprachlich die größten Fortschritte gemacht hatte. Und sie folgert daraus:

> »Solange die Finger sich nicht frei bewegen, wird die Sprache sich nicht entwickeln können.« Und: »Bemerkenswert bleibt hierbei nicht die Tatsache, daß die Fingerbewegungen die Sprachentwicklung beeinflussen, sondern der Umstand, daß wir so lange nicht auf den Gedanken gekommen sind, hiervon Gebrauch zu machen.«
> (Kolzowa 1975, S. 643 – 648)

Waldorfpädagogen werden müde abwinken: Das kennen wir schon lange. Im übrigen Schulbetrieb und in den Kindergärten sieht es schon anders aus. Und meine Studenten waren immer wieder erstaunt, als ich auf diese Zusammenhänge hinwies. Mittlerweile mache ich sogar mit erwachsenen Studenten solche Fingerübungen. Das wirkt sich – trotz anfänglicher Widerstände: Kindergartenkram an der Uni: igitt! – meiner Erfahrung nach positiv auf die nachfolgende Gesprächsatmosphäre und die Redeaktivität der Student/innen aus. Die folgenden Fingerübungen habe ich immer wieder praktiziert:

> Zunächst die Hände reiben, drücken, kneten. Mit der ganzen Hand und mit Daumen und Zeigefinger. Einen Grund, sich die Hände zu reiben, gibt es immer. Dann auch die einzelnen Finger massieren, sie in die Faust der anderen Hand nehmen und drücken, sie mit Daumen und Zeigefinger massieren.
>
> 1. Fingerkreuzen
>
> Die Handflächen aneinanderlegen. Jetzt die Daumen und dann nacheinander alle anderen Finger übereinanderkreuzen. Sehr langsam und dann auch schneller (Abb. 33).

Die Handflächen voneinander entfernen, sodass sich nur noch die Fingerspitzen berühren. Folgende Bewegungsspiele sind jetzt möglich:

2. Fingerpärchenkreisen

Zuerst »Däumchen drehen« – eine Qigong-Übung aus Großmutters Zeiten, die die Entspannung fördert. Dann alle anderen Finger nach und nach in beiden Richtungen umeinander kreisen lassen: langsam und schnell (Abb. 34).

Abb. 33 Fingerkreuzen

Abb. 34 Fingerpärchenkreisen

3. Dachbalken legen

Die Finger in dieser Figur nacheinander flach aufeinanderlegen. »Dachbalken legen« habe ich das genannt. Oberer und unterer Dachbalken können gewechselt werden (Abb. 35).

Abb. 35 Dachbalken legen

4. Schmetterlingsübung

Ein Finger bleibt, der andere macht rechts und links Flatterbewegungen wie ein Schmetterling. Jeder Finger der rechten und linken Hand wird so einmal zum Schmetterling, und zum Schluss umflattern sich beide Finger jeweils gleichzeitig (Abb. 36).

Abb. 36 Schmetterlingsübung

Ein anderer Zugang zu diesem Problem ergibt sich aus der Arbeit mit autistischen Kindern. Bei diesen Kindern ist die Fähigkeit, sich in andere hineinzuversetzen und auf dieser Grundlage zu kommunizieren, völlig unterentwickelt, und selbst die ausgeklügeltsten Sprachübungen helfen hier nicht weiter. Große Erfolge erzielte man allein mit der Gebärdensprache. Was macht diesen Erfolg aus? Und bei Aphasiepatienten, Menschen, die ihr Sprechvermögen durch eine Schädigung der linken Hirnhälfte ganz oder teilweise verloren haben, ergab sich, dass sie auch Schwierigkeiten mit feinmotorischen Bewegungsabläufen haben. Anscheinend ist die Sprachregion im Gehirn mit jener verbunden, die für die Steuerung präziser Handbewegungen zuständig ist.

Aus dem ganzen Menschen
kommt es,
das ZEIGEN
fingert sich aus der Hand,
fliegt besinnlich nach vorn,
hält zwischen Schauen und Tasten die Mitte,
hat vom Blick die Zuwendung

> und vom Tasten die Eindringlichkeit.
> Ein Kraftfeld,
> verursacht von einem Finger
> und wirksam bis hin zum Verbot:
> Man zeigt nicht mit nacktem Finger
> auf angezogene Leute.

Wie wir im ersten Kapitel sahen, ist es gerade für die Sprachförderung und die Vitalisierung von Sprache notwendig, diese als Bewegungsphänomen bzw. als »kommunikativen Tanz« zu sehen. Oder anders ausgedrückt: Am Sprachvermögen sind präzise, aufeinanderfolgende Bewegungsabläufe beteiligt. Und hier kommen auch Gebärdensprache und Lautsprache zusammen. Vereinfacht ausgedrückt kann man sagen: Die Gebärdensprache gründet sich auf die Gestik der Hände, die Lautsprache auf die Gestik der Zunge.

Kehlkopf, Zunge und Lippen machen genau aufeinander abgestimmte Bewegungen, und zwar in Sekundenbruchteilen. Die Zunge macht präzise Bewegungen und stoppt an spezifischen Stellen im Mundraum. Durch diesen generativen Teil des kommunikativen Tanzes werden bestimmte Laute hervorgebracht, die zu Wörtern und Sätzen verbunden werden. Die Hände und Finger wiederum stoppen an bestimmten Stellen im Raum bzw. ändern die Richtung, um Gebärden zu erzeugen. So kann die Neurologie schließlich feststellen, dass die Präzisionsbewegungen von Zunge, Kehlkopf, Lippen *und* Händen nicht nur ähnlich, sondern in den motorischen Regionen des Gehirns miteinander verbunden sind. Bewegungsabläufe in der Sprache und in der Gestik also. Und gerade aufgrund dieser Verbundenheit wird es autistischen Kindern möglich, von der Gebärdensprache zur Lautsprache zu kommen.

Ein Beispiel, das schon aus dem Jahre 1930 stammt, kann diese Überlegungen konkretisieren: Nehmen wir als Beispiel das lateinische Wort *capio, ich nehme,* und betrachten den Ausdruckswert der hervorstechenden Konsonanten. Der K-Laut schließt den Rachen und hält den Mund offen – wie eine offene Hand. Der P-Laut schießlich bringt die Lippen zusammen, ähnlich, wie wenn sich Finger und Daumen bei einem Handgriff schließen. Intuitive Klangsprache in Harmonie mit der Körperbewegung wurde mit Bedeutung aufgeladen.

Um es noch einmal auf den Punkt zu bringen: Die Gesten gehen aus dieser Sicht der Sprache voraus. Sie werden nach und nach mit Bedeutung belegt und später mit der Syntax zu hierarchisierten Einheiten geformt. Die stimmliche Äußerung des so Herangebildeten kommt in dieser Version – die anscheinend gut in unseren Kontext von Sprache und Bewegung passt – zuletzt. Und so einer wie Darwin hätte daran sicher seine helle Freude.

Doch Vorsicht. Schon im ersten Kapitel hatte ich auf die Bedeutung der frühen Musikalität für die Sprachentstehung hingewiesen. Ich hatte im zweiten Kapitel Groddek genannt, von dem der Satz stammt: »Alles Menschliche strebt zum Musikalischen hin.« Tomatis (2009, S. 94) könnte sich hier anschließen: »Der Mensch ist zum Singen geschaffen!«, sagt er. Und jetzt Darwin. Hat der hier überhaupt etwas zu suchen? In der Tat.

Relativ spät erst in der »Abstammung des Menschen« von 1871 formuliert Darwin eine Hypothese zum Sprachursprung, und die besagt nicht mehr und nicht weniger, als dass die Sprache des Menschen aus dem Singen entstanden ist, dass die Musikalität eine der bedeutendsten menschlichen Fähigkeiten ist. Sprache entsteht also, indem die zunächst diffuse, funktional primitive Lautäußerung durch gesangliche Modulation entwickelt und durch Bedeutung angereichert wird. Das reine Vokalisieren geht dem bedeutungsvollen Sprechen voraus. Schließlich hat man den Menschen auch »das singende Säugetier« genannt. Und eigenartigerweise sind unsere nächsten Verwandten im Tierreich, Schimpansen und Bonobos z. B., uns in dieser Hinsicht gar nicht so verwandt. Sie können auf der Basis von Gesten und Bildern ein vielfältiges Vokabular erlernen. Zum Singen und Sprechen reicht es aber nicht. Trotz intensiver Versuche vonseiten der Wissenschaft blieb es bei relativ undifferenzierten Lautäußerungen. Was das Singen betrifft, finden wir eine ähnliche Begabung bei Tieren, die uns entwicklungsgeschichtlich nicht gerade nahe sind, den Walen, Delfinen, Seehunden und den Singvögeln. Genforscher haben ermittelt, dass der Genabschnitt FoxP2 hier eine bedeutende Rolle spielt. Die Entwicklung der Handgesten spielt in diesem gesangsorientierten Kontext zunächst keine Rolle. Betrachtet man jedoch die Entwicklung von gesanglicher Musikalität und Handgestik aus der Sicht des kommunikativen Tanzes sowie bei einigen alten Kulturvölkern, so scheint es da doch einen Zusammenhang zu geben. Bei den alten Ägyptern z. B. sind die Sängerinnen und Sänger immer auch die Handkundigen. Gesang ohne Bewegung der Hände ist in diesem Kontext nicht denkbar (Cramer 1998, S. 77 f.).

Handzeichen, die den Gesang begleiten und erlernbar machen, sind auch in anderen Musikkulturen zu finden. Zum Beispiel bei den Indern und im spanischen Flamenco. Dort und natürlich allgemein im Tanz finden wir eine differenzierte Fingerbewegungskultur, von der vermutet werden kann, dass sie sich auch auf die Feinmotorik der sprachlichen Äußerungen auswirkt – und damit bin ich beim nächsten Teil dieses Kapitels.

Was eine Hand kann

formen

schöpfen

berühren

streicheln

deuten

zeigen

kneifen

einen Kreis in die Luft malen

ein Fragezeichen aufs Papier

und immer wieder

eine andere Hand schütteln.

4.6 Fingeraufmerksamkeit

Frühe Formen

Für das Kind scheinen die einzelnen Finger zunächst motorisches Niemandsland zu sein. Das heißt, es ist sich seiner einzelnen Finger noch nicht bewusst. Macht es zwischen ihnen keine Unterschiede, weiß nicht, was sie bedeuten? Das wird inzwischen jedoch differenzierter gesehen. Schon in der pränatalen Phase »entdeckt« das Kind seine Hände und Finger und spielt mit ihnen. Nach der Geburt geht es weiter.

Schon Neugeborene verfügen über einen erstaunlich starken Greifreflex, eine Festhaltereaktion, die immer dann eintritt, wenn etwas Längliches, sei es ein Stock oder ein Seil, quer in die Handfläche des Kindes gelegt wird. Das Kind kann dann so stark klammern, dass es sogar sein Körpergewicht halten kann. (Anscheinend ein Relikt aus jener fernen Zeit, als es für das Kind lebensrettend sein konnte, sich am Fell der Mutter festzuklammern.) Angeborene Reflexe treten jedoch nach und nach zurück bzw. werden transformiert. Später, im Alter von etwa drei Monaten, bewegen Kinder noch fahrig und unpräzise ihre Hände auf Personen und Dinge zu, bis sie dann mit der ganzen Hand zu greifen anfangen, im *Faustgriff*. Dieser Faustgriff wird dann nach und nach dergestalt verfeinert, dass das Kind mit der Handfläche zwischen Daumen und Zeigefinger z. B. eine Spielzeugfigur greifen kann (ca. sechster Monat). Es benutzt jetzt den *radialen Faustgriff*, später dann den *Spitz- bzw. Pinzettengriff*. Es erlebt zwei Finger ansatzweise in einer besonderen Funktion, den Daumen und den Zeigefinger.

In diesem Stadium fängt es an, mehr Aufmerksamkeit für seine Finger zu entwickeln. Es agiert nicht mit den *einzelnen* Fingern, trifft keine Unterscheidungen. Aber es spielt mit den Fingern und beobachtet seine eigenen Spiele. Und dabei ist es ganz und gar aufmerksam, denn es hat ja in der Tat etwas sehr, sehr Wichtiges entdeckt. Was jedoch noch viel wichtiger ist, ist die Tatsache, dass es die Finger auch in den Mund nehmen und dass das bestimmte Gefühle und frühe Einsichten bewirken kann. Und andererseits kann man mit diesem Medium für Munderkundung, Geschmack und inneres Wohlgefühl auch nach außen gehen, kann Dinge anfassen und kann mit einem Finger, der dafür besonders geeignet scheint, auf Dinge zeigen. So tauchen aus der Versenkung, aus dem Dunstkreis diffuser motorischer Erfahrung zwei Finger auf, die zugleich unterschiedliche Möglichkeiten der Begegnung mit sich selbst und der Welt darstellen, mit der frühen Erfahrung seiner eigenen Gefühlswelt und den Erkundungsmöglichkeiten seiner äußeren Umwelt: der Daumen und der Zeigefinger.

Bei der motorischen Aktivierung von Händen und Fingern spielt jedoch nicht nur ihr Werkzeugcharakter als Medium des Greifens und Begreifens eine Rolle, sondern auch ihre Bedeutung für emotionale Stabilisierung, für frühe Identitätsbildung, für den Versuch, sich nach und nach aus der symbiotischen Mutterbindung zu lösen.

Das Schmusetuch, der Stoffhase, die Puppe und der Teddybär können für Kinder eine große emotionale Bedeutung haben. Auch lebendige Tiere, die sich streicheln lassen, wie ein Meerschweinchen, ein Hund oder eine Katze, werden in dieser Funktion gebraucht. Verschwindet oder stirbt ein solches Tier, ist das für das Kind ein fundamentales Unglück. Schmusetücher, Teddybären und andere Schmusetiere sind aus unseren Kinderstuben nicht wegzudenken.

Kinder in frühen menschlichen Gemeinschaften hatten jedoch nichts dergleichen. Sie wurden öfter gesäugt. Aber es gab auch die höchsteigenen Hände und Finger. Ein ganz natürliches körpereigenes Spielzeug. Heute weiß man, dass Kinder manchmal schon im Mutterleib den Daumen in den Mund stecken. Doch werden die Finger und hier wiederum der Daumen erst gegen Ende des ersten Lebensjahres zu Übergangsobjekten. Dann aber bleiben Kinder oft jahrelang hartnäckig dabei, was manche Eltern dann ebenso hartnäckig zu unterbinden versuchen.

Oh the thumb-sucker's thumb
May look wrinkled and wet
And withered, and white as the snow,
But the taste of a thumb
Is the sweetest taste yet
(As only we thumb-suckers know).
(Silverstein 1974, S. 68)

Daumen

Die Wurzel von »Daumen« lässt sich bis ins Altindische zurückverfolgen, »tutuma« heißt dort so viel wie »stark«. Der Daumen ist den anderen Fingern gegenübergestellt. Er hat eine besondere Kraft und Energie. Die Cheirosophie (die Handweisheit) sieht in ihm die Verkörperung des ursprünglichen Lebenswillens, unbewusster und triebhafter Kräfte, das Handeln aus dem Bauch heraus und das Prinzip der Intuition.

Schon den alten Kulturvölkern, seien es die Chinesen, Inder, Griechen oder Römer – war die Besonderheit des Daumens aufgefallen. Sie nahmen den Daumen und dann auch die anderen Finger in ihre mythisch-energetischen Vorstellungen auf, die allerdings von Kultur zu Kultur Zuordnungsunterschiede aufweisen. Die Chinesen erkannten, dass eine Bahn des Lungenmeridians im Daumen endet. In Indien wurde er dem Element Feuer und dem Solarplexus-Chakra zugeordnet. Die Römer brachten ihn mit dem Kriegsgott Mars in Verbindung.

Der Daumen gibt der Hand ihren Griff. Das ist seine allgemeine Funktion. Die Daumenkraft selbst geht in sehr unterschiedliche Gesten ein (Abb. 37 und 38).

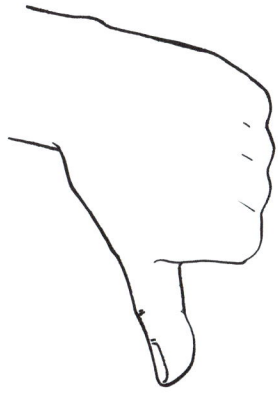

Abb. 37 Aufgerichteter Daumen

Abb. 38 Nach unten gerichteter Daumen

Der aufgerichtete Daumen bedeutet: aufgerichtete Kraft, Richtigkeit, o. k., in Ordnung, gut, alles klar. In Japan steht der aufgerichtete Daumen für alle fünf Finger und bedeutet »fünf«, zugleich aber auch »Mann«.

Der nach unten gehaltene bzw. gestoßene Daumen bedeutet: Ablehnung, schlecht, nicht o. k. Diese Geste lässt sich bis ins alte Rom zurückverfolgen. Forderten die Zuschauer im Kolosseum den Tod eines Gladiators, so wurde diese nach unten stechende Geste ausgeführt (pollice verso). Gewann der Gladiator jedoch die Gunst des Publikums, wurde der Daumen versteckt (pollice compresso). Der versteckte Daumen, den man ja auch als Signal von Krankheit, Unsicherheit, Angst und Zurückhaltung findet, konnte sich in der Bedeutung, wie er im Kolosseum gebraucht wurde, nicht durchsetzen. Man ging zum ausgestreckten Daumen über und nahm dann später fälschlicherweise an, dass diese Geste schon immer bei den Gladiatorenkämpfen gebraucht worden sei.

Ganz anders dagegen, wenn beide Daumen umeinander kreisen, und zwar bei gefalteten Händen. Hier sind wir beim »Däumchendrehen« angekommen. Äußerlich interpretiert ist es Synonym für Langeweile, für Tatenlosigkeit; bei sinnlosem Herumsitzen die kleinste Bewegung auf kleinstem Raum, die überhaupt noch möglich ist. Eine ironische Trostbewegung für den festgesetzten Menschen. Gleichzeitig kann das »Däumchendrehen« auch nach innen wirken und Entspannung, Ruhe und Gelöstheit bis hin zum Gähnen hervorrufen.

Im Deutschen gilt der Daumen als dicke, kräftige, stabil starke, aber auch vornehm gewichtige Fingerpersönlichkeit. In Fingerreimen ist er meist der Erste:
Man nennt ihn hier auch z. B.

Dummedott

Fettwanst

Knuddeldick

Trummi

Nuckel

Daumel

Dickmadam

Dommer

»Daumesdick« und »Däumling« sind abgeleitete Formen. Und diese Bezeichnungen führen ins Reich der Kobolde, der Zwerge und der Hausgeister. Als »Däumling« gelangte er auch in ein grimmsches Märchen. Der Daumen war aber auch eine Maßeinheit, er wird als Fingerabdruck benutzt. Im »Struwwelpeter« wird der Daumen brutal bestraft. Da werden dem älter gewordenen Daumenlutscher beide Daumen mit einer großen Schere abgeschnitten.

Der Daumen ist wichtig für die ganze Person. Er bestimmt u. a. durch seine Lage, welche Energie die menschliche Faust entwickeln kann. Auch in der Handreflexzonenmassage wird deutlich, wie wichtig der Daumen ist. Er enthält ein ganzes Bündel an Reflexzonen (Abb. 39). Die der übrigen Finger sind deutlich weniger: Man kann sie an vier Fingern abzählen (Abb. 40).

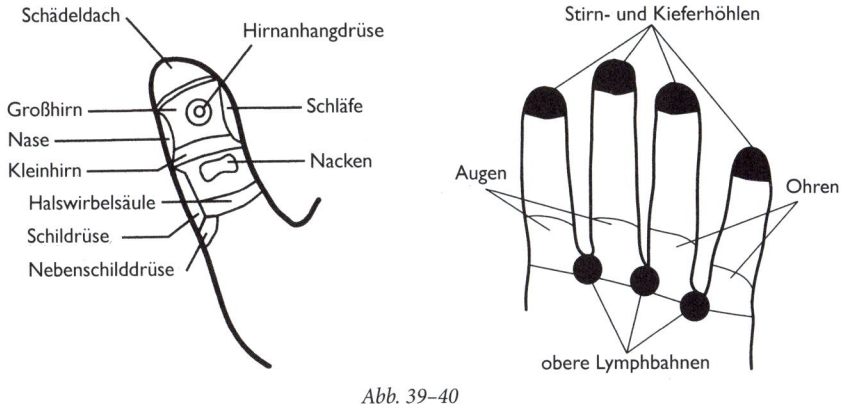

Abb. 39–40

Probieren Sie es selbst aus! Was ist der Unterschied zwischen einem vor die übrigen Finger quer gelegten Daumen und einem Daumen, der sich ins Innere der Handfläche verkriecht und von den übrigen Fingern schützend bedeckt wird?

Vielleicht steht der Daumen also mehr für das Selbst und der Zeigefinger zunächst einmal mehr für Nähe und Entfernung, für das Ich und das Du, auf das wir mit dem Zeigefinger zeigen und nicht mit dem Daumen deuten.

Zeigefinger

Anders als der Daumen wird der Zeigefinger schon durch die sprachliche Bezeichnung in seiner Funktion festgelegt. In dieser Hinsicht ist der Zeigefinger exponiert und wird deshalb auch als der hervorstechendste und »deutlichere« unter den übrigen vier Fingern behandelt. Im Gegensatz zu der des Daumens wechselten die Bezeichnungen für die übrigen Finger häufig.

Eine Hilfe für unsere motorische und energetische Erkundung der Finger ist die bereits genannte Cheirosophie. (»Cheiros« heißt im Griechischen »Hand«.) Die Cheirosophie war in der Antike eine der frühen und besonderen Wissenschaften. Mit ihrer Hilfe wollte man das Wesen des Menschen erforschen. Und dabei spielte die Hand eine zentrale Rolle. Sie wurde nämlich als äußeres Pendant des menschlichen Gehirns, als Zentralorgan des menschlichen Geistes angesehen. Dies wird von Kant angenommen, wenn er sagt: »Die Hand ist unser äußeres Gehirn.« Unser heutiges Wissen bestätigt diese Vermutung: Die zehn Finger des Menschen werden auf ca. 60 Prozent (!) seiner Hirnoberfläche repräsentiert. In der Cheirosophie hatte jeder Finger sein eigenes »Psychogramm« erhalten.

Im Zeigefinger fließen vornehmlich ichstärkende Kräfte, Eigensinn und Subjektivitätsempfinden. Die Kräfte des Zeigefingers pendeln zwischen Selbsterkenntnis und egomanischem Sendungsbewusstsein. Dieser Finger ist aber auch zuständig für die Be-deutung der Polarität von Innen und Außen. Eine Energie dringt in unser Innerstes und von da wieder weit in den Kosmos hinaus. So holt er sich von innen Intuition und bekommt von weit draußen Inspiration. Man kann auch sagen, dass in diesem Finger die Nähe und die Weite des Raumes wohnen.

Das Element Luft wird sinnbildlich mit Geist und Gedankenkraft zusammengebracht, und dieses Element wird z. B. in Indien dem Zeigefinger zugeordnet. Mit dem Zeigefinger kann ich von mir selber ausgehen und auf die Welt der Dinge, der Objekte deuten: das Zeigen des Zeigefingers in seiner ursprünglichen Bedeutung, als einer, der die Dinge sichtbar macht, indem er ihnen Be-deutung gibt bzw. auch nur die Richtung angibt, in der etwas ist.

Aber schon das ist eine nur dem Menschen vorbehaltene Einzigartigkeit. Tiere tun dies von sich aus nicht, obgleich es Tierarten gibt, die auf andere Weise die Richtung angeben können. Bienen tanzen, Wölfe zeigen die Richtung mit ihrem ganzen Körper an. Aber nur Menschen tun dies mit einer exakten Fingerbewegung, die in ihrer stillen Bedeutung bei der Jagd enorm wichtig ist.

Die grundsätzlichen Funktionen des Zeigefingers werden dann in unterschiedlichen Völkern und Traditionen in sehr verschiedenen Bedeutungsfeldern weitergeführt.

Wir wissen schon, die Inder ordnen den Zeigefinger dem Element Luft zu, weiterhin werden aber der Zeigefinger und die ganze Hand dem Herz-Chakra zugeordnet. Bei den Chinesen beginnt der Dickdarm-Meridian im Zeigefinger. Im europäischen Christentum bei den Katholiken symbolisiert der Zeigefinger den Heiligen Geist. Im Islam wird er in Verbindung mit Fatima, der jüngsten Tochter des Propheten, gebracht.

Im Kinderreim ist der Zeigefinger meist der Handlungsfinger, und im Volksmund heißt er z. B.

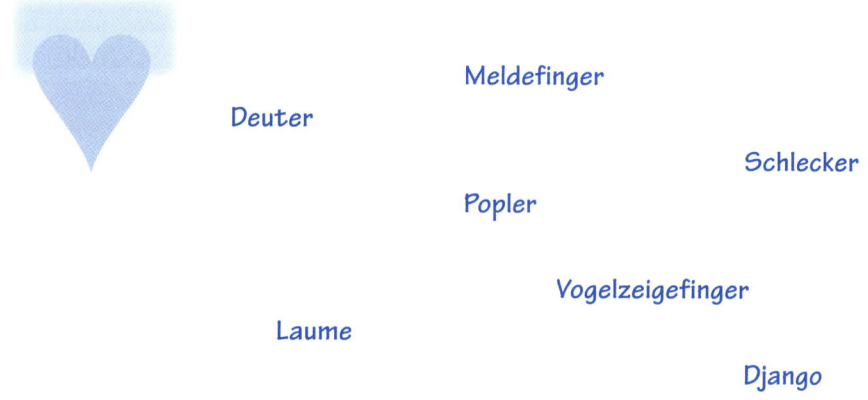

Was der Zeigefinger sagt

Ich zeige dahin,
wo das Ich ist.
Ich weise den Weg,
zeige auf den Hasen
und deute auf die Sterne.
Schreibe Zeichen in den Sand.
Ich bin als Erster am Klavier
und hole anfängliche Töne heraus.
Ein-Finger-Such-Methode!
Ich drücke Knöpfe aller Art
und die Tasten des Telefons.
Hocherhoben
kann ich warnen:
Du, du, du!
Reicht das nicht,
kann ich zum Dolch werden,
drohen und stechen, und dann wieder kitzeln.
Ich betätige den Abzug der Schusswaffe,
ich bin der Django unter den Fingern.
Ich bin ein gefährlicher
Nackedei in der Kinderwelt:
Man zeigt nicht mit nacktem Finger
auf angezogene Leute.
Noch schlimmer:
Früher hieß ich manchmal »Giftfinger«
und wurde nicht zugelassen
bei der medizinischen Behandlung.
Dabei bin ich in der Regel kürzer als
Ring- und Mittelfinger.
Ich erzeuge Stille,
wenn du mich auf den Mund legst.

*Ich helfe dir,
dich zu sammeln und dein Denken zu konzentrieren,
wenn du mich auf die Nasenspitze
oder zwischen die Augenbrauen legst.
Tippst du mit mir auf deine Stirn,
soll ein anderer wissen, dass hinter seiner Stirn
nicht alles in Ordnung ist ... –
Mehr habe ich heute nicht zu melden, und deshalb gehe ich jetzt
ins Kino
und schaue mir »Goldfinger« an.*

Daumen-Finger-Ring

Es hat sich gezeigt: Daumen und Zeigefinger sind als Einzelne in der Geschichte der menschlichen Hand besonders wichtig und bedeutsam. Es ist ein kleines Fingerwunder: Ich kann mit jedem einzelnen Finger den Daumen erreichen, berühren, befühlen oder andocken. Unsere nächsten Verwandten im Tierreich können sich noch so anstrengen. Sie schaffen das nicht. Aus dieser Besonderheit der menschlichen Hand haben die Inder eine Mudra – eine Hand- und Fingerhaltung, die auf die Psyche bzw. das Bewusstsein einwirkt – gemacht.

Betrachten wir also die »Schnabelhand« (Abb. 41 und 42). Hier legt man alle vier Finger an den Daumen und erzeugt so eine Bündelung, eine Konzentration des Fingerspitzengefühls.

Abb. 41 und 42 Schnabelhand (Mukula-Mudra)

Bei meinen eigenen Übungen spielen das gleichläufige und gegenläufige Daumentippen eine besondere Rolle (Abb. 43).

> **Gleich- und gegenläufiges Daumentippen**
>
> Halten Sie die Hände einzeln und ausgestreckt in Gesichtshöhe, die Handflächen nach außen. Berühren Sie jetzt innerhalb jeder Hand mit der Fingerkuppe des Zeigefingers die Kuppe des Daumens. Danach auch mit den anderen Fingern. Zunächst ist die Berührungsfolge in beiden Händen gleich, dann aber auch gegenläufig. Beginnen Sie z. B. mit Daumen und Zeigefinger der rechten Hand und gleichzeitig mit Daumen und kleinem Finger der linken Hand. Die Bewegung läuft bei der einen Hand von vorn nach hinten und bei der anderen gleichzeitig von hinten nach vorn. Jetzt haben wir das Problem, dass die rechte Hand etwas anderes macht als die linke, das ist schwierig zu koordinieren. Wenn Sie diesen Vorgang rhythmisieren und Töne dazu singen, geht es leichter.

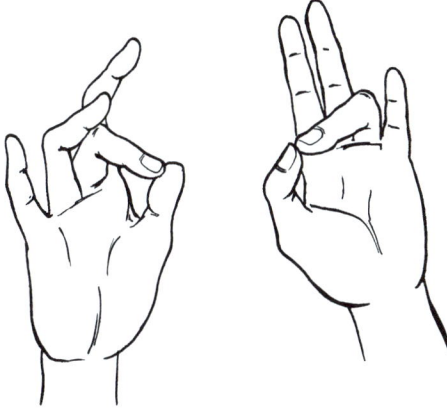

Abb. 43 Gleich- und gegenläufiges Daumentippen

Doch das eigentliche Wunder, die »Sensation« der Feinfühligkeit ereignet sich dann, wenn sich Daumen und Zeigefinger berühren. Eine fingerfeine, feinmotorische und dann auch kognitiv-intellektuelle Revolution in der Frühgeschichte der menschlichen Hand bzw. der Menschwerdung überhaupt.

> In Indien wird gesagt, dass diese Fingerverbindung das eigentliche Ziel des Yoga sei: die Vereinigung von Atman, der Einzelseele, mit Brahman, der Weltenseele, bzw. von »Ich« und »Selbst«.
>
> Durch das Zusammenspiel von Daumen und Zeigefinger wird es möglich, das Kleine und Feine zu befühlen und anzufassen, zu begreifen: das, woraus die Erde besteht, das Sandkorn. Das, woraus das Brot besteht, der Krümel. Das, woraus

> die Pflanze besteht, das Blatt, der Stengel, das Blütenblatt, das Samenkorn. Ein erster einfacher Weg also zu den wichtigsten Bestandteilen, als erste versuchte Annäherung an die Essenz der Dinge.

Und dies wiederum ist von allgemeiner Bedeutung, es sei hier wieder ins Gedächtnis gerufen: Der leibliche Ursprung und Anlass menschlicher Handlungen ist die menschliche Hand. Das menschliche Denken baut auf Begriffen auf, denen wiederum vor ihrer inneren Existenz das Fühlen, Fassen und Be-greifen der menschlichen Hand vorausgehen, deren Funktion und Bedeutung bis ins Transzendentale reicht.

> **E**s gibt einen transzendentalen Raum,
> in dem ist die Polarität der Hände aufgehoben.
> Diese Transzendenz beschränkt sich
> nicht auf die Hände,
> sondern auf den ganzen Menschen.
> Der ganze Mensch handelt,
> nicht nur seine Hände.
> Er erhebt sich so in einen Zustand,
> in dem er mit den Händen denkt
> und mit dem Denken fühlt.

Natürlich gibt es auch Grenzen und Probleme dieses Entwicklungsweges menschlicher Intelligenz. Die von den Fingern vorgegebene und mit technischen Mitteln fortgeführte, immer mehr in Genauigkeit und Detail gehende Untersuchung schafft eine Welt von explosionsartig zunehmenden Einzelteilen und -fakten und führt letztlich zur Orientierungslosigkeit.

Daraus entstehen Oberflächlichkeit, Unübersichtlichkeit und letztlich eine bedrohliche Unübersichtlichkeit. Selbst ein Quantenphysiker wie Hans-Peter Dürr warnt vor dieser Gefahr und weist auf Alternativen wie die Bewusstseinsforschung alter Kulturen, z. B. der Inder, hin.

> »Wenn wir uns orientieren, dann müssen wir der Wirklichkeit anders gegenübertreten, mehr überschauend als blickend, mehr fühlend und tastend als greifend. Mehr ahnend als rechnend.
> Wichtig ist: Wir können beides.«
>
> (Dürr/Oesterreicher 2007, S. 91)

Trotzdem: Die Feinabstimmung menschlicher Gedanken, seine inneren *Gefühle* und Empfindungen haben ihren leiblichen Ursprung im Fingerspitzengefühl. (Allerdings kann aus dem feinfühligen Daumen-Finger-Ring auch etwas anderes werden: Ich kann mit Daumen und Zeigefinger auch eine Zange bilden und Druck ausüben, der schmerzt. Das nennt man dann »kneifen«.)

Im Rahmen der kindlichen Entwicklung redet man hier sachlich und nüchtern vom Pinzettengriff oder auch Spitzgriff. Er macht die Besonderheit der menschlichen Hand deutlich, denn hier fließen – wie wir gesehen haben – zwei ganz besondere Energien zusammen, und zwar im sogenannten »Daumen-Finger-Ring«. Die mythische und die profan alltägliche Bedeutung des Daumen-Finger-Rings sprengt in ihrer Vielfältigkeit die Grenzen einer einheitlichen Ausrichtung.

> Schon bei den Kelten und Germanen hatte der Daumen-Finger-Ring eine gestisch-energetische Bedeutung. In der griechischen Antike ist die Überlieferung jedoch deutlicher und sichtbarer. Der Daumen-Finger-Ring gehört zum Kanon antiker Bildgestaltung. Im Christentum wird diese Geste übernommen: Der verklärte Christus offenbart sich und gibt durch sie seinen Segen. Und natürlich spielt sie bei den großen asiatischen Kulturvölkern eine Rolle: bei den Chinesen und den Indern. Im chinesischen Shingon wird diese Geste geformt, um Glück und Freude herbeizurufen. Im indisch-hinduistischen Kathakali wird sie ebenfalls gebraucht (Abb. 44).

Abb. 44 Daumen-Finger-Ring

> Und im Buddhismus ist sie erst recht zentral und bedeutsam und mit der neuerlichen Verbreitung des Buddhismus äußerst lebendig. Es ist eine zentrale Geste des Buddha selbst – damit wichtig für alle, denen seine Lehren etwas bedeuten – und zwar in zwei Variationen:

Tasten und Greifen

1

Als Geste der Wahrheitsverkündigung, der Argumentation und der Lehrdarlegung. Die Lehrsätze und Darlegungen Buddhas, seine zentralen Einsichten und Ratschläge werden durch diese Geste betont und energetisiert. Daumen und Zeigefinger formen – wie es im buddhistischen Kontext heißt »das Rad der Lehre« (Abb. 45).

2

Die zweite Variation wird die »Geste des Begreifens und der Wahrheitsfindung« genannt (Abb. 46). Und hier nähern wir uns dem eingangs schon betonten essenziellen motorisch-kognitiven Sinn dieser Geste wieder an: Daumen und Zeigefinger begreifen einen winzigen und sehr feinen Gegenstand ein »Körnchen der Wahrheit«, das die Essenz menschlichen Begreifens, menschlicher Erkenntnis darstellt und so geistiges Begreifen symbolisiert.

Abb. 45 Das »Rad der Lehre«

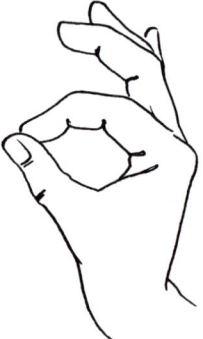
Abb. 46 »Geste des Begreifens und der Wahrheit«

In den alltäglichen Gesten der Völker finden sich – wie nicht anders zu erwarten – sehr unterschiedliche Bedeutungen des Daumen-Finger-Rings.
- In erhobener Hand kann er auch bei uns fein, gut, o. k. bedeuten (Abb. 48).
- In Japan hat er die Bedeutung »Geld«.
- Die Rechts-links-Bewegung dieser Geste kann in Deutschland und südeuropäischen Ländern eine sexuelle Beleidigung sein.
- Eine heftige Beleidigung ist der festgestellte Daumen-Finger-Ring auch unter deutschen Autofahrern in der Bedeutung und Andeutung von »Arschloch«. Hier erscheint also – anders als vorher – so etwas wie Essenzbildung gestischer Aggressivität.

- Eine modifizierte Form dieser abschätzigen Geste – ebenfalls wieder als Be- und Andeutung, findet man in Frankreich, Belgien und Tunesien, und zwar in der Bedeutung von »null«, d. h., etwas oder jemand ist wertlos und schlecht. Allerdings muss eine entsprechend abschätzige Mimik diese Geste unterstützen, sonst kann sie leicht mit der weitverbreiteten o. k.-Bedeutung des Daumen-Finger-Rings verwechselt werden (Abb. 47).
- In Italien kann diese Geste auch bedeuten: »Wovon sprichst du?« Dabei wird der Zeigefinger etwas mehr gestreckt.
- Der Daumen-Finger-Ring mit waagerecht gehaltener Hand hat dagegen in Italien auch die Bedeutung von »Gerechtigkeit«.

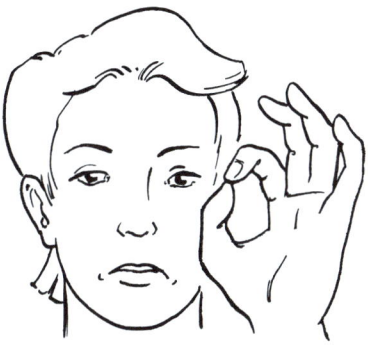 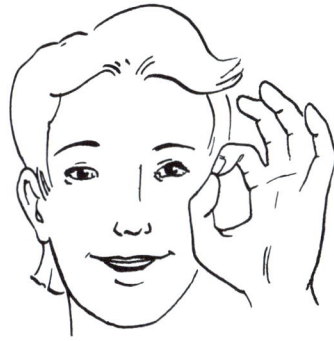

Abb. 47 »null« Abb. 48 »fein«, »o.k.«

Mittelfinger

Der Mittelfinger ist der längste unter den Fingern, er überragt alle anderen. Er könnte auch als Himmelsleiter gelten, und die Inder nennen ihn deshalb auch den »Himmelsfinger« und ordnen ihn dem Element Himmel bzw. dem Äther und außerdem dem Hals-Chakra zu. Seine Energie strahlt in die Unendlichkeit und gibt gleichzeitig der Schwingung der Hand ihre Eleganz. Das heißt, der Mittelfinger führt die Hand an. Die Kräfte des Mittelfingers stehen aber auch für ausgleichende Gerechtigkeit, für Urteilsvermögen und objektive Weltsicht.

Probieren Sie es ruhig aus und lassen auch mal den Daumen oder den Ringfinger die Hand anführen, wenn sie im Bogen nach außen schwingt.

Bei den Römern erlangte der Mittelfinger eine besondere, aber nicht sehr glorreiche Bedeutung. Er heißt zwar auch »medius«, der Mittlere, und »famosus«, der Berühmte, dann aber tanzt er aus der Reihe und heißt »impudicus«, der Unverschämte, »infamis«, der Gemeine, und »obscenus«, der Obszöne. Denn er ist wesentlicher Akteur in einer Geste, die sich bis zum heutigen Tag gehalten hat und heute auch von selbstbewussten Frauen gebraucht wird. (Obszöne Gesten mit den Fingern waren früher ausschließlich Männersache.) Schon in den Straßen des antiken Roms wurde diese Geste gebraucht. Der Mittelfinger wurde steif aufgerichtet nach oben gereckt. Seine Nachbarfinger blieben gekrümmt. Der Mittelfinger deutet hier den männlichen Phallus an, die beiden übrigen die Hoden. Diese Geste hat sich bis in die heutige Zeit erhalten, allerdings ohne den direkten Bezug zum männlichen Glied. In Deutschland ist es der berüchtigte »Stinkefinger«, und in den USA heißt er nur einfach »the finger«.

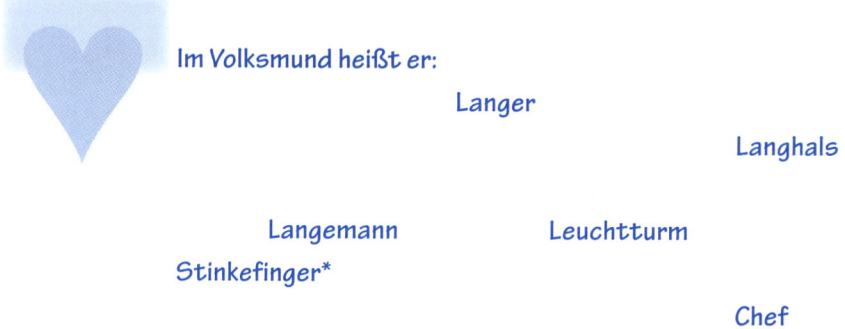

Im Volksmund heißt er:

Langer

Langhals

Langemann   Leuchtturm

Stinkefinger*

Chef

*Im Zusammenhang mit der entsprechenden Geste.

Ringfinger

Der Ringfinger wird manchmal auch »Gold-« oder »Herzfinger« genannt. Er steht für Partnerschaftlichkeit, Liebesfähigkeit und auch für Sexualität. Er steht für Bindung und Gemeinschaftlichkeit.

> Die Inder haben den Ringfinger dem Wurzel-Chakra (dem Basis-, dem Mouladhara-Chakra) zugeordnet, das den Beckenboden regiert. Dass der Brautring bei uns an den vierten Finger gesteckt wird und damit diesen Finger zum »goldenen Finger« macht, ist ebenso wenig ein Zufall. Man glaubte, dass von hier aus über die Adern der Weg zum Herzen führte, dass hier eine besonders intensive Verbindung da war. Sollten also die Verbindung und Liebe »herzlich« sein, so war der vierte Finger für das Symbol des goldenen Rings der prädestinierte Finger.

Der Ringfinger wird im Alltag am wenigsten benutzt und erscheint deshalb am saubersten. Will man ihn alleine strecken, muss der Daumen die anderen Finger zurückhalten.

> Schon bei den Griechen wurde er bei Heilungszeremonien verwendet. Die Römer nannten ihn »digitus medicus«, den medizinischen Finger. Er wurde zum Umrühren von Mixturen benutzt. Man glaubte, er habe zum Herzen eine besondere Verbindung und könne deshalb das Herz vor Giftstoffen warnen. Der Ring-, aber auch der Mittelfinger wurden zu Heilzwecken eingesetzt (u. a. zum Auftragen von Salben). Keineswegs aber wurde dazu der Zeigefinger benutzt. Die Apotheker im Mittelalter rührten mit dem Ringfinger ehrfürchtig ihre Heiltränke um. Man strich mit ihm auch über Wunden, sodass er den Namen Heil- und Arztfinger bekam.
> In manchen Gegenden wurde er als Einziger zum Kratzen der Haut benutzt.
> (nach Morris 1995, S. 142 f.)

In Fingerübungen stellt sich der Ringfinger meist etwas steif und gebunden an. Das liegt an seiner Muskulatur und an den Sehnen, die mit denen des kleinen Fingers eng verbunden sind. Er ist z. B. beim Klavier- und Gitarrespielen der Problemfinger und muss oft mühsam extra trainiert werden. Das kommt aber in seinen volkstümlichen Bezeichnungen nicht zum Ausdruck. Da heißt er dann:

Goldner

Spielmann

Liebesfinger

Goldfinger

Ringo

Kleiner Finger

Der kleine Finger schließlich ist jemand, der sich immer so durchzumogeln scheint. Dabei ist er für Greif- und Haltebewegungen der Hand äußerst wichtig. Er ist, gerade weil er der Kleinste ist, erstaunlich beweglich und stellt in seiner Länge bzw. Kürze den quicklebendigen Konterpart des etwas behäbigen Daumens dar.

Der kleine Finger steht für geistige Entfaltung, Kommunikationsfreudigkeit und Beweglichkeit. Ihm wurde deshalb auch das Element Wasser zugeordnet. Wasser wiederum symbolisiert Emotionalität, die Welt der Gefühle, das Flüssige, Strömende, das schnell seine Gestalt ändert. Die Inder haben den kleinen Finger dem Sakral-Chakra, das – für europäische Vorstellungen ungewohnt – auch das »Chakra der Sexualität« genannt wird, zugeordnet. Die Parallelisierung von kleinem Finger und Sexualität entspricht der hinduistischen Tradition des Hatha Yoga: Hier geht es um zwischenmenschliche Beziehungen allgemein und dann auch um sexuelle Partnerschaft. Im Buddhismus wird die Sexualität dem Ringfinger zugeordnet. Bei den Römern hieß der kleine Finger »minimus« oder »auricularis«. (Ohr – auris). Er wurde mit dem Ohr assoziiert. In früherer Zeit glaubte man nämlich, dass durch das Verschließen der Ohren mit den kleinen Fingern eine bewusstseinserweiternde Erfahrung eingeleitet werden könne. Bei okkulten Sitzungen wird der Kreis der Anwesenden oft mit dem kleinen Finger geschlossen. Er stand im Ruf, übernatürliche Kräfte zu vermitteln.

Der abgespreizte Finger beim Trinken gilt als Geste von Vornehmheit, die auch signalisiert, dass man sein Geld nicht durch Handarbeit verdienen muss. Doch die Geschichte des abgestreckten kleinen Fingers hat auch ihre andere Seite, denn er galt früher in den unteren Schichten als »Stinkefinger«, weil der kleine Finger dazu benutzt wurde, um »nach dem Geschäft den Hintern zu reinigen«, und zwar mit der linken Hand. Diese Funktion ging auch in die entsprechende Gestik ein.

Doch abgesehen davon gibt es noch eine weitere Bedeutungsdimension des kleinen Fingers, in der die Sexualität eine besondere Rolle spielt. Im Mittelalter bedeutete diese Geste des »unabhängigen« kleinen Fingers sexuelle Freizügigkeit. Oft findet man dieses Signal bei Frauen, die den Malern Modell standen. Später haben die Anhängerinnen der Frauenbewegung diese Geste übernommen, als Ausdruck für Gleichberechtigung auch im sexuellen Bereich. Dann verbreitete und nivellierte sich diese Geste und war schließlich nur noch ein Signal für das, was schicklich war.

(nach Morris 1995, S. 142 f.)

In den USA heißt der kleine Finger oft »pinkie«, was auf schottische und niederländische Herkunft verweist. Im Schottischen heißt alles Kleine »pinkie«, und im Niederländischen heißt der kleine Finger »pinkje«. In Südindien bedeutet der ausgestreckte kleine Finger: »Warum?«

Wie wird der kleine Finger im deutschen Volksmund genannt?

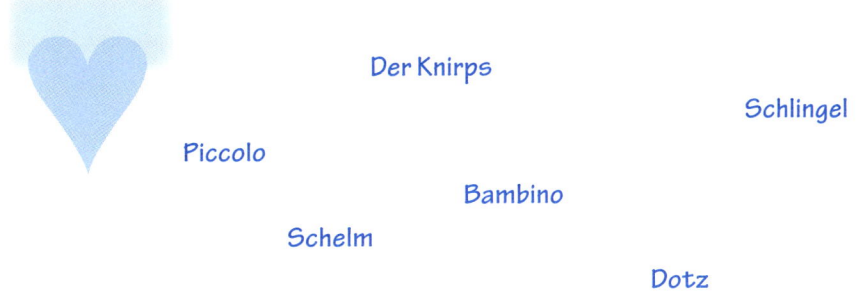

Der Knirps

Schlingel

Piccolo

Bambino

Schelm

Dotz

Fingerreime

In Fingerreimen ist der kleine Finger häufig der letzte. Er kommt als Letzter dran und hat aber gerade deshalb eine besondere Bedeutung.

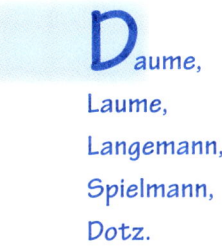

Daume,
Laume,
Langemann,
Spielmann,
Dotz.

Daumen, bück dich,
Zeiger, streck dich,
Goldner, lupf dich,
Kleiner, duck dich.

Das ist der Daumen,
der schüttelt die Pflaumen,
der liest sie auf,
der trägt sie heim,
und der kleine Wix isst sie
ganz allein.

Der ist in Brunnen gefallen,
der hat ihn wieder rausgeholt,
der hat ihn ins Bett gelegt,
der hat ihn zugedeckt,
und der kleine Schelm da
hat ihn wieder aufgeweckt.

Manchmal jedoch steht der Kleine auch am Anfang. Dann ist er es, der den Reigen eröffnet.

Lütje Finger,
golden Finger,
Langelei, Botterlicker,
Lüseknicker.

Das ist der Kleine,
kann gar nichts alleine.
Der trägt den Ring,
das blitzende Ding.
Genau in der Mitte
steht immer der Dritte.
Dem ist zu eigen,
auf etwas zu zeigen.
Doch der Daumen verschafft
der Hand erst die Kraft.
Was jeder für sich nicht erreicht –
gemeinsam geht es leicht.

Eine Faust bilden, diese nach und nach öffnen, d. h. die einzelnen Finger strecken, mit dem kleinen Finger beginnen, dann Ringfinger usw. Zuletzt die Faust wieder schließen und den Daumen darüberlegen.

Fünf Finger grämen sich und klagen:
Keiner kann den Apfel tragen.
Der Däumling sagt: Ich schaff das nicht!
Der Zeiger sagt: Zu viel Gewicht.
Der Langmann kann ihn auch nicht heben,
und Ringo schafft das nie im Leben.
Der kleinste Steppke aber spricht:
Nee, aleene jeht det nicht.
Fünf Finger heben kurz darauf
gemeinsam
diesen Apfel auf.

Stille, stille und ganz leise
zieht der Daumen seine Kreise.
Große Kreise, kleine Kreise,
stille, stille und ganz leise.
Dann schmiegt er sich in meine Hand,
als schliefe er im warmen Sand.
Der Zeigefinger beugt sich nun,
denn er will auf dem Daumen ruhn.
Der Mittelfinger tut das auch
und legt sich auf den Daumen drauf.
Der Ringfinger wird auch gebückt,
dass er sanft auf den Daumen drückt.
Der kleine Finger kommt dazu.

> Jetzt hat der Daumen seine Ruh.
> Und was du dir da jetzt beschaust,
> ist eine friedlich-stille Faust.
> Der Zeigefinger reckt sich auf
> und zeigt zum Himmel hoch hinauf.
> Der Mittelfinger folgt ihm still,
> weil er nicht mehr gebückt sein will.
> Der Ringfinger, der räkelt sich,
> na ja, er ist nicht ganz für sich.
> Der kleine Finger ruft: Juchhei!
> Kiek an, schon bin ich mit dabei.
> Das macht nun auch den Daumen wach.
> Er macht's den andern Fingern nach.
> Und alle fünf sind wieder grade
> zu der Fünf-Finger-Starparade.

Die Faust

Mit diesem Fingergedicht kommen wir zu einer besonderen Fingerformation, nämlich zur Faust. Die Faust konzentriert die verschiedenen Fingerenergien auf besondere Weise durch Zusammenballung. Es ist die engste Form der Koordination der unterschiedlichen Fingerenergien. Die Faust kann explosiv, schnell und kräftig nach außen wirken. Und dies wird auch in den unterschiedlichen Wörtern deutlich, mit denen sie sprachlich erfasst wird.

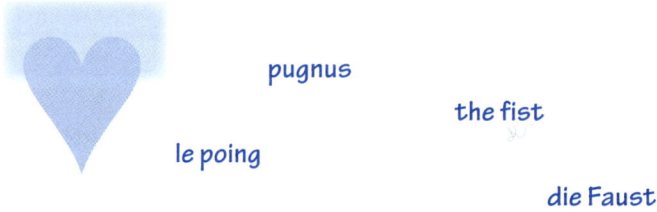

pugnus

the fist

le poing

die Faust

Die Faust kann ganz in ihrer mechanischen Härte aufgehen, und so schildert sie auch Ernst Jünger:

> »Die Faust, the fist, le poing, pugnus,
> verkörpert einen Zustand des starken Wollens;
> es nähert sich in ihr die Hand
> den tierischen und mechanischen Gebilden an.
> Die Finger werden eingezogen,
> verschmolzen zu einem Werkzeug harter Schläge,
> ähnlich der Löwenpranke oder dem Pferdehuf.
> Der Daumen als König der Finger
> wird versteckt. Es wandelt
> sich der Arm zum Kolben, zur Keule um.
> Nach Art des Hammers
> ist sie am Handgelenk befestigt:
> wie eine Waffe an ihrem Griff: der poignée.«
>
> (Jünger 1979, S. 37)

Eine solche Sichtweise schafft meines Erachtens jedoch nur einen handwerklichen bzw. aggressiv-mechanischen Zugang zur Faust.

Man kann die Faust aber auch ballen, um nach *innen* zu spüren. Um Kontakt zu bekommen zu den eigenen Kräften, der Stärke, der Energie. Die Inder praktizieren in diesem Zusammenhang die sogenannte Mushti-Mudra (Abb. 49).

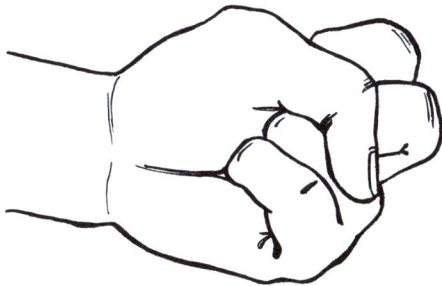

Abb. 49 Mushti-Mudra: Die Finger nach innen beugen und den Daumen über den Ringfinger legen.

Diese Mudra fördert die Leber- und Magenenergie und die Verdauung (siehe hierzu die Übung »Die Organfaust«). Eine Übung, in der mit der Polarität von Faustballung, vom Fausten und dem Entspannen der Faust gearbeitet wird und diese äußere Bewegung mit einem inneren Organ, nämlich dem Magen, in visualisierten Bezug gebracht wird.

Die Organfaust

Spannen Sie Ihre rechte Hand zur Faust an und lassen Sie wieder los. Stellen Sie sich nun vor, Ihr Magen würde sich zur Faust ballen, und entspannen Sie wieder.

Eine durch und durch friedliche Verwendung der Faust also. Es gibt nämlich schon in ihrer äußeren Gestalt sehr verschiedene Fäuste. Es gibt die Faust als »Lotusfaust«, d. h. der Daumen liegt auf dem Zeigefinger als dem obersten der geballten Finger. Es gibt die »normale Faust«. Da liegt der Daumen in der Regel auf dem zweiten Glied des Mittelfingers. Säuglinge gelten als gesund, wenn sie im Schlaf die Faust ballen.

Es gibt die Mushti-Mudra-Faust: Hier liegt der Daumen auf dem Ringfinger. Und es gibt die Tse-Mudra-Faust. Da liegt der Daumen unter den gebeugten Fingern. Seine Spitze liegt an der Wurzel des kleinen Fingers. Wenn man diese Faust formt und nicht öffnet, kann das ein Ausdruck von Verhaltenheit und Rückzug sein. Auch bei Schwäche, Krankheit und Depression findet man diese Faust.

Bei der Tse-Mudra-Faust ist jedoch gerade das langsame Öffnen der Faust wichtig. Das ist eine ungewohnte Bewegung, die jedoch zu mehr Bewusstheit führt.

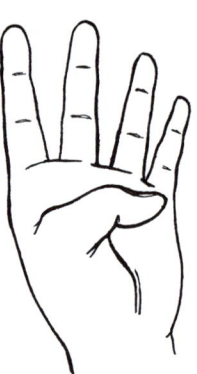

Abb. 50 Tse-Mudra-Faust (geschlossen)   *Abb. 51 Tse-Mudra-Faust (geöffnet)*

Eine ähnliche Übung mit geschlossener und sich langsam öffnender Faust gibt es auch in meinem Sprechgesang von den »Zauberhänden«.

Zauberhände, die sind warm,
wenn sie mich berühren,
kann ich ihre gute Kraft
an mir selber spüren.

Zauberhände, ei der Daus,
ballen sich auch mal zur Faust,
zeigen Wut und Ärger, dann
schau ich Wut und Ärger an.

Zauberhände, die sind klug,
schlagen nicht gleich zu.
Langsam öffnet sich die Faust,
und ich lächle nun ...

Ansonsten aber ist festzustellen: Die Faust ist in Verruf geraten. Allzu einseitig wurde sie mit Hauen, Boxen, mit Gewalt, Körperverletzung und Rückfall aus der Sprache in die primitive Aggression gleichgesetzt. Nicht zufällig heißt deshalb ein pädagogisches Angebot gegen Gewalt in Kindergarten und Schule »Faustlos«. Und so wurde es möglich, dass die Arbeit mit dieser Form der Hand- und Fingerenergie in Bewegungsliedern und -übungen für Kinder fast völlig fehlt. Mag sein, dass der hohe Frauenanteil beim Personal in Kindergärten und Grundschulen dafür eine Ursache ist, dass die pädagogische Arbeit vor allem »mädchenorientiert« ist, d. h. auf Ruhe und Überschaubarkeit abzielt, und solche Kraft- und Energievergegenwärtigungsübungen kaum vorkommen. Dies geht aber – und darauf kann ich nicht eindringlich genug hinweisen – auf Kosten der Jungen, die in ihrer motorischen und auch psychisch-sprachlichen Entwicklung alleingelassen werden.

Wie die Erfahrungen mit der Mushti-Mudra können auch Elemente von z. B. neuseeländischen Maori-Haka-Tänzen, die ursprünglich Kriegstänze waren, zum Aufbau, zur Gestaltung und zum Spüren von Energie eingesetzt und weiterverarbeitet werden. Ich habe das in einigen Liedern und Übungen bereits versucht.

- »Der Drache Fu«, in dem das Öffnen und Schließen der Faust in schneller Folge rhythmisiert werden.
- »Der kleine König«, der in Kung-Fu-Manier gegen böse Geister kämpft.
- Die bereits genannten »Zauberhände«, in denen das Ballen der Faust als Ausdruck von Ärger und Wut, das Wahrnehmen dieser Wut und schließlich das langsame Lösen der Faust praktiziert werden.

- »Die Reise nach Neuseeland«. Hier werden Elemente der Maori-Bewegungskultur, auch Hand-Finger- und Faustübungen, zu für unsere Kinder, auch für die Mädchen, attraktiven Übungen weiterentwickelt.

Fingerbeweglichkeit und Gedankenaktivierung

Eine lange Reise mit nur einem Ziel: den energetischen Charakter der Finger auch kulturhistorisch und interkulturell deutlich werden zu lassen.

Fingerreime sind mehr, als sie zu sein scheinen. Sie benennen nicht nur die einzelnen Finger. Sie vermitteln Einblick in die Unterschiede zwischen ihnen. Sie führen die Bewegungsmöglichkeiten der einzelnen Finger vor. Sie aktivieren die Fingeraufmerksamkeit, lassen die Finger erst richtig sichtbar werden.

Und sie tun dies mit feinmotorischen, aber auch sprachlichen Mitteln, von deren Verbundenheit wir jetzt etwas mehr wissen. Sie sind jedoch auch schon eine erste literarische Gattung: Sie gehören zur »prima poesis« eines jeden Menschenlebens. Doch Vorsicht: Sie sind zeitweise auch in Verruf geraten. Man hat sie als Stillhalteübungen kritisiert, als Verse, die in Heile-Welt-Vorstellungen, in Rollenklischees und sonstigen konservativen Vorstellungen stecken bleiben. Also als unmoderne Manipulation. Diese Kritik ist zum Teil berechtigt, zum Teil aber auch überzogen, denn sie hat dazu geführt, dass z. B. Erzieherinnen und Lehrerinnen sich damit überhaupt nicht mehr befasst haben. Wie man jetzt weiß, zum Nachteil der Kinder und ihrer feinmotorisch-sprachlichen Entwicklung.

Nach allem, was wir in diesem Kapitel erfahren haben, lohnt es sich unbedingt, diese Gattung zu tradieren und neu zu beleben. Mit den vorhergehenden Ausführungen in diesem Kapitel lassen sich meines Erachtens Fingerreime und Verwandtes energetisch sondieren und entsprechend anwenden. Denn diese Gattung ist – wie schon die vorhergehenden Beispiele zeigen – nicht kindergartenmäßig klein und primitiv, sondern auch in ihrer Form und Thematik vielfältig. Da finden wir erste Kurzgedichte, wir finden Minidramen bzw. Dramolette, wir finden den praktizierten Übergang vom Zählen zum Erzählen. Die Hand bietet den Schlüssel, um den Menschen zu verstehen bzw. ihn besser zu verstehen, sagt die Cheirosophie. Die Finger wurden hier einzeln dargestellt. Sie handeln aber immer kooperativ. Trotz ihrer Unterschiede oder gerade wegen ihrer Unterschiede kommt jedoch eine gemeinsame *Handlung* zustande. D. h. die Kinder werden hier nicht nur in feinmotorisch-sprachliche Aktivitäten eingeführt, Fingerreime bieten vielmehr eine allererste Basis für den Übergang in Richtung von kooperativem nachhaltigem Denken.

Fünf Finger, das sind fünf unterschiedliche Gesichtspunkte, fünf unterschiedliche Energien, fünf unterschiedliche emotionale Richtungen. Alle fünf in Balance bilden so etwas wie die emotionale Intelligenz. Und die hier beschriebenen Einsichten sind dann eben nicht nur für Kinder, sondern auch für Erwachsene wichtig, sodass wir an dieser Stelle zusammenfassend sagen können: Wenn wir etwas für unsere Hände und Finger tun, tun wir das nicht nur für Hände und Finger. Unsere zehn Finger sind auf

60 Prozent der Hirnoberfläche repräsentiert. Die Energetisierung der Hände wirkt sich auch auf unser Gehirn, auf unsere geistigen Energien aus. Handübungen führen zu Konzentration und wecken die Lebendigkeit unseres Geistes. In Indien und China sind damit sehr intensive Erfahrungen gemacht worden. Hierzulande denkt man oft: Fingerspiele und -übungen sind Kinderkram. Das gehört doch in den Kindergarten. Also muss es »Gehirn-« oder »Gedächtnisjogging« heißen, damit auch Erwachsene neugierig darauf werden. Dabei ist inzwischen auch wissenschaftlich erwiesen, dass Fingerübungen die Sprachfähigkeit in besonderer Weise fördern. Kehlkopf, Zunge und Lippen werden durch die Ausdrucksbewegung der Hände aktiviert.

Gerade für Erwachsene arbeitet der chinesische Meister Wang mit im Qigong entwickelten Fingerübungen. 1973 hatte er erfahren, dass der durchschnittliche Mensch nur zehn Prozent seiner Gehirnkapazität gebraucht, und er wusste, dass die 206 Knochen des menschlichen Körpers allesamt mit dem Nervensystem und damit auch mit dem Gehirn verbunden sind. Die Hände allein sind dabei mit 54 Knochen beteiligt, machen ein Viertel des Gehirns aus und enthalten wichtige Akupunkturpunkte. Fingerübungen erschienen ihm deshalb als das geeignete Mittel, um die inaktiven Teile des Gehirns zu aktivieren, die Intelligenz zu steigern und sogar Krankheiten zu heilen (Hesse/Song Xing 1996, S. 11).

In Europa wurde die Wirkung solcher Fingerübungen wissenschaftlich untersucht. Schon einfache Fingerübungen förderten die Hirndurchblutung. Die Funktionsleistung der Nervenzellen der Hirnrinde verbesserte sich durch Zunahme von Verästelungen (Dendriten) und deren Knospen (Spines). Dies wiederum übt eine positive Wirkung auf das Kurzzeitgedächtnis aus, das gerade bei älteren Menschen gefährdet ist. Gedächtnisleistung und Gedächtnisfähigkeit werden durch Fingerspiele gefördert. Und außerdem wird gesagt, dass Pianisten von allen Musikern am ältesten werden.

Dies alles heißt aber noch lange nicht, dass solche gerade in der heutigen Zeit notwendigen Übungen in der Arbeit mit Kindern und Erwachsenen in ausreichendem Maß praktiziert wurden. Eine ganze gesellschaftlich-kulturelle sowie technische Entwicklung steht dem entgegen. Auf die Notlage in diesem Gebiet hat bereits der französische Historiker und Soziologie André Leroi-Gourhan in seiner umfangreichen Arbeit »Hand und Wort« im Jahre 1964 hingewiesen. Er blickt zunächst auf die vorindustrielle Gesellschaft zurück, die durch vielfältige manuelle Aktivitäten geprägt ist. Leroi-Gourhan kommt dabei fast ins Schwärmen.

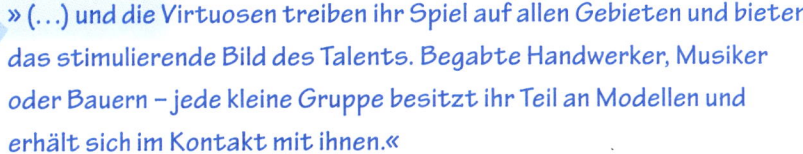

» (…) und die Virtuosen treiben ihr Spiel auf allen Gebieten und bieten das stimulierende Bild des Talents. Begabte Handwerker, Musiker oder Bauern – jede kleine Gruppe besitzt ihr Teil an Modellen und erhält sich im Kontakt mit ihnen.«

(Leroi-Gourhan 1988, S. 319)

Auf einer Reise nach Indien im Januar 2009 fühlte ich mich an diese Äußerungen von Leroi-Gourhan erinnert. Ich erlebte die Vielfalt einer faszinierenden, stimulierenden und zugleich fremdartigen Fingerkultur: Ich sah auf einer Hochzeit die ca. tausend Gäste mit großer Geschicklichkeit nur mit den Fingern essen. Ich blickte in kleine Handwerksbetriebe dicht an der Straße. Ich ließ mir vom Schneider Hemd und Hose nähen, wurde in einem Ayurveda-Zentrum auf verschiedenste Art massiert, sah bei einem Konzert mit traditioneller indischer Musik, wie wichtig selbst beim Tabla-Trommeln die Finger sind, und ich konnte im Kathakali-Tanztheater beobachten, wie alte Mythen und Legenden nur durch die Gestik der Finger und auch durch besondere Haltungen der Arme und Beine erzählt werden können. Und ich sah schließlich in den Götterdarstellungen und den Gebetshaltungen der Gläubigen Fingerfiguren, Mudras, deren Vielfalt und energetische Bedeutung mich faszinierten. All das kam mir vor wie ein intensives Erlebnis in einer anderen Zeit. Doch zugleich war die Gleichmacherei der Globalisierung und der europäisch-amerikanischen Massenkultur auch hier schon zu spüren. Leroi-Gourhan hat etwas davon geahnt, denn er schreibt in Hinsicht auf die Rückentwicklung der Handfähigkeiten:

»(…) gewaltige Massen stehen einer immer geringeren Zahl von Modellen gegenüber. Partizipation gibt es noch, aber sie ist nicht mehr direkt, sondern durch Druckwerke oder audiovisuelle Medien vermittelt(!) «

(Leroi-Gourhan 1988, S. 319)

Die menschliche Hand hat eine lange Geschichte hinter sich. Es begann mit den ersten bedeutsamen Gesten, mit dem Faustkeil und besonderen gegenseitigen Berührungen. Es ging weiter zur Geschicklichkeit der verschiedensten Handwerker, der Musiker und anderer Künstler bis hin zur Arbeit in der Industrie, in der »die Masse der Arbeiter nur noch einen Greifer mit fünf Fingern hat, der das Rohmaterial verteilt, oder einen Zeigefinger, der auf Knöpfe drückt« (Leroi-Gourhan 1988, S. 319). Und selbst diese Aktivitäten werden nach und nach »ausgeschaltet«.

Und das ist eine insgesamt verhängnisvolle Entwicklung. Die Tätigkeit der Hand ist eng mit dem Gleichgewicht bestimmter zentraler Hirnregionen verbunden. Und so folgert Leroi-Gourhan schließlich:

»Mit seinen Händen nicht denken können bedeutet, einen Teil seines normalen und phylogenetisch menschlichen Denkens verlieren. Auf der Ebene des Individuums und vielleicht auch auf der Ebene der Spezies stehen wir also in Zukunft vor dem Problem einer Regression der Hand.« (Leroi-Gourhan 1988, S. 320)

Die von Leroi-Gourhan beschriebene Regression der Hand betrifft hauptsächlich die Aktivität der Hand nach außen, also im handwerklich-künstlerischen Bereich und angrenzenden Aktivitäten. Es betrifft nicht jene Hand, die mit der Emotionalität, der Spiritualität, den inneren Räumen der menschlichen Psyche in Verbindung ist und auf dieser Verbindung aufbauend in äußere Handlungen geht.

Es fällt nämlich auf, dass man in Erweiterung der Darstellung von Leroi-Gourhan auch im zuletzt genannten Bereich von einer zumindest ebenso bedrohlichen Regression der Hand reden muss. Das betrifft also die emotionale, die kontaktive Hand und den heutzutage immer größer werdenden Mangel an angemessener Berührung. Ein Beispiel: Unzählige Menschen holen sich hierzulande die für ihre emotionale Stabilität notwendigen Berufsberührer in Massagen, in Kuschelkursen oder gleich im entsprechenden sexuellen Angebot für Männer. Eine von diesen Extremen unberührte *freundschaftliche Berührungskultur* gibt es kaum. Die emotionale Dimension des kommunikativen Tanzes ist insofern extrem unterbelichtet.

Dieser Mangel findet sich fast natürlicherweise bei den Erwachsenen, ist aber bei den Kindern, der heranwachsenden Generation, noch viel mehr einzuklagen. Brutalität, Gewalt und raue Umgangsformen nehmen zu. Woher sollte auch ein notwendiges Fingerspitzengefühl kommen, wenn eine freundschaftliche Kontaktkultur nicht gelebt wird?

Die Ursache dafür lässt sich auf verschiedene Einflüsse zurückführen: die zunehmende Individualisierung, das Alleineleben; das Auseinanderbrechen von Beziehungen; die Zunahme von Anonymität und Distanz. Hinzu kommt die immense Ausweitung von Ersatzbefriedigungen durch Alkohol, Drogen, Fernsehen, Arbeit, Essen, Reisen, entsprechende Musik usw., alle Süchte und Süchteleien also.

Meiner Ansicht nach sind die Möglichkeiten der Hände in diesem Kontext noch lange nicht erschöpft. Sie stellen vielmehr ein unverfängliches Medium für den Einstieg in Körper- *und* Spracharbeit dar. Und ich weiß aus eigener Erfahrung, welche positive Wirkung das sowohl bei Kindern wie auch bei Erwachsenen hat: Leuchtende Augen und entspannte Gesichter nach ganz einfachen Berührungsliederübungen (z. B. beim »Lied vom Wasserkäfer« und »Hokuspokus fidibus«).

Ich möchte hier an meine Überlegungen im ersten Kapitel anknüpfen. Sprachliche Kommunikation wirkt tief in körperliche Prozesse hinein, und sie ist auch selbst Ausdruck körperlicher Prozesse. Es ist erstaunlich, was man aufgrund der Untersuchung von Mikrobewegungen alles einbeziehen muss, um Sprache als umfassenden Kommunikationsprozess zu beschreiben. Und das geht in der Tat bis zum Öffnen und Schließen der Poren in menschlicher Haut.

Siegfried Zielinsky führt diese »hautnahe« Sichtweise von Kommunikation in seiner »Archäologie der Medien« bis auf den griechischen Denker Empedokles zurück: Für Empedokles ist der Leib des Menschen mit einer Haut umgeben, die in beide Richtungen durchlässig ist. Die Haut ist mit sehr feinen, nicht sichtbaren Poren ausgestattet, die unterschiedliche Formen haben. Durch »poröse«(!) Haut werden kontinuierlich Ströme ausgesendet. Bei Abneigung schließen sich die Poren. Es findet kein Austausch statt. Begegnen sich zwei Menschen in Sympathie, so verbinden sich die

Aussendungen mit denen des anderen »zu einer gelungenen Sensation«. Voraussetzung ist allerdings, dass die jeweiligen Poren in Größe und Form zueinander passen« (nach Zielinski 2002, S. 64).

Alfred Tomatis bemerkt:

»Der ›Sprachfluss‹ überströmt in der Tat ganz bestimmte Partien: das Gesicht, die Vorderseiten von Brust und Bauch, den rechten Handrücken im Bereich zwischen Daumen und Zeigefinger und die Innenseiten der unteren Gliedmaßen und hier besonders Knie und Fußsohlen.«

(Tomatis 2009, S. 160)

Wenn man sich also dem Berührungserlebnis und Austausch sprachlicher Zeichen ganz hingeben kann, so erfährt man etwas – sozusagen am eigenen Leibe –, das der üblichen Automatisierung von Sprechtätigkeit, dem oberflächlichen Gebrauch von Sprache und dem bloß formellen Austausch von Berührungen strikt entgegenläuft. Sprachlicher Ausdruck und unmittelbare Berührungserfahrung sind hier aneinander gekoppelt. Man weiß nicht nur, wovon man redet, man empfindet es auch. Es kommt aus zugänglicher Erfahrung und das macht die sprachlichen Äußerungen endlich wieder authentisch. Dies ist meines Erachtens eine unbedingt notwendige Basis, auf der dann gewohntere sprachliche Fördermaßnahmen aufbauen können.

Nachtrag

Als ich diese Zeilen zur Berührungskultur schrieb, gab es die mit großer Heftigkeit und journalistischer Breite im März und April 2010 geführte Debatte um sexuelle Nötigung, Übergriffe, sexuelle Gewalt und die verschiedenen Formen sexuellen Missbrauchs kirchlicher und weltlicher pädagogischer Autorität noch nicht.

Der Begriff »Missbrauch« ist meines Erachtens zu einem Schlagwort geworden, das andere, differenzierende Begriffe verdrängt hat. Dies ist der Wahrheitsfindung nicht gerade förderlich. Missbrauch von Recht, Alkohol, Autorität usw. setzt immer auch voraus, dass es einen rechtmäßigen bzw. adäquaten *Ge*brauch gibt. Soll das auch für Kinder und Frauen gelten? Ein Kind *braucht* seine Eltern; gut – aber: »Gebrauch« von Kindern als Substantiv? Das hat schon eine andere Bedeutung. Vielleicht wird sogar schon durch die Verwendung dieses Begriffs und seine utilitaristische Dimension die Rückkehr der Opfer zur Menschenwürde ungewollt mehr verhindert als gefördert. Meiner Ansicht nach eine bedenkenswerte Sache. Und die besagte Debatte verleiht dem, um das es mir in diesem Kapitel geht, besondere Brisanz.

Die pädagogische Nähe zu Schülerinnen und Schülern wurde missbraucht. Es wurde verschwiegen, vertuscht, und endlich fanden die inzwischen erwachsen gewordenen Opfer Gehör. Dabei ist zu bedenken: Pädagogische Nähe muss nicht körperliche Berührung bedeuten. Sie impliziert vielmehr Anteilnahme und Beachtung nicht nur der kognitiven, sondern auch der emotionalen Bedürfnisse des Kindes. Die besagte Debatte wirbelte einiges auf und brachte notwendige Klärung, zeigte aber auch bedenkliche Tendenzen. Die Reformpädagogik, die doch gerade angesichts heutiger Schulprobleme so aktuell ist wie noch nie, wurde pauschal angezweifelt und als passé betrachtet. In der »Frankfurter Rundschau« liest man z. B. »Wie viel Eros verträgt die Pädagogik noch nach diesem Super-GAU? Ist die ›Einheit von Leben und Lernen‹ (von Hentig) für alle Zeiten diskreditiert, und gilt als guter Pädagoge nur noch derjenige, der Distanz hält?« (Irle 2010). Aber genau das würde die gegenwärtigen Lernschwierigkeiten nur noch verstärken. Es kann nicht darauf ankommen, Kinder überängstlich zu schützen, sie unter Quarantäne zu stellen, sondern darauf, ihnen Geborgenheit und Wertschätzung zu vermitteln, die sie innerlich stark und entscheidungskompetent machen. Es lohnt sich in diesem Zusammenhang, empirische Untersuchungen zu beachten, die zum Thema »Pädophilie« durchgeführt wurden, vor allem von Manfred Karremann (2007).

Kinder, die zu Hause nicht genug Liebe, Aufmerksamkeit und Wertschätzung bekommen, sind der Gefahr sexueller Übergriffe in besonderem Maße ausgesetzt, denn: Natürlich brauchen sie Nähe, und das kann gerade im pädagogischen Bereich ausgenutzt werden, da hier die wesentlichen Kontaktpersonen außerhalb des Elternhauses zu finden sind. Jungen werden gerade angesichts der oft abwesenden Väter idealisierte Formen von Männlichkeit ersehnen, also die Nähe zum charismatischen Lieblingslehrer, zum Fußballtrainerhalbgott, zum geliebten Pater oder Chorleiter. Der Junge fühlt sich durch die Nähe zum Mann erhöht und endet in vielen Fällen in sexueller Erniedrigung und Desorientierung. Der Pädophile tarnt sich mit Zärtlichkeit und verrät und diffamiert sie zugleich. Das in die Beteiligung gelockte Kind verstrickt sich in die Gefolgschaft von jemandem, der sich als sein Wohltäter ausgibt. Will das Kind da raus, fühlt es sich wie ein Verräter. Andererseits ist der Pädophile in vielen Fällen selbst Opfer pädophiler Gewalt gewesen und tut jetzt dasselbe, was ihm einst angetan wurde. Ein äußerst komplizierter Sachverhalt. Allerdings eher kein aktuelles Problem. So viel Angst, Aktualisierung und Bericht über Missbrauch von vor allem Jungen war noch nie da. Die Probleme, an denen Kinder heute verzweifeln, z. B. abnormer Leistungsdruck, die »betreuerische Käfighaltung«, die Gefahren virtueller Fluchten usw., sind an anderer Stelle ausführlicher dargestellt worden.

Angesichts dieser vergangenen und aktuellen Probleme kommt es vielmehr darauf an, kindliche Abwehrkräfte zu stärken, Kinder darin zu bestärken, nicht jedem Erwachsenen aus dem Weg zu gehen, wohl aber, zu lernen, entschieden »Nein« zu sagen. Wenn ein Pädophiler auf deutliche Abwehr stößt, spricht er das Kind in der Regel, leider nicht immer, nicht noch einmal an (vgl. Karremann 2007). Allerdings sind auch weniger brisante Situationen zu berücksichtigen. Das Gespür des Kindes für Berührungen, die ihm guttun, und solche, die es verunsichern und in seiner

Menschenwürde einschränken, muss gestärkt werden. Und hier sind nun jene Lieder und Übungen besonders wichtig, in denen es um eine freundschaftliche Berührungs- und Kontaktkultur geht.

Gerade für Kinder mit negativen Berührungserfahrungen sind diese Lieder und Übungen besonders wichtig. Dies erfordert ein sehr sensibles Vorgehen. Mit dem Hinweis, dass dieses Tun pädagogisch sinnvoll ist und Spaß macht, ist es nicht getan. Die Kinder sollten sich freiwillig beteiligen und eventuell auch erst einmal zuschauen. Und wenn sie dabei sind, sollte ihnen die Möglichkeit gegeben werden, Berührung abzulehnen, umzulenken und durch sprachliche Hinweise selber zu gestalten. Im Spiel sieht das z. B. so aus:

Die Zauberin fragt den hexenschussgeplagten Zauberer, ob sie die Hände auf seinen Kopf legen darf. Bekommt sie dazu die Erlaubnis, fragt sie, ob die Berührung durch die Hände so akzeptiert wird, ob sie zu schwach, zu stark oder gerade richtig ist. Sind muslimische Kinder beteiligt, würde ich den Kopf als Berührungsbereich ganz weglassen und auf die Schultern ausweichen. Es kommt in diesem Zusammenspiel nicht darauf an, dass einer den anderen »im Griff« hat; einem guten Lehrer wird oft gesagt, er habe die Kinder im Griff – ich denke, auch über diese Redewendung müsste nachgedacht werden.

5

Gehen und Sprache

5.1 Aufrechter Gang

Wir haben inzwischen über die Beziehung zwischen Sprache, Herz und Hand einiges erfahren. Und über die Tätigkeit des Gehirns in Hinsicht auf Sprache und Bewegung. Das scheint erst einmal auszureichen. Und wir sind »oben geblieben«. Dennoch haben wir da etwas sehr Wichtiges vergessen bzw. der modernen Lebensweise gemäß ins Abseits gedrängt. Und das sind unsere Füße bzw. der aufrechte Gang. Hier handelt es sich als Haltung und Fortbewegungsart um etwas genuin Menschliches. Und ob das etwas ist, was nicht nur mit Fortbewegung, sondern schließlich auch mit Sprache und Sprechen zu tun hat, dieser Frage möchte ich im folgenden Kapitel nachgehen.

Von Fußsohlen, ne, davon wird nicht geschwärmt,
sie sind die tiefsten Körperteile
und am weitesten von meinem Kopf entfernt.
Fußsohlen sind ein Grenzorgan,
denn da fängt der Mensch, wenn er steht, erst an,
hier hebt er sich ab, hier kommt er zum Glück
Schritt für Schritt auf die Erde zurück.

Fußsohlen freuen sich ganz ungeniert,
werden sie von der Erde massiert.
Fußsohlen haben ein eignes Gesicht,
doch seh'n sie sich im Spiegel nicht.
Fußsohlen können Grimassen schneiden,
wenn sie in todschicken Schuhen leiden.
Fußsohlen fühl'n sich vom Kitzeln beglückt,
wenn's zu viel wird, werden sie beinah verrückt.

Der Mensch ist sehr stolz auf Kopf, Herz und Hände,
doch hier sagen Füße auch mal ein Wort:
Gründliche Grüße vom anderen Ende.

> Hänschen klein ging allein
> in die weite Welt hinein ...
>
> Eines der (immer noch) bekanntesten deutschen Kinderlieder

In Luciana in Italien gibt es einen besonderen Brauch
nach der Geburt eines Kindes:
Man gießt einen Krug Wasser auf den Herd im Haus –
dann ist es ein Mädchen.
Man gießt einen Krug Wasser auf die Straße –
dann ist es ein Junge.

> »Wer geht, sieht mehr als der, der fährt.
> Ich halte den Gang
> für das Ehrenvollste und Selbstständigste im Manne
> und bin der Meinung,
> dass alles besser gehen würde,
> wenn man mehr ginge.«
>
> Johann Gottfried Seume: Spaziergang nach Syrakus, Anfang des 19. Jahrhunderts,
> also noch vor dem Autozeitalter

»Caminante, no hay camino
se hace camino al andar.
Wanderer, es gibt keinen Weg.
Der Weg entsteht durch Gehen.«

Antonio Machado, 1917

> Mensch und Fuß
> dafür gibt es im Aramäischen nur ein Wort ...

»Der Mensch? Ein Tier, eine aufrecht kriechende Maschine ...«

La Mettrie, französischer Arzt im 18. Jahrhundert

»Unsere Kinder gehen nicht mehr.«

Yvonne M., Erzieherin, 2002

»Muss man das?«

Oliver T. (16 Jahre) auf die Frage, warum er so wenig zu Fuß geht

»›Auto‹ war sein erstes Wort!«

Eltern eines dreijährigen Sohnes

»Das ständige Sitzen – tagsüber im Büro und abends zu Hause vor dem Fernseher – führt bei immer mehr Männern zu einem Verlust der aufrechten Haltung.«

Prof. Stephen Gray, Nottingham 2006

Über die Bedeutung des Gehens für den Menschen wurde schon lange und immer wieder gesungen, geredet und nachgedacht. Neuerdings scheint es für das Gehen nicht besonders günstig auszusehen. Der moderne Mensch geht immer weniger zu Fuß. Es sei denn, er hat das Wandern neu entdeckt. Fahrstühle, Rolltreppen, Fahrräder, Motorräder und insbesondere Autos nehmen immer häufiger das Gehen ab.

Aber eines hat sich nicht geändert: Wenn man jemanden nach den typischen Merkmalen des Menschen fragt und danach, was uns von unseren Verwandten im Tierreich unterscheidet, dann hört man doch sehr häufig die Antwort: die Sprache und der aufrechte Gang.

Dass Sprache etwas mit Bewegung zu tun hat, dieses Phänomen ist uns inzwischen vertraut geworden. Dass der aufrechte Gang etwas mit Bewegung zu tun hat, das ist selbstverständlich. Andererseits haben wir gesehen, dass etwas so Selbstverständliches wie die Sprache seine Selbstverständlichkeit verliert, wenn wir nach seinen wesentlichen Merkmalen oder gar nach einem Ursprung fragen. Sollte es schließlich beim Gehen bzw. beim aufrechten Gang ähnlich sein?

Beide – also nicht nur die Sprache – setzen eine ontogenetische Entwicklung voraus, d. h. spezifisch menschliche Entwicklungsstufen, die zu der jeweils entwickelten Tätigkeit führen. Bei der Sprache ist es die Schrei- und Brabbelphase, beim Gehen das Kriechen, Krabbeln und aufrechte Sitzen. Es gibt Ähnlichkeiten mit tierischen Verhaltensweisen, doch sie sind nur im Kontext der menschlichen Entwicklung richtig zu verstehen.

 »Beide, Sprache und aufrechter Gang, sind typische Zeichen der menschlichen Zerebralisation. Sie sind Ausdruck der Ontogenese und nicht etwa als Abänderung eines Verhaltens tierischer Vorfahren zu verstehen.«
(Blechschmidt 2008, S. 141)

Der Bau des menschlichen Skeletts spricht hier für sich. Anders als bei den Menschenaffen ist beim Menschen der untere Teil des Beckens, das sogenannte kleine Becken, nach rückwärts gekippt. Dadurch wird es möglich, dass der größte und bewegliche Teil der Wirbelsäule steil über dem Hüftgelenk steht und den aufrechten Gang ermöglicht. Das Becken muss einen Großteil des Körpergewichts tragen. Damit diese typische Position entstehen kann, sind vorher spezifische Wachstumsbewegungen in der Embryonalphase notwendig:

Das Großhirn benötigt eine besonders umfangreiche Nahrungszufuhr, was die Entstehung eines großen Herzens notwendig macht, und das wiederum wirkt sich auf das Wachstum der Leber aus. So entsteht nach und nach der menschliche Leib im Wachstum und in der Aktivität seiner Organe. Auf dieser Basis wird dann auch Beweglichkeit nach außen möglich.

Schließlich entwickelt sich neben dem Wachstumsgreifen auch das Wachstumsstrampeln. Die frühen embryonalen Strampelbewegungen lassen sich als erste Übergänge vom Sitzen zum Gehen und Stehen ansehen. Auf »vor-läufige« Weise bereiten sich die späteren Körperbewegungen beim aufrechten Gang vor (Blechschmidt 2008, S. 139). D. h., dass die embryonalen Füße schon sehr früh menschlich aussehen und dann weiterhin typisch menschliche Bewegungsfunktionen vorbereiten.

So entwickelt sich das Kind langsam in die eigene motorische Aktivität des Gehens hinein. Obwohl das Gestrampel auf dem Wickeltisch erst einmal gar nicht so nach aufrechtem Gang aussieht. Doch der Rhythmus des mütterlichen Gehens – seine belebende und beruhigende Wirkung – wird vom Kind schon früh aufgenommen. Die Beweglichkeit der Wiege und des Wiegenliedes greifen den mütterlichen Gehrhythmus auf. Soll das Kind beruhigt werden, geht die Mutter u. a. mit dem Kind hin und her. Auch das früher bei uns unübliche Tragetuch wird mittlerweile als etwas angesehen, das dem Bedürfnis des Kindes nach Körperkontakt und Bewegung optimal entspricht. Besser als der »Babysafe« oder das Ablegen im Kinderbett. Remo H. Largo weist darauf hin, dass das Ablegen der Kleinkinder in ein Bett aufgrund der veränderten Zeit- und Tätigkeitsverhältnisse im Industriezeitalter aufkam. Die neuen Wohnverhältnisse erzwangen mehr Distanz zwischen Kindern und Eltern, und das seit etwa 150 Jahren. Eine kurze Zeit im Vergleich mit der Stammesgeschichte des Menschen (Largo 2001, S. 117).

Aufgrund des bisher Gesagten könnte man vermuten, dass die motorische Entwicklung zum Gehen hin bei allen Kindern ziemlich gleichförmig verläuft. Dem ist aber nicht so. Vielmehr gibt es viele unterschiedliche Wege zum freien Gehen. Es gibt zwar eine Mehrheit, die zeitgerecht über das Robben und Kriechen zum Gehen kommt. Manche lassen das eine oder andere Stadium jedoch einfach aus und kommen trotzdem zum freien Gehen. Sie bewegen sich nie auf allen vieren, ziehen sich vielmehr – wenn es so weit ist – aus der Bauchlage auf und gehen. Andere meiden ebenfalls das Robben und Kriechen, setzen sich aber auf und rutschen auf dem Hosenboden herum. Erst mit 18 bis 20 Monaten fangen sie dann an zu gehen. Forschungen haben ergeben, dass schon ein Elternteil ähnliche Stadien durchlief, dass somit also ein Bewegungsmuster vererbt worden ist (Largo 2001, S. 130). Tab. 1 verdeutlicht, in welchem Alter das freie Gehen auftritt.

Alter der Kinder (in Monaten)	Anzahl der Kinder (ca., in Prozent)
10	5
11	9
12	14
13	35
14	14
15	12
16	4
17	2
18	4
19	2
20	1

Tab. 1 *Zeitliches Auftreten des freien Gehens (nach Largo 2001, S. 134)*

Das freie Gehen erfordert die ganze Aufmerksamkeit des Kindes. Und es macht ganz unterschiedliche Versuche. Es hangelt sich an Möbeln entlang. Es schiebt einen Stuhl oder ein Gefährt vor sich her. Es läuft auf die ausgebreiteten Arme der Eltern zu. Und es hat in der Regel überhaupt keine Angst vor dem Fallen. Meist fällt es auf den Hintern, als würde das zum freien Gehen einfach dazugehören. Wenn es dann zum ersten Mal den Tisch umrunden oder über den Teppich gehen kann, ist das ein ganz großes Ereignis. Das Kind praktiziert dabei eine alte buddhistische Weisheit: Der Weg ist das Ziel!

Das Kind will noch nicht irgendwohin gelangen bzw. ein bestimmtes Ziel erreichen. Das Gehen, und nur das, steht im Mittelpunkt. Für anderes bleibt da wenig Zeit. Und so kann es kommen, dass sein Sprechen stagniert, dass sich sein Wortschatz kaum vergrößert und dass ein sonst so beliebtes Spielzeug oder das Bilderbuch einfach liegen bleibt. Das Kind will jetzt auf den Beinen sein, und das ist der Mittelpunkt seines Lebens.

Sie krabbelt schon im Zimmer rum
und kippt fast den Papierkorb um.
Sie guckt, wenn Papa Bratwurst brät
und wenn er seine Socken näht,
hört, wie die Badewanne klingt,
wenn jemand darin Lieder singt.

*Refr.: Na so was, na so was, Sabine ist noch klein,
na so was, na so was, sie möcht' gern größer sein.*

Im Zimmer steht ein Wäscheschrank,
und da sind viele Griffe dran.
Sie zieht sich hoch mit aller Kraft,
jetzt noch ein Stück – sie hat's geschafft!
Sie steht und freut sich ... Doch wieso? –
Bums, sitzt se wieder auf dem Po ...

Refr.: Na so was, na so was ...

Jetzt sitzt sie da und ärgert sich:
Es laufen alle, nur nicht ich!
Der Papa läuft auf Zehenspitzen,
die Schwester kann auf Rollschuh'n flitzen.
Die Katze springt im Zimmer rum,
mal rechts, mal links und fällt nicht um.

Refr.: Na so was, na so was ...

Sie gibt nicht auf, und Stück für Stück
versucht sie noch einmal ihr Glück.
Sie steht ... jetzt wird nach vorn getappt,
mal rechts ... mal links – und Glück gehabt,
und jetzt schon fast im Dauerlauf ...
sie fällt – doch Papa fängt sie auf.

*Refr.: Na so was, na so was, sie läuft schon richtig los,
na so was, na so was, jetzt ist sie auch bald groß.*

*Die ersten Schritte sind noch klein,
bald läuft sie aber ganz allein.
Der Hund ist auch nicht mehr so groß.
Sie nimmt ihn mit, läuft einfach los,
grad in die weite Welt hinein,
viel weiter weg als Hänschen klein.*

*Refr.: Na so was, na so was, sie läuft schon richtig los,
na so was, na so was, jetzt ist sie auch bald groß.*

Die Entwicklungsgeschwindigkeit nimmt mit dem Gehenlernen zu. Auch die Sprache, das Sprechen, das Verstehen und Begreifen werden in diesen Prozess einbezogen. Gehenkönnen bedeutet für das Kind, sich in einem größeren Raum zunehmend schneller und mit mehr Weitsicht zu bewegen. Es wird nun möglich, ein Möbelstück, Gegenstände in der Natur und natürlich auch Menschen aus verschiedenen Blickwinkeln und Richtungen zu erreichen und zu betrachten. Das ist nun nicht nur eine äußere Aktivität, sondern hat auch Wirkung nach innen.

»Ein physischer Perspektivwechsel ist wesentliche Voraussetzung, um im Verhältnis zu den eigenen Erfahrungen eine Vorstellung von den psychischen Vorgängen in einer anderen Person zu erlangen.«
(Stern 1990, S. 95)

Die Basis für die Fähigkeit, sich in eine andere Person hineinzuversetzen, wird hier geschaffen. Die Phase des Gehenlernens bewirkt innere Prozesse, und die wirken sich nach und nach auch auf das Sprechen und die Sprache aus.

All das macht deutlich: Wir dürfen den Zusammenhang von Gehenlernen und Sprache nicht zu eng sehen. Auch, wenn der Wortschatz zunächst stagniert: Mit der Aufrichtung und dem aufrechten Gang entwickelt sich der sprechende Mensch. Sein Organismus ist auf Sprache und Aufrichtung angelegt. Sprache ist so etwas wie eine innere Veranlagung. Sie ist im menschlichen Leib angelegt. Baur betont, dass der menschliche Leib die »Sprachprozesse in sich« braucht, auch wenn das Kind noch gar nicht spricht. Der Leib ist dann durchdrungen von innerlich wirkenden Lautprozessen. Das Hervordringen der Sprache äußert sich in der Sicht von Baur zunächst in der Beweglichkeit des menschlichen Leibes, ehe es zum hörbaren Laut wird. Die Ahnung von Sprache durchzieht den Leib, ehe sie hörbar strukturierte Lautäußerung wird.

In anderem Kontext wird hier allgemeiner von »Sprachinstinkt« und »angeborener Sprachfähigkeit« geredet. Baur betont in diesem Zusammenhang die Bedeutung der typisch menschlichen Beweglichkeit.

»Die ganze Entwicklung der Bewegungen, ihre Koordination und ihre Steigerung zum aufrechten Gang, geht aus einem inneren Sprachprozess hervor. Der sich aufrecht bewegende Mensch verkörpert die Grundgeste des sprechenden Menschen.«
(Baur 1996, S. 193)

Der innere, genuin menschliche Impuls der Aufrichtung hat dann auch seine anatomischen Folgen. Die »Wirbelsäule« erhält ihre vertikale Ausrichtung. Die »Wirbelkörper« (auch die festeren Bestandteile unseres Körpers gehen aus dem Strömungsgeschehen hervor, wie diese Begriffe noch deutlich anzeigen) formieren sich neu, sodass sie die freie Balance des Kopfes auf dem obersten Wirbel möglich machen und das Rückgrat entlastet wird. Dies wiederum macht den Kopf frei und beweglich, was schließlich u. a. ein Impuls zur feineren Bewegung und »Befreiung« der Zunge, der Lippen und des Rachens ist und damit wiederum notwendige Voraussetzungen für das Entstehen menschlicher Sprache schafft. Hier klingt bereits die evolutionäre Perspektive von Gang und Sprache an.

Bei den Kindern können wir beobachten, wie der körperliche Reifungsprozess und das Nachahmen erwachsener Vorbilder zusammenspielen. Von den sogenannten »wilden Kindern«, die nicht in der Obhut von Menschen aufwuchsen, wird berichtet, dass sie Probleme mit der Aufrichtung und dem aufrechten Gang hatten und auch sprachlich natürlich mehr als zurückgeblieben waren. Die von Menschen geborenen Kinder hatten sich der Haltung und der Kommunikation ihrer Tiereltern angepasst. Das war auch der Grund, warum ein Forscherehepaar den Versuch abbrach, die eigenen Kinder zusammen mit jungen Schimpansen aufzuziehen. Die Menschenkinder zeigten nämlich schnell schimpansische Züge.

Das alles lässt sich beobachten und erforschen. Was sich jedoch nicht so einfach belegen und bezeugen lässt, ist eine Antwort auf die Frage, wie es überhaupt in der Menschheitsgeschichte zur Aufrichtung und zum aufrechten Gang kam. Im Rahmen der darwinschen Evolutionstheorie war man sich lange Zeit darin sehr sicher. In vielen Büchern wird auch heute noch so getan, als wäre die Sicherheit noch vorhanden. Aber gerade der verfeinerte Einblick in Anatomie und Organismus des Menschen (im Vergleich zu seinen nächsten Verwandten im Tierreich) sowie ausgerechnet die funktionale Bedeutung des menschlichen Fußes widersprechen dieser Sicherheit.

5.2 Der amphibische Mensch und das Geheimnis der Aufrichtung

Inzwischen weiß man, dass es schon vor der Sintflut Klimakatastrophen gab. Die biblische Sintflut zeigte das Wasser als große Gefahr: als Strafe, als Bedrohung, als Überschwemmung und als Zerstörung menschlicher Lebensbedingungen. Andererseits ist das Wasser ein Sakrament. Erst durch das Eintauchen ins Wasser – durch die Taufe – wird der Mensch in Beziehung zur göttlichen Energie gesetzt, kann er sich seines Lebens als »Kind Gottes« bewusst werden.

Die gängige Evolutionstheorie behandelt dagegen die Entstehung des Menschen, die Aufrichtung und den aufrechten Gang als eher trockene Angelegenheit. Wasser spielt dabei keine größere Rolle.

> Einst haben die Kerle auf den Bäumen gehockt,
> behaart und mit blöder Visage,
> dann hat man sie aus dem Urwald gelockt ...

... sangen wir als Jugendliche. Und dieses Lied von Erich Kästner passte zu dem, was wir später erfuhren. Die Menschwerdung konnte beginnen, als die großen Wälder, in denen die kletterfreudigen Affenmenschen wohnten, durch Klimaveränderungen dezimiert wurden. Die Affenmenschen mussten in der Savanne nach neuen Lebensmöglichkeiten suchen. Sie richteten sich auf, um an höher hängende Früchte zu kommen. Sie fanden immer mehr Geschmack an Fleischnahrung, entwickelten bestimmte Wurftechniken und begannen, kooperativ zu jagen. In diesem Kontext – so meinte man – sind aufrechter Gang und Sprache entstanden.

Von der Entdeckung der Wassergeburt durch den russischen Arzt Igor Tscharkowski wurde diese Lehre nicht irritiert. Tscharkowski hatte entdeckt, dass Menschen in der Lage sind, ihre Kinder auf ganz natürliche Weise zur Welt zu bringen. Die wassergeborenen Kinder kommen nicht in totaler Hilflosigkeit auf die Welt. Mit offenen Augen schwimmen sie im Wasser umher und machen dann nach einer Weile ihren ersten Atemzug in einen bewegungsintegrierten Körper. Diese Kinder richten sich an Land schneller auf und beginnen um Monate früher mit dem aufrechten Gang.

Doch so etwas ficht die gängige Evolutionslehre nicht an. Auch nicht die zum Teil kompletten Theorien von einzelnen Wissenschaftlern wie Othenio Abel, der bereits 1912 darauf hingewiesen hatte, dass der Fuß des Menschen wahrscheinlich das Resultat einer amphibischen Lebensweise sei. Oder der Berliner Professor Max Westenhöfer, der 1942 von der »aquatilen Lebensweise im frühen Säugetierstadium des Menschen« sprach (nach Niemitz 2004, S. 198).

Kurzum, es gab ernst zu nehmende Hinweise darauf, dass die gängige Evolutionstheorie die Bedeutung des Wassers für die frühe Menschwerdung unterschätzte bzw. gar nicht erst in den Blick bekam.

Aber bleiben wir zunächst beim Wasser. Schon die Siedlungsdichte der Menschheit spricht eine deutliche Sprache. Große Kulturen entstanden oft an der Mündung von Flüssen. Der Biologe Carsten Niemitz geht noch weiter. Er sagt, dass noch vor 200 Jahren mehr als 90 Prozent der Weltbevölkerung in Wassernähe siedelten (Niemitz 2004, S. 182). Der Mensch ist aufs Wasser angewiesen. Er braucht es als Trinkwasser, er braucht es zum Bewässern, er braucht es als Verkehrsweg. Das sind aber schon größtenteils mit Landwirtschaft und Handel entwickelte Bedürfnisse. Welche Bedeutung es für die frühen Menschen hatte, muss erst noch ermittelt werden.

Im Widerspruch zur »landläufigen« Evolutionstheorie »taucht« der Wassergedanke immer wieder und an unterschiedlichen Stellen auf; der Gedanke nämlich, dass das Wasser in besonderer Weise bei der Menschwerdung mitgeholfen hat, und das heißt beim aufrechten Gang und bei der Sprache. Um diesen Erklärungsansatz zu verdeutlichen, folgen wir nun den Gedankengängen des 1932 noch jungen Meeresbiologen und späteren Oxford-Professors Alister Hardy. Der las als junger Wissenschaftler einmal ein Buch über den Ort des Menschen zwischen den Säugetieren. Da wurden einige Merkmale genannt, die es beim Menschen gibt, aber bei seinen nächsten Verwandten, den Schimpansen, nicht.

Zum Beispiel die Fettschicht unter der Haut, die subkutane Fettschicht, die Menschenbabies so rundlich und propper macht und die Affenbabies nicht haben. Und schon fing der Meeresbiologe an nachzudenken, und ihm fiel eine Menge auf: z. B. die Reste von Schwimmhäuten zwischen den Zehen und manchmal auch sehr deutlich zwischen Daumen und Zeigefinger. Schimpansen haben keine solchen Schwimmhäute.

Menschen haben von ihrer Anlage her sehr bewegliche Wirbelsäulen. Menschen schwitzen schnell. Bis zu 15 Liter Flüssigkeit am Tag verbrauchen sie unter tropischer Sonne. Menschen sind nackt, und sie haben im Gegensatz zum Schimpansen eine hervorstehende Nase im Gesicht, die entwicklungsgeschichtlich jüngeren Ursprungs ist. Wenn er ins Wasser sprang, schützte ihn seine Nase davor, dass Wasser in das Atmungssystem eindrang. Affen haben durchaus mehr Beziehung zum Wasser, als wir gemeinhin denken. Niemitz bemerkt,

»dass ein für viele Affen wichtiger Lebensbereich zu Unrecht aus dem Blickfeld vieler Primatenforscher fast völlig ausgeblendet war ... Viele Arten von Primaten haben eine enge Beziehung zum Wasser.«

(Niemitz 2004, S. 139)

Doch so offensichtlich dem Wasser zugetan wie die Menschen sind sie nicht. Es gibt aber eine Ausnahme, und das ist der Nasenaffe von Borneo. Der ist ein guter Schwimmer, sogar über weite Strecken. Und was hat er? Eine weithin sichtbare Nase.

Alister Hardy war Meeresbiologe, und deshalb kam ihm sofort die Idee: Diese Merkmale, die den Menschen vom Schimpansen unterscheiden, erinnerten ihn an die Meeressäuger. Die sind nackt wie die Menschen und haben eine bewegliche Wirbelsäule. Sie haben eine Fettschicht unter der Haut. Einige von ihnen, die Wale und die Delfine, kommunizieren durch eine Lautsprache wie die Menschen, und sie kommen dem Ursprung der Sprache aus dem Gesang, wie ihn z. B. Darwin vermutet hatte, viel eher entgegen als unsere nächsten Nachbarn, die Schimpansen. Und die Meeressäuger waren ehemalige Landbewohner, die sich ganz dem Wasser angepasst haben. Der Mensch ist kein Wasserbewohner. Aber alles, was Alister Hardy da las und weiterdachte, brachte ihn zu der Erkenntnis: Der Mensch bzw. das Wesen, das zum Menschen werden sollte, hat zur Zeit der Menschwerdung am und im Wasser gelebt. Wahrscheinlich war das seine Chance zu überleben. Denn es gab Zeiten, in denen große Gebiete Afrikas überschwemmt wurden.

Die Affen, die von den großen Überschwemmungen überrascht wurden, liefen noch hauptsächlich auf allen vieren. Vielleicht waren sie auch vor Raubtieren geflohen oder fanden in ihren Ursprungsgebieten nicht mehr genug Nahrung. Jetzt lernten sie Sumpfgebiete, Flüsse, Flussmündungen und schließlich das Meer als neue Nahrungsquelle kennen. Ihre Hände, die immer schon Greiforgane gewesen waren und keine reinen Stützorgane wie bei anderen Säugetieren, suchten nach Muscheln und anderen Schalentieren, lernten, sie mit Steinen zu knacken, wie es schon die Seeotter tun. Ihre Hände wurden auf neue Art beweglich. Und ihre Füße: Die nahmen vom Waten im flachen und tieferen Wasser und vom Schwimmen die typisch menschliche Form an. Es ist leichter, sich im Wasser aufzurichten als an Land. Und die Füße müssen den Körper vor dem Einsinken bewahren. Das ist eine Entwicklung, die sich auch bei Tieren findet, z. B. bei den elefantengroßen Urhuftieren, den Pantopoden, und heutigen Tieren, z. B. beim Luchs (Niemitz 2004, S. 119).

Alister Hardy hat seine Einsichten zur aquatischen Lebensweise der ersten Menschen erst in den Siebzigerjahren veröffentlicht. Er wollte sich seine Wissenschaftlerkarriere nicht verderben. Mit der Veröffentlichung – zunächst als Vortrag in einem englischen Taucherclub – machte er Furore; wie zu erwarten, stieß er auf heftige Ablehnung. Aber nicht nur.

Die amerikanische Wissenschaftlerin Elaine Morgan baute diesen Ansatz noch weiter aus, und zwar zur »aquatic ape theory«, wurde aber von den übrigen, meist männlichen Wissenschaftlern nicht ernst genommen. Wer auch nur etwas an dieser Theorie bedenkenswert fand, musste mit Ablehnung und Ächtung rechnen. Nur einzelne Wissenschaftler wagten es, da auszuscheren, z. B. der Berliner Professor für Humanbiologie Carsten Niemitz (2004). Er lehnt zwar auch die »Wasseraffentheorie« ab, entwickelt jedoch eine wiederum wasserorientierte Version einer amphibischen Lebensweise der ersten Menschen und verwendet dabei auch neuere Forschungsergebnisse und Fragestellungen. Er geht davon aus, dass Aufrichtung und aufrechter Gang kein zwangsläufiger, natürlicher und leicht zu erklärender Prozess sind. Affen sind behände und schnell, nicht umsonst gibt es die Ausdrücke »Affenzahn« und »Affengeschwindigkeit«. Unsere den heutigen Makaken nicht unähnlichen Vorfahren vor 20 bis 30 Millionen Jahren waren nach Niemitz »lokomotorisch optimiert«. Der aufrechte Gang war da eher eine Behinderung. Die Beine waren nur etwas verlängert, die Hüftgelenke nicht voll durchstreckbar, und der Fuß musste sich das Greifen weitgehend abgewöhnen.

»Diese mit hohem Energieverbrauch nur langsam umherschlurfenden vormenschlichen Zwischenformen zwischen Affen und heutigen Menschen hätten nach aller Logik von der Selektion wieder ausgemerzt werden müssen.«
(Niemitz 2004, S. 17)

Alister Hardy und Elaine Morgan gehen davon aus, dass Menschenkinder so wie die Meeressäuger eine subkutane Fettschicht haben. Niemitz geht subtiler zu Werke. Er verfeinert u. a. das Argument bzw. das Merkmal der subkutanen Fettschicht. Diese unterscheidet nämlich deutlich Menschenkinder von Primatenkindern. Niemitz stellt fest, dass sich die subkutane Fettschicht nicht in gleicher Weise am ganzen Körper des Menschen findet. Beim Mann gibt es diese Fettschicht insbesondere an Hüfte, Bauch, Oberschenkeln, unterem Rücken und Waden. Die unteren Teile des aufrechten Körpers sind somit stärker gegen Wärmeverlust isoliert. Bei den Frauen ist diese Fett-verteilung (bis auf die Brüste) noch deutlicher ausgeprägt. Daraus folgert Niemitz:

»Diese Fettverteilung spricht für eine anatomische Optimierung, um die Körpertemperatur beim Waten in seichtem Wasser ohne viel Energieverlust leicht aufrechtzuerhalten. Dies ist ein weiteres Indiz für die stärkere Bindung der Frauen an das feuchte Element.«
(Niemitz 2004, S. 200f.)

Niemitz arbeitet deutlich die Unterschiede seines eigenen Ansatzes zur aquatischen Theorie von Alister Hardy und Elaine Morgan heraus. Aber er kommt auch immer wieder an die Stelle, wo es Gemeinsamkeiten mit dieser so oft verworfenen Theorie gibt, z. B. in Freilandbeobachtungen von Bonobos.

Im natürlichen Lebensraum der Bonobos finden sich regelmäßig Flüsse, Wasserläufe und Sumpfwälder. Bonobos fangen Fische, um sie zu verzehren. Es wurde bei der Spurensuche festgestellt, dass Bonobos entlang den Bachläufen häufig aufrecht gehen. Dies wiederum erklärt, warum sie solche starken, langen Beine haben. Im Hinblick auf solche Beobachtungen sind sich namhafte heutige Primatenforscher, z. B. Frans DeWaal einig. Trotzdem ist Alister Hardys Theorie vom »aquatischen Affen« weiterhin kein ernsthaftes Thema für den offiziellen Wissenschaftsbetrieb. Niemitz bezieht da löblicherweise eine eigene Position, »beißt sich etwas auf die Zunge«, wenn er gerade Hardys Theorie auf heutige Beobachtungen anwenden kann und fühlt sich damit in seiner Vermutung bestärkt, dass das amphibische Leben und das Wasser insgesamt für die Entstehung der Gattung Mensch von großer Bedeutung war (Niemitz 2004, S. 148f.).

In Japan konnte man beobachten, dass Makaken, die in warmen Vulkantümpeln baden und aufrecht im dampfend warmen Wasser stehen, auch an Land zeitweise aufgerichtet gehen. Aus all diesen Beobachtungen ergibt sich, dass wir wichtige Bedingungen für die Entstehung des aufrechten Ganges beim Menschen gefunden haben. Es musste etwas da sein, was den aufrechten Gang erleichtert und auch energetisch-psychisch angetrieben hat. Das heißt u. a., dass auch die Ernährung dieser frühen Menschen sich änderte – hin zu einer Ernährung, die zu einer Vergrößerung und Funktionserweiterung des Gehirns beitrug. Das war in erster Linie Nahrung aus dem Wasser. Neuere Forschungsergebnisse belegen das (Niemitz 2004). Niemitz weist auch darauf hin, dass es am und im Wasser für die frühen Menschen leichter war, Nahrung zu finden, als in der Savanne (Niemitz 2004, S. 152).

Wie mag sich nun die allererste Aufrichtung vollzogen haben? Versuchen wir, uns das einmal vorzustellen: Da war einer (oder eine) von diesen amphibisch lebenden Affenmenschen, der hatte eine seltsame Idee. Der fing an, sich an Land aufzurichten. Die anderen hielten ihn für verrückt, doch er war der Größte. Aus den alten Zeiten wussten die Affen: Nur auf vier Beinen kommt man schnell genug weg, wenn ein Raubtier kommt. Auf zwei Beinen sieht man viel mehr, ist aber auch unbeholfen und verletzlich. Aber darum scherte sich dieser Sonderling jetzt nicht. Und er hatte Glück, denn es gab da, wo er und die anderen lebten, nicht mehr viele Tiere, vor denen sie fliehen mussten. Und wer sich so aufrichtete, war plötzlich der Größte.

Das aufrechte Stehen und dann auch das Herumlaufen waren zuerst wie ein Thrill, ein Rausch, eine Sucht, ein Verrücktsein. Es war etwas gegen alle Affenvernunft. Und hier möchte ich wieder Carsten Niemitz das Wort geben: Kinder ziehe es zum Wasser, und das sei nicht nur »motivationsloser Spieltrieb«. Das Spiel spielt sich am Ufer, am und im Wasser ab, ohne dass schwimmen notwendig wäre. Kinder lieben es, »watend zu spielen«. Gleichzeitig sind diese Spiele biped (zweifüßig) und aufrecht!

An dieser Stelle fallen Niemitz' Beobachtungen bei Gorillas ein. Bei den Gorillas sind es hauptsächlich *Jugendliche*, die sich im Spiel für etwas längere Zeit aufrichten. Niemitz vermutet nun, dass es bei den ersten Hominiden ähnlich gewesen sein könnte, und weiter:

> »Kinder könnten die evolutiven Schrittmacher für die Aufrichtung der Erwachsenen und damit für den phylogenetischen Erwerb der Zweifüßigkeit des Menschen gewesen sein.«
>
> (Niemitz 2004, S. 190)

Aber vielleicht war auch der älteren Generation die Aufrichtung nicht ganz fremd. Nur eben in einem ganz anderen Kontext. Vögel und andere Tiere, z. B. die Gibbons, begrüßen den Sonnenaufgang in ihrer Weise, meist durch besondere Körperhaltungen, die mit Gesang verbunden sind. Vielleicht gab es so etwas auch bei dem frühen Menschen. Denn dieser entwickelte sich ja als das »singende Säugetier«. Und dass Singen auch etwas mit Aufrichtung und aufrechter Haltung zu tun hat, darauf hat schon Alfred Tomatis hingewiesen. Das Erlebnis eines Sonnenaufgangs musste auf die entstehende Geistigkeit des frühen Menschen eine ungeheure Wirkung gehabt haben, und es ist möglich, dass da wie bei manchen Primaten auch exzessive Rituale entstanden, die einerseits außergewöhnlich und nicht alltäglich waren, in die aber andererseits bestimmte Erfahrungen im Wasser und an Land erworbener Geschicklichkeiten eingehen konnten. Dies werde ich in Kapitel 5.3 noch weiter ausführen.

Aufrichtung und aufrechter Gang sind uns jetzt im Rahmen der Evolution etwas verständlicher geworden. Und selbst Anhänger der trockenen, wasserscheuen Evolutionstheorie müssen zugeben, dass früheste Funde von Hominiden auffällig häufig da auftraten, wo einmal Seeufer, Seen oder Sumpfgebiete waren. Auch der älteste Hominide, dessen Reste man in Italien fand, bestätigt das. Und es soll sich um einen Hominiden gehandelt haben, der zwar aufrecht ging, aber nicht sprach. Aufrechter Gang und menschliche Sprache waren also nicht zwangsläufig aneinander gekoppelt.

Haben sie überhaupt etwas miteinander zu tun? Und kann uns die hier im Rahmen der aquatischen Theorie behandelte Entstehung von Aufrichtung und aufrechtem Gang, kann uns die ganze amphibische Szenerie auch einen Hinweis auf die Entstehung der Sprache geben, der bei den bisherigen Erörterungen dieses Themas noch fehlte?

Die heutigen Schimpansen verständigen sich hauptsächlich visuell, d. h. durch eine Vielzahl von Gebärden, Haltungen, Bewegungen, Mienen, Grimassen, durch Berührungen und den Umgang mit räumlichen Beziehungen untereinander. Was sie damit jeweils bezwecken, können sie sich mit beachtlicher Feinheit mitteilen. Die Laute, die sie dabei ausstoßen, sind nur Begleitwerk. Schimpansen sind auch anatomisch nicht fähig, eine Lautsprache zu sprechen. In der Gebärdensprache entwickeln sie dagegen große Intelligenz.

Der Mensch als Zweifüßler balanciert seinen Kopf anders. Der Kehlkopf ist nach unten gerutscht. Er kann die Nasenhöhle mit den anderen Luftwegen verbinden oder auch trennen, und all das machte ihn fähiger, differenzierte Laute zu produzieren. Wer seine Nahrung aus dem Wasser holt, der muss am und im Wasser einiges lernen. U. a. brauchte er – wie andere Tauchtiere auch – die Atemkontrolle. Und er musste erfahren, dass es gar nicht so einfach ist, sich beim Schwimmen und beim Muschelsuchen zu verständigen. Schimpansen und andere große Landaffen sind Meister der Gebärden- und Körpersprache, einer Form visueller und taktiler Kommunikation, bei der, wie gesagt, Lautäußerungen nur eine Nebenrolle spielen. So ist diese Verständigungsform im Wasser kaum möglich. Meeressäuger haben deshalb seit langen Zeiten eine andere Verständigungsebene entwickelt. Sie verständigen sich durch Lautsignale, durch manchmal sehr vielfältige Sequenzen von Lauten.

Heute ist man endlich darauf gekommen, dass Affen ihre Intelligenz in den Händen haben, und versucht ihnen nicht mehr mühsam die Lautsprache beizubringen. Die »Wasseraffen« aber mussten sich beim Muschelsuchen und Fischefangen über Wasser verständigen.

Also mussten sie notgedrungen bzw. im übermütigen Spiel oder in ruhigen, besinnlichen Phasen – wer kennt eine solche Situation schon genau? – andere Verständigungsmöglichkeiten ausprobieren. Und das war die Verständigung durch Laute. Natürlich war während dieses ganzen Prozesses die alte Intelligenz der Hände nicht stillgelegt. Und sie blühte natürlich gleich wieder auf, als die Wasseraffen wieder an Land gingen. Doch der Vorteil der Lautsprache blieb auch hier erhalten. Die Wasseraffen konnten jetzt mit den Händen etwas tun und sich dabei über die Lautsprache doch miteinander verständigen. Sie konnten Dinge tragen und dabei reden. Sie konnten ihre Kinder im Arm halten, stützen und streicheln und gleichzeitig mit ihnen reden. Die Weichen für die Entwicklung der menschlichen Sprache waren gestellt.

War die amphibische Lebensweise die evolutionäre Taufe, die das vormenschliche Wesen zur Aufrichtung und aufrechtem Gang befähigte? Die dem Menschen einen schönen und stromlinienförmigen Körper gab, dessen harmonische Proportionen von großen Wissenschaftlern und Philosophen (insbesondere in der Renaissance: Michelangelo und Leonardo da Vinci) gepriesen wurden?

Das Wasser hat für uns heutige Menschen seine große mystische Wandlungsbedeutung behalten. Kinder werden im christlichen Ritual darin getauft. Unsere Schönheits- und Harmoniebegriffe haben etwas mit der Bewegungsform des Wassers zu tun. Wir reden von fließender Bewegung bei einem Menschen, z. B. einem Tänzer, und finden das schön. Wenn unser Leben im Fluss ist, fühlen wir uns besonders wohl. Glücksforscher haben entdeckt, dass unsere Glücksgefühle häufig mit Flow-Erlebnissen zusammenhängen, die in fließender Verbundenheit mit unserer Mitwelt bestehen. So viel ist von diesen Wasserempfindungen in die Wahrnehmung unserer Gefühlszustände übergegangen.

Kann Wasser ein sicheres Fundament sein? Eine solide Basis? Es ist mehr. Es ist eine energetische Grundlage für Leben und Bewegung. Und es lohnt sich, diese Grundlage zu beachten, wenn wir nun im dritten Teil dieses Kapitels nach weiteren Zusammenhängen von Aufrichtung, aufrechtem Gang, dem menschlichen Gehen, von Sprache, sprachlichem Lernen und sprachlicher Kreativität suchen.

5.3 Aufrichtung im Singen –
die geheime Verbindung zwischen Fuß und Ohr

Menschliche Aufrichtung lässt sich nicht so ohne Weiteres und selbstverständlich erklären. Und ob sie nur ein Segen ist, wird verschiedentlich auch angezweifelt: Ist sie nicht auch die Quelle menschlicher Überheblichkeit und Quelle von Herz-Kreislauf-Problemen, Plattfüßen und Krampfadern? Von Rückenproblemen ganz zu schweigen. Immer wieder gibt es solche Spekulationen über die Aufrichtung, als »nachteilige Mode zweifüßig« zu sein und dadurch den paradiesischen Naturzustand verloren zu haben. Doch hier wird m. E. eine Körperhaltung verantwortlich gemacht, wo vielmehr der »*Lebenswandel*« und die zugehörige Ernährung näher zu klären wären.

Aber auch, wenn wir Aufrichtung und aufrechten Gang als körperlichen und sensorischen Fortschritt erleben, ist der aufrechte Gang immer mehr als eine reine Fortbewegungsart und offen für Verbindungen zu anderen Phänomenen. Und es besteht die Gefahr, zweckrationale und verengt darwinistische Sichtweisen zu übernehmen. Vielleicht ist die magisch-musikalisch-rituelle Dimension als Erklärungsansatz in der amphibischen Urgeschichte des Menschen zunächst etwas zu kurz geraten. Sie soll jedoch in den weiteren Ausführungen wieder mehr berücksichtigt werden.

So fand ich bei Tomatis eine interessante Äußerung zum Zusammenhang von Aufrichtung und Musik. Er sagt – und damit bin ich wieder am zentralen Punkt dieses Buches –, dass der Säugling erst mal ins Singen und dann ins Sprechen kommt. Intonierend brabbelt er und spielt mit den Lauten. Interessant ist, dass der Säugling dadurch Energie schöpfen kann und seine Atmung verbessert. Und dann macht das Baby eine wichtige Entdeckung: Durch das Singen wird sein Körper aufgerichtet, und das ist eine große Hilfe, gerade, weil es sich mühsam aufrecht hält und gegen die Schwerkraft angehen muss.

Tomatis sagt weiter:

»Singen vermittelt ein Gefühl von Leichtigkeit. Beim Singen entschwebt das Kind, besonders, wenn es die hohen Frequenzen erreicht, die es so gut hört.«
(Tomatis 2009, S. 53)

Das Singen – besonders, wenn man ganz dabei ist – wirkt sich auf Atem und Körperhaltung aus. Andersherum ist es uns vielleicht vertrauter: Atem und Körperhaltung sind die Basis für das Singen. Hier wurde bewusst ein anderer Ansatz gewählt. Das Singen ist – noch vor allem Leistungsdruck – Resonanz auf innere psychische Bedürfnisse *und* Resonanz, um es etwas euphorisch auszudrücken, auf den Gesang des Lebens, auf die Schwingungen, Melodien und Lieder, die in allem schlummern. Man bringt sich ein in die singende Welt, die sich durch eigenes Singen auftut. Im Singen verändern sich Körpergefühl und Weltsicht.

Beim Kleinkind ist Singen u. a. eine ganz natürliche Form der Selbstregulierung, die das eigene Wohlbefinden einleitet, stabilisiert und erhöht. Es singt in seinen lebendigen und pulsierenden Körper hinein, erzeugt Vibrationen, die sich auf die Pulsationen und Energieströme seines Körpers auswirken. Alles ist viel flüssiger, strömender und beweglicher, als wir uns das gemeinhin vorstellen. Bei Kindern aber besonders.

Das Kind singt aus seinem Körper heraus. Es hört sich selbst singen. Es hört seine Resonanz auf das Singen und die Rhythmen der Welt. Denn das Singen fängt nicht mit dem Singen als Eigenaktivität, sondern mit dem Lauschen und Horchen an. Nicht die Stimme, sondern das Ohr ist das erste Gesangsorgan. Die musikalische *Aufmerksamkeit und Aktivität führen zur Aufrichtung und zur Sprache.* Bestimmte Zusammenhänge im menschlichen Organismus bezeugen diesen Zusammenhang sehr deutlich.

Fuß und Ohr werden hier wichtig. So unterschiedliche Vorgehensweisen wie Fußreflexzonenmassage und Ohrenakupunktur machen deutlich, wie fühlsam und in energetischer Hinsicht zentriert diese beiden Körperbereiche sind.

Das Ohr arbeitet als Gehör nicht nur als begrenztes Organ im Kopf. Es verfügt über ein Rezeptorennetz, das über den ganzen Körper verteilt ist und bei Behinderungen besonders aktiv wird. Und das Ohr ist nicht nur fürs Hören, sondern auch fürs Gleichgewicht bzw. für die Balance zuständig. Und diese wiederum ist zur Aufrichtung und den aufrechten Gang notwendig. Das Ohr kann in dieser Hinsicht nur aktiv werden, weil es über ein Netz von Nervenbahnen und Rezeptoren verfügt, von denen die meisten in der Wirbelsäule und im Fuß enden. Die Nervenbahnen beginnen im Labyrinth des Innenohrs, da, wo auch musikalische Rhythmen wahrgenommen werden. Gleichgewicht, Aufrichtung und musikalischer Rhythmus kommen hier zusammen. Ein ganzheitlicher organismischer Zusammenhang wird deutlich: Die Fußbewegung wird durch das Ohr inspiriert.

»Musik hat fast so viel mit den Füßen zu tun wie mit den Ohren.«
(Behrendt 1983, S. 159)

Musik braucht Bewegung, wirkt dann am intensivsten, wenn sie in Bewegung umgesetzt werden kann. Andererseits – das haben wir bereits gesehen – spielt Musikalität für die Entwicklung und das Funktionieren von Sprache eine große Rolle.

In den alten Kulturen wird der Mensch auf der Basis dieses Zusammenhangs als Mensch geformt. Singen – Sprechen – Sichbewegen – Gehen und Tanzen bildeten eine Einheit, einen großen Zusammenhang. Da, wo der Mensch immer weniger zu Fuß geht, seine Füße nur selten gebraucht, hat er auch verlernt, zuzuhören, sagt Joachim Ernst Behrendt (1983, S. 159). Da fällt etwas auseinander, was eigentlich organismisch zusammengehört und was von der frühen Entwicklung eines jeden Kindes noch heute eingefordert wird; was dann aber auch dazu dient, das Kind in die Schriftkultur, in Kulturtechniken, in die Welt der Massenmedien und globalen Kommunikationstechniken einzuführen, die den anfänglichen großen Zusammenhang vergessen lassen. Der kann allerdings durchaus wieder belebt werden, wenn man sich um die Essenz des Singens, Sprechens und Bewegens bemüht; also wenn man fragt, was im Organismus mitspielt, damit wir singen, sprechen und uns bewegen können.

Im zweiten Kapitel war ich schon auf die Bedeutung des Herzens und des Blutkreislaufs für Rhythmusgefühl und Sprache eingegangen. An dieser Stelle nun können wir diesen Ansatz wieder aufgreifen, um ihn auf die Fortbewegung und das Gehen in Zusammenhang mit der Sprechtätigkeit des Menschen zu beziehen. Beginnen wir diesmal nicht mit dem Herzen, sondern mit der Strömung des Blutes und der Arbeit der Lunge bzw. der Lungenbläschen und fragen nach der Bedeutung, die diese organismischen Aktivitäten für das menschliche Sprechen und dann in Analogie auch für das Ausschreiten, für das Gehen des Menschen haben.

Baur sagt von den Lungenbläschen, dass sie wie viele Tausend kleine Füße die Oberfläche des Blutes berühren, dort Kraft, Schwäche, Geschwindigkeit oder Zögern empfinden. Das heißt, dass das Fließen und jeweilige Eigenschaften des Blutes vom »Luftorganismus« der Sprachwerkzeuge in der Lunge ertastet werden. Wenn das Blut außergewöhnlich schnell oder besonders langsam fließt, bedeutet das jeweils ein Hindernis für das Sprechen. Ein Mensch, der geht, schreitet auf festem Boden, der auf der Grundlage seines Atems sprechende Mensch »schreitet« auf der rhythmisch strömenden Bewegung seines Blutes.

Auch Sprechen kann als Fortbewegungsprozess gesehen werden. Der Sprecher bewegt sich von Silbe zu Silbe, kurzen und langen, stark und schwach betonten. In dieser Bewegung entsteht der Rhythmus. Was der Mensch auch sagt: Der Ausatemstrom fließt nicht gleichmäßig dahin, sondern wird durch die Rede rhythmisch gegliedert (Baur 1996, S. 32f.).

Das Sprechen des Menschen wird jedoch nicht nur durch das Strömungswesen und die energetischen Eigenschaften des Blutes beeinflusst, sondern es hat auch ganz konkret etwas mit der Fußbewegung, mit dem Gehen zu tun.

»Vers*fuß*« nennt man die kleinste rhythmische Einheit eines Gedichts, und das Wort »Vers« geht auf lateinisch »*versus*«: *Drehung,* zurück. Verse wurden nämlich in alten Zeiten in Bewegung vorgetragen, d. h. der oder die Vortragende ging rhythmisch auf und ab und drehte sich am Ende jeder Zeile um. Doch das ist noch nicht alles.

5.4 Griechenland: Von bewegten Gesängen und vom Tanz in der Sprache

Schon die Beschreibung des organismischen Zusammenhangs von Sprechen und Gehen führt meines Erachtens in den Bereich der kunstvollen Rede, des Theaters, aber auch in die historische Ferne, zur körperlich-geistigen Vermittlungspraxis der alten Kulturen hin. Bei den Kelten z. B. spielte das »Rad der Sprache«, das Raunen der Runenformeln in Zusammenhang mit Bewegung und Tanz, eine große Rolle. Die Kunde davon ist leider nur in Bruchstücken oder in romantischen Verklärungen überliefert und aktuell. Warum aktuell? Weil die Naturbezogenheit und der von den Kelten gepflegte Umgang mit geistigen Energien für uns Heutige wieder wichtig geworden sind.

Etwas anders ist das bei den Griechen und Römern. Deren Staatswesen, Ethik und Kultur sind uns viel vertrauter (allerdings nicht immer zum Vorteil heutiger ökologischer Probleme). Trotzdem möchte ich jetzt einen Blick auf Griechenland werfen und fragen, wie sich der Zusammenhang von Bewegung, Tanz, Gesang und Sprache im alten Griechenland entwickelt hat.

An heiligen Orten entstanden in Griechenland Mysterienkulte, die die magische Energie des jeweiligen Ortes ausdrückten und meist einer bestimmten Göttin oder einem Gott geweiht waren. In den Ritualen waren Gesang und Tanz miteinander verbunden. Bestimmte immer wieder wiederholte Tanzschritte und Körperbewegungen brachten die Menschen in Zustände, in denen sie die Trennung von den großen Rhythmen der Natur bzw. von den Göttern nicht mehr spürten. Diese heiligen Rituale und Tänze wurden zunächst nur an den heiligen Orten zelebriert. Es waren keine frommen Gottesdienste, sondern rauschhafte, leidenschaftliche Feste, in denen die höchsten bzw. tiefsten Gefühle der Menschen angesprochen wurden.

Die sich hier entwickelnden Formen von Körperbeweglichkeit im Rahmen der heiligen Tanzkulte samt ihren psychischen Wirkungen hatten große Bedeutung und Ausstrahlung: Ein Teil der körperlichen Aktivitäten, die aus anderen Lebensbereichen stammten, wie Laufen, Springen, Ringen, Diskus- und Speerwerfen, wurden, nun ebenfalls an einem heiligen Ort den Göttern gewidmet. Zu Ehren der Götter erfreuten sich die Menschen an diesen körperlichen Fähigkeiten. In Olympia entstand die Olympiade. Der eigene Körper wurde in gymnastischen Übungen zum Medium eines neuen Körpergefühls und Selbstbewusstseins. Die Schönheit und Kraft des eigenen Körpers wurden als Göttergeschenk erlebt. Das alles war den Griechen so viel wert, dass sie ihre Zeitrechnung mit einer bestimmten Olympiade begannen.

Grundlage der heiligen Tänze waren bestimmte Tanzschritte. Sie brachten den ganzen Körper in die gemäße Stimmung. Gesang und Rhythmus der Musik taten das Übrige. Zu Ehren des Dionysos z. B. wurden zwei kurze Schritte und ein langer, betonter Schritt oder Sprung getanzt, der sogenannte Anapäst. Der ganze Chor in der griechischen Tragödie, die solche kultischen Ursprünge hat, tanzte in diesem Rhythmus. Einzelne Tänzer benutzten in ihrem Gesang auch eine Schrittfolge von einem kurzen und einem langen, betonten Schritt. Eine Bewegungsfolge, die wie ein stilisierter Speer- oder Ballwurf wirkte und die später Jambus genannt werden wird.

Dionysos wurde u. a. in einem tanzenden Kreis verehrt, dessen Mitte zunächst leer war. Später, als die heiligen Tänze auch außerhalb der Ursprungsorte getanzt wurden, wurde ein Priester in die Mitte gestellt. Aus dem Wechselgesang zwischen kreisförmig tanzendem Chor und Priester wurde der Dialog.

Diese heiligen und ganz und gar in der Körperbewegung aufgehenden Tänze und Rituale hatten große Wirkung auf viele Menschen, auch solche, die in der Sprache ein besonders wirkungsvolles Medium sahen. Sie waren von der »Intelligenz der Füße« in den heiligen Ritualen so fasziniert, dass sie die Rhythmen in ihren sprachlichen Dichtungen übernahmen, die Körperbewegung ein- bzw. ausverleibten. Das machte mit der Wirkung dieses Prozesses Schule. Die Beweglich-

> keit des ganzen Körpers, angefangen bei den Füßen, wurde in die Beweglichkeit der Sprache delegiert. Anapäst und Jambus wurden als steigende Rhythmen feste Bestandteile der griechischen Dichtung. In der sich später entwickelnden epischen Dichtung, die ebenfalls gebärdenhaft gesungen und getanzt wurde, kamen dann noch die fallenden Rhythmen, wo jeweils ein langer, betonter Schritt am Anfang steht und jeweils ein oder zwei kurze Schritte folgen, dazu. In der Dichtung werden diese zunächst geschrittenen Bewegungsmuster Trochäus oder Daktylus genannt.
>
> Die Aufnahme der geschrittenen oder gelernten Bewegung in die Sprache der Dichtung hatte aber zur Folge, dass die ganzheitliche Körperbewegung immer mehr eingeschränkt wurde. Bald stand der Chor auf der Bühne und sang ohne die anfangs dazugehörigen Körperbewegungen.

In der ganzheitlichen archaischen Kultur waren die Frauen ton- und tanzangebend. Wortkunst, Literatur und Schrift machten dann aber die Männer zu ihrer Domäne, zu ihrem Spezialgebiet. Muss man die Sprache nun wirklich ausschließlich als »Bewegungsfresserin« ansehen? Oder war durch die Verlebendigung der Sprache durch die einverleibte Körperbewegung ein großer Schritt in Richtung ihrer geistigen Bestimmung und Gesamtentwicklung möglich geworden?

Die Anfänge der griechischen Philosophie kommen aus dem Wandeln und Gehen, die Anfänge der Literatur aus dem Tanz, aus der leiblichen Bewegung und der Energie- und Gestaltungskraft der menschlichen Stimme. Später verselbstständigten sich Philosophie und Literatur. Sie wurden immer mehr »vergeistigt«, d. h. die Dimension leiblicher Bewegung wurde eingeschränkt und lediglich in bestimmten Bereichen gepflegt. Die *Trennung von Geist und Körper,* die in der Geschichte der Menschheit und gerade heute ein großes Problem darstellt – in der Geschichte der griechischen Kultur zeichnet sie sich zum ersten Mal deutlich ab. Und wenn es heute kritisch heißt: Wörter scheinen nicht in den Körper zu gehören, sondern in den Kopf – der Fehler war die Vertreibung der Wörter aus dem Körper. Dadurch wurde die menschliche Kommunikation fragmentiert und geschwächt.

Wir werden also weiterfragen: Gibt es heutzutage Modelle, Visionen, Denkanstöße sowie bewegungsdidaktische Methoden, die geeignet sind, dem großen Zusammenhang von Bewegung (aufrechtem Gang), von Sprechen und Denken wieder mehr Realität zu geben? Natürlich, wir reden vom *Handeln.* Ein Wort wie »fußeln« würde niemand einführen wollen. Aber gerade, weil die Bedeutung der Füße im geistigen Bereich keine Rolle zu spielen scheint, lohnt es sich, näher hinzuschauen.

5.5 Die seltsame Beziehung zwischen Fuß und Wort

Und da haben wir schon ein Bild, das zunächst einmal etwas verrückt aussieht, in unserem Zusammenhang aber interessant sein könnte. Der Handwerker, Philosoph und Pädagoge Hugo Kükelhaus hat es entdeckt:

> »Mit dem Fuß steht der Mensch im dunklen Erdreich, mit dem Kopf ragt er in die Schwingungswelt des Lichtes. In der Kathedrale von Chartres befindet sich auf einem Säulenkapitell ein ergreifendes Sinnbild: ein Mensch, der sich bemüht, Kopf und Fuß zu verbinden – die Haltung des Neugeborenen.«

(Kükelhaus 1980, S. 38)

Abb. 52

Die Füße sind übermäßig groß, die Beine senkrecht und gerade nach oben gestreckt. Oberkörper und Kopf sind gebeugt, als wollten sie sich den Füßen unterordnen. Kopf und Fuß sind wie vertauscht, das normale Verhältnis von oben und unten ist aufgehoben. Himmel und Erde sind verkehrt. Ein seltsamer Bewusstseinszustand, der da dargestellt wird. Ist es nur ein verrücktes Bild, oder enthält es auch eine Botschaft?

Im Aramäischen gibt es für Fuß und Mensch nur ein Wort. Das heißt sicher auch, dass der Fuß in dieser Gesellschaft eine andere Bedeutung hatte als bei uns. Dass er eher im ganzheitlichen Sinne auch zum geistigen Wesen des Menschen gehörte. Beim indischen Volk der Todas ist es Brauch, alte Menschen dadurch zu ehren, dass man vor ihnen niederfällt und ihren Fuß an die eigene Stirn führt.

Kükelhaus sagte u. a. zu dem Bild:

»Wortlos meldet sich der Sinn der Fußwaschung als Handlung, die den Kopf niederbeugt zum Fuß des Nächsten.«
(Kükelhaus 1980, S. 38)

Solche Bräuche und die damit zusammenhängenden Wertvorstellungen sind in unserer Gesellschaft schwer vorstellbar.

Trotzdem, einiges davon ist auch in unserer Sprache noch erhalten geblieben: Wenn wir etwas mit Leib und Seele tun können, werden Kopf und Fuß eine Einheit. Unser Wort »verstehen« ist zunächst kein geistiges Verstehen. Es leitet sich aus einem alten germanischen Rechtsbrauch ab und bedeutet für jemanden oder für etwas einstehen, seinen Standpunkt einnehmen, aus »vör-standan« wird »verstehen«. Es ist zunächst eine Aktivität des ganzen Leibes, die dann in den Kopf gerutscht ist und zu unserem heutigen »verstehen« geworden ist. Manchmal schwingt die alte Bedeutung noch mit: Aus dem »verstehen« kommt die Ver-ständigung, kommt der Ver-stand, kommt das Selbst-ver-ständliche. Ursprünglich sind hier immer auch die Füße beteiligt.

Nun ja, so etwas gehört bei uns eher in die beschaulichen Sprachecken, und da, wo Sprachkritik massenpublikums- und fernsehtauglich ist (z. B. bei Bastian Sick), sucht man es auch vergeblich. Die Aufwertung der Füße in Zusammenhang mit geistigen Dimensionen bekommt schnell etwas Absonderliches, etwas Nietzscheanisch-Verrücktes (dazu gleich mehr) oder den Geruch von Fetischisierung. Nachdenken über das immer wieder aufflackernde Fußballfieber und Einsichten aus der Fußreflexzonenmassage bis hin zu Kultfilmen wie »Dirty Dancing«, »Rhythm is it« und dem »Pilger-Pop-Bestseller« »Ich bin dann mal weg« (Hape Kerkeling) haben daran grundsätzlich nicht viel geändert.

Im Folgenden kommt es mir aber gerade auf die Klärung des Zusammenhangs von Füßen bzw. dem aufrechten Gehen mit der geistig-sprachlichen Dimension an. Und zwar da, wo es dichterisch-philosophische Vision bzw. peripatetisches Manifest wie bei J. Gottfried Seume und Friedrich Nietzsche ist, aber auch da, wo es bereits Teil einer ausgearbeiteten Bewegungslehre wie bei Moshé Feldenkrais und Peter Greb ist und auch da, wo die Aufmerksamkeit für das Gehen zu meditativer Selbsterkenntnis führt wie bei dem buddhistischen Lehrer Thich Nhat Hanh. Dies sind nur wenige und ausgewählte Beispiele, die aber m. E. ausreichen, um Einsicht in den anvisierten Zusammenhang zu bekommen.

Das Kind arbeitet sich mit spielerischer Energie und mutiger Neugier in die Sprache hinein ... in die plastischen Bildebewegungen für jeden einzelnen Laut und die dazugehörigen muskulären Aktivitäten und psychischen Empfindungen. Es bewegt sich nach und nach weiter zur Formierung von Lautfolgen durch Intonation und Rhythmus, um dann schließlich nach und nach, nach vielen kurvigen Suchbewegungen bei den Bedeutungen und Begriffen, bei den ganzen Wörtern und schließlich Sätzen anzukommen.

Erst in der Pubertät ist dieser Prozess ganz abgeschlossen. Die Wörter sind in den Kopf gerutscht. Der körperliche Vollzug von Sprache tritt in den Hintergrund. Viele der oft unterschiedlichen und teilweise anstrengenden Teilaktivitäten, die zur Sprache hinführten, werden zurückgelassen und nicht mehr beachtet.

Der Sprachgebrauch automatisiert sich, was bei Erwachsenen ganz selbstverständlich ist. Leibliches, Seelisches und Geistiges schieben sich untrennbar ineinander. Die vorherigen Stufen versinken so gründlich, dass sie vollkommen ignoriert werden. Dennoch sagt man zu Unrecht, der Sprechvorgang bestehe hauptsächlich aus der Übermittlung von Informationen. Als Gegenkonzept wurde im ersten Kapitel dieses Buches Sprache als Bewegungsphänomen ausgewiesen und der Begriff des »kommunikativen Tanzes« entwickelt.

Tanz hat bekanntlich etwas mit den Füßen zu tun. Und in der Tat können wir in der Entwicklung der Aufrichtung und des aufrechten Gehens etwas Ähnliches beobachten wie bei den eben geschilderten Sprachaneignungsprozessen. Auch das Gehenlernen erfordert zunächst die ganze Aufmerksamkeit des Kindes: auf das langsame Herantasten ans Gleichgewicht, das Ausbalancieren des Körpers in unterschiedlichen Bewegungsvollzügen samt neuen Wahrnehmungsmöglichkeiten und Einsichten durch die friedliche Eroberung des Raumes bzw. der freundlichen Weiten. Es ist wie das Neugeborenwerden der Psyche in einer ur- und mitmenschlichen Bewegungsform – ein motorisches Erleuchtungserlebnis, das das ganze Kind erfüllt und schließlich glücklich sein lässt. Erinnern wir uns:

»Hänschen klein ging allein
in die weite Welt hinein ...«

»Caminante, no hay camino
se hace camino al andar.
Wanderer, es gibt keinen Weg.
Der Weg entsteht durch Gehen.«
Antonio Machado

»Unsere Kinder gehen nicht mehr.«
Yvonne M., Erzieherin

»›Auto‹ war sein erstes Wort!«
Eltern eines dreijährigen Sohnes

Von der Mutter weggehen und wieder zu ihr hingehen ...
Einmal in die weite Welt und zurück ...
Etwas Neues wird wach.
Auf der sicheren Erde stehen
und dann den Fuß von der Erde erheben ...
Etwas Neues wird wach.
Und dabei immer
das Gleichgewicht halten.
Neues erfordert Aufmerksamkeit.
Noch wackelt alles
und kommt schnell zur Erde zurück ...
Gleich wieder aufsteh'n ...
sich eilig von Halte- zu Haltepunkt hangeln ...
Unsichere Zwischenräume durchqueren ...
Wer sich festhält,
kommt nie in die weite Welt ...
Und so ... nach und nach vor und vor
sprechen die Füße in frohen Schritten
und künden dem Herz
von den freundlichen Weiten,
die sich mit Lust
genießen lassen ...

Weil das aufrechte Gehen aber bei Erwachsenen ganz alltäglich, normal und nicht der Rede wert ist, verblassen diese Empfindungen und die Freude an den neuen Möglichkeiten und Einsichten schnell.

5.6 Moshé Feldenkrais und die Herleitung vom heiseren Lehrer

Moshé Feldenkrais, israelischer Atomphysiker und nach Krankheit und außergewöhnlicher Heilung einer der großen Bewegungslehrer mit internationaler Bedeutung ist für seine besondere Herangehensweise an Bewegungsprobleme bekannt. Er knüpft an kleinen alltäglichen Bewegungen an, verlangsamt diese, geht in die Tiefe des Bewegungsbewusstseins, bis die betreffende Bewegung leicht und fließend wird. Und geht dann zu einem benachbarten Bewegungsbereich über.

Auf diese Weise kommt der ganze Mensch zu einem aufgefrischten, leicht fließenden Bewegungsbewusstsein. Ein solcher Mensch geht anders als vorher. Und es geht ihm besser. Das sieht man deutlich an seinem Gang, an seinem Gehen. Die Frage: Wie geht's?, beantwortet er jetzt nicht aus der oberflächlichen Allgemeinheit seiner Lebensumstände, sondern aus seinem neu erwachten Bewegungsbewusstsein und seinen psychischen Folgen heraus. Wie das konkret aussieht, möchte ich nun an einem Beispiel von Feldenkrais zeigen. Ich nenne es »Die Herleitung vom heiseren Lehrer« und bringe auch eigene Beobachtungen und Assoziationen ein: Ein Lehrer muss viel sprechen. Das gehört zum Beruf. Er tut es gern und viel. Es stabilisiert seine berufliche Identität. Manchmal ist es zu viel. Seine Frau redet dann ironisch von einer »Logorrhoe«.
Wilhelm Busch hat die Redelust in den folgenden Reimen beschrieben:

> »Das Reden tut dem Menschen gut,
> wenn er es nämlich selber tut ...
> Die Segelflotte der Gedanken,
> wie fröhlich fährt sie durch die Schranken
> der aufgesperrten Mundesschleuse
> auf guten Winden auf die Reise
> und segelt auf des Schalles Wellen
> zu den bekannten offnen Stellen
> am Kopfe in des Ohres Hafen
> zu Menschen, die mitunter schlafen ...«
>
> Wilhelm Busch

Wenn man um die Aufmerksamkeit der Schüler kämpfen muss, kann Reden anstrengend werden. Es ist immer wieder anstrengend, und das schlägt dem Lehrer schließlich auf die Stimme. Seine Heiserkeit nimmt zu. Die Ausdrucksfähigkeit seiner Stimme wird immer mehr eingeschränkt. Schließlich bleibt die Stimme zeitweise ganz weg. Ein Schock für unseren Lehrer. Er kommt sich vor wie ein Beinamputierter. Erst jetzt merkt er so richtig, wie sehr er auf die Funktionsfähigkeit seiner Stimme angewiesen ist. Die Stimme war doch sonst ganz selbstverständlich da, und jetzt ist sie einfach weg oder kränkelt vor sich hin. Also muss etwas geschehen. Er holt sich Hilfe, wird beraten, und die Hilfe sähe nach der Feldenkraismethode dann so aus:

Er muss den Redevorgang verlangsamen, d. h., ihn in seinen einzelnen Phasen der Beobachtung zugänglich machen. Er fängt mit der Atmung an. Er muss sich fragen, wo er in seiner Atmung und in seiner Kehle unnütze Kraft aufwendet, die zwangsläufig zu Anstrengung führt. Wenn er da angekommen ist, wird er schon merken, dass das Sprechen wieder leichter fällt. Aber die Feinfühligkeit für diese Bereiche des

Sprechvorgangs wird ihm auch erstaunlicherweise zeigen, dass z. B. seine Zungen- und Gesichtsmuskeln unnötige Arbeit geleistet haben, was ebenfalls zu seiner Heiserkeit beigetragen hat.

Jetzt kommt es darauf an, diese Einsichten auch praktisch zu stabilisieren, zu üben, um schließlich die Zungen- und Kiefermuskeln mühelos zu gebrauchen, und diese sensible Leichtigkeit macht es ihm möglich, auf etwas Naheliegendes zu schauen. Er wird nämlich beobachten können, dass er zum Sprechen nicht den vorderen Teil des Mundes benutzt hat, sondern Kehle und Rachen.

Wer aus dem hinteren Teil des Mundraumes heraus spricht, benötigt größeren Luftdruck, um seine Stimme durch den Mundraum zu bewegen bzw. zu pressen. Er muss also mehr Kraft in den Atem investieren. Lernt er demnach, auch den vorderen Teil des Mundes zum Sprechen zu gebrauchen, so wird ihm jetzt das Sprechen noch viel leichter fallen, und er wird – falls er seine Aufmerksamkeit beibehält bemerken, dass seine Brustmuskulatur und das Zwerchfell viel leichter und unaufwendiger arbeiten als vorher.

Aber was war es, was vorher seine Brustmuskulatur, das Zwerchfell und die Inanspruchnahme des vorderen Mundraumes behinderte? Er weiß jetzt, dass all diese Bereiche zum leichteren Sprechen beitragen. Vorher war in all diesen Bereichen eine Spannung bzw. eine Überspannung da, die schließlich zu der Heiserkeit führte. Und worauf war das zurückzuführen? Auf eine ständige Spannung der Nackenmuskulatur. Und diese Spannung bewirkt, dass Kopf und Kinn nach vorne geschoben werden. Das heißt, der Kopf verlässt seine natürliche Position im menschlichen Körper. Gemäß seiner besonderen Funktion, das Zentrum sowohl von Sinneswahrnehmung als auch Gehirntätigkeit zu sein, macht er sich selbstständig. Er wird nach vorne geschoben. Damit wird der Kopf schwer. Der Mensch wird kopflastig. Nicht nur bei Geistesarbeitern, sondern auch bei denen, die z. B. in der Politik mit ihren Gedanken, mit ihrem Kopf vorneweg sind, ein weitverbreitetes Phänomen, was in jedem Falle eine chronische Anspannung der Nackenmuskulatur erzeugt. Deshalb die Anweisung, z. B. in der taoistischen Körperarbeit, den Kopf so zu positionieren, als wäre er in der Mitte an einem unsichtbaren Faden aufgehängt. Die Lösung der Spannung im Nacken wirkt sich also sehr förderlich auf die Arbeit der Sprechorgane aus.

Das Vorstrecken des Kopfes, die Kopflastigkeit samt der Verspannung der Nackenmuskulatur gehen aus der ganzen Persönlichkeit des Menschen hervor, aus seinen Wertvorstellungen, aus der Art und Weise, wie er (kopflastig) mit anderen kommuniziert und schließlich sein Denken so praktiziert, dass nur noch wenig Verbindung zu seinen Empfindungen und zu körperlichem Bewusstsein vorhanden ist. Das heißt, die Verspannung im Nacken hängt wiederum mit der Gesamtbeweglichkeit seines Körpers zusammen, mit der Art und Weise, wie er sich bewegt, wie er steht, wie er liegt, wie er sitzt, und vor allem, wie er geht. Feldenkrais sagt, dass das Skelett gegen das Schwerefeld zweckmäßig organisiert sein muss. Durch die Neuausrichtung der Skelettmuskulatur bewegt sich der Körper anders, wird die Atmung verbessert.

Alles läuft auf eine Einsicht hinaus, die wir schon im ersten Kapitel dieses Buches kennengelernt haben, dass nämlich am richtigen Sprechen der ganze Mensch beteiligt ist und Deformationen des Sprechens auf Überanstrengung bzw. Abspaltung und Stilllegung bestimmter Bewegungsbereiche beruhen.

Doch für den ehemals heiseren Lehrer ist die Reihe der Entdeckungen damit noch nicht zu Ende. Die Leichtigkeit des Sprechens wird sich allmählich auch im Musikalischen, im Singen auswirken. Seine Stimme – vielleicht vorher auf den Umfang einer Oktave beschränkt – wird plötzlich höhere und tiefere Bereiche entdecken und sich in diesen freudig neugierig und bald auch immer natürlicher bewegen. Er wird an seiner Stimme neue Qualitäten entdecken und merken, wie ihm das innerlich guttut und er damit auch der Welt eine Resonanz gibt, die er vorher an ihr so nicht wahrgenommen hat. Sei es als Resonanz auf den Zauber anderer Stimmen, sei es auf die Töne und Geräusche von Wasser und Wind, auf die Lieder der Vögel und sogar auf die Himmelsmusik, die Kunde von den gewaltigen Gesängen der Sonne, der Planeten und der Sterne. Kurz und gut: Er wird entdecken, dass er authentischer sprechen und sogar auf ganz natürliche Weise singen kann und dass ihm das alles wiederum Dimensionen eröffnet, von denen er vorher nicht einmal geträumt hat.

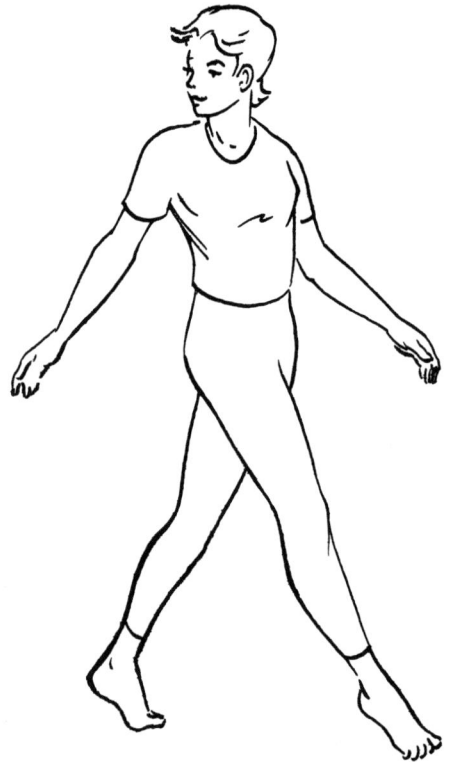

Abb. 53 Gehen

5.7 Peter Greb und der Ballengang

Peter Greb war zunächst Arzt in Hamburg und entdeckte die Bedeutung des Gehens auf seine Weise. Bei seiner Arbeit hatte er es immer wieder mit den Verspannungen der Patienten zu tun. Insbesondere im Rückenbereich, in dem für viele die Schmerzen oft unerträglich waren. Rückenschmerzen haben es in sich; was in bzw. hinter unserem Rücken geschieht, macht uns eher Angst als das, was wir sehen können. Peter Greb ließ seine Rückenpatienten im Raum auf und ab gehen, folgte ihnen und befühlte dabei mit seinen Händen ihre Rückenmuskulatur. Was er dabei an sich selbst bemerkte, war, dass er seine Gangart wechselte. Er setzte zuerst – wie beim Schleichen, beim Rückwärtsgehen und beim Treppensteigen auch – mit dem Ballen zuerst auf und rollte dann nach hinten mit der Ferse ab. Das tat er zuerst fast automatisch. Es machte ihn insgesamt sensibler. Auch in den Händen. Andererseits bemerkte er bei seinen Rückenpatienten, dass diese häufig im Fesselgelenk besonders verspannte Fersengänger waren. Seiner Beobachtung nach schaffte der scheinbar menschheitlich vorgegebene Fersengang – der allerdings durch sanftes Abrollen gemildert werden kann – keine guten Voraussetzungen für ein reibungsloses Funktionieren der Rückenmuskulatur. Peter Greb begann, sich mit der Bedeutung des Gehens zu befassen. Er war von der Rückenverspannung direkt zum Gehen gekommen. Sein besonderer Ansatzpunkt war der unterschiedliche Einsatz von Ballen und Ferse.

Dore Jacobs, die große Bewegungslehrerin und Anregerin u. a. von Feldenkrais, hatte sich ebenfalls mit dem Gehen befasst und gesagt:

»Ein Bein, dessen Tastorgane die Berührung des Bodens nicht melden können, kann sich auf den Berührungsreiz hin nicht strecken und darum den Körper nicht tragen.«
(Jacobs 1983, S. 154)

Mehr oder weniger deutlich ausgeprägt hat dies jeder gespürt, dem schon einmal der Fuß eingeschlafen ist. Dore Jacobs sagt weiter:

»Unsere sensiblen Organe sind gesund, aber wir verstehen sie nicht zu gebrauchen. Weil wir den Boden, seinen Widerstand, seine Gestalt, seine Unebenheit nicht erleben, *darum können wir nicht gehen*. In der Auseinandersetzung mit den Reizen der Umwelt geht der moderne Mensch genau so weit, wie es der Bewegungszweck verlangt, aber nicht weiter.«
(Jacobs 1983, S. 154)

Ein solcher – in häufiger Eile irreversibel gewordener – Fersengang bewirkt einen gestörten Kreislauf in Beinen und Beckenorganen und eher ein Auf-die-Ferse-Fallen als eine beschwingte Gehbewegung. Es kommt zu dem, was man den »Hackengang« nennen kann, der außerdem von Kindesbeinen an durch die traditionelle Beschuhung und die entsprechenden Absätze noch verstärkt wird.

Im Ballengang entwickelt sich eine andere, sensiblere Fußgebärde. Wenn wir mit dem Fuß greifen oder fühlen wollen, tun wir das mit den Zehen und mit dem Ballen. Außerdem sprechen die jeweiligen Fußreflexzonen eine deutliche Sprache. Im Ballen sind die Fußreflexzonen für die rhythmischen Organe, für Herz und Lunge z. B., in der Ferse dagegen die Fußreflexzonen für den Unterleib, für die Geschlechts- bzw. Liebesorgane. Stößt man mit der Ferse hart auf, tut man seinem Unterleib nichts Gutes. Er wird durch unsensible Stöße von unten irritiert und aktiviert. In der Ferse äußert sich der noch dumpfe Wille, der z. B. durch das Aufstampfen der Stiefel für die jeweiligen militärischen Zwecke verstärkt werden soll. Anders dagegen das in Ballen- und Fersenbetonung ausgeglichene Aufstampfen der nackten Füße bei den Tanzritualen in Afrika und bei den anderen alten Völkern. Hier wird die Erde nicht getreten, sondern sie schwingt mit. Sie wird durch die Füße kontaktiert. Ihre Energien werden durch den Tanzenden von unten aufgenommen. Ein Moment, das auch in unserer Bewegungskultur – gerade auch in Hinsicht auf die Bewegungsbedürfnisse von Jungen – unbedingt berücksichtigt werden muss.

Der Ballengang äußert sich in einer anderen Fußgebärde als der Fersengang. Mit der Ferse stoßen und treten wir eher die Erde. Beim Ballengang grüßen und fühlen wir sie. Und wir haben auch alle noch ein Gespür für den Ballengang, obwohl wir zu fast 100 Prozent »normal« im Fersengang laufen. Wie gesagt, beim Rückwärtsgehen, beim Schleichen, beim fußneugierigen Dahinschreiten und insbesondere beim Treppensteigen praktizieren wir ganz automatisch den Ballengang. Therapeuten verordnen ihren Klienten manchmal Treppensteigen. Sie wissen, warum. Der Körper wird auf sanfte Weise von unten aktiviert. Bei der vorherrschenden Kopflastigkeit kann allein das schon körperliche und dann auch psychische Harmonie erzeugen. Der Mensch kann wieder heil und ganz werden und sich verbunden fühlen. Die weitläufigen Treppenanlagen vor manchen Kirchen (z. B. in Rom, in Erfurt, in Schwäbisch Hall) sind sicherlich auch im alten Wissen um diese Thematik gebaut worden.

Peter Greb hat die Propagierung des Ballengangs zu seinem Lebenswerk gemacht. Er gibt dazu Kurse und Seminare, tritt im Fernsehen und bei Kongressen auf und hat dazu ein Buch geschrieben: »Godo, mit dem Herzen gehen«, das auch schon in mehrere Sprachen übersetzt wurde. Wer anders geht als die erdrückende Mehrheit aller Menschen, wer also bewusst an der Befreiung seines Fesselgelenks und der Sensibilität seiner Füße gearbeitet hat, der ist ein Sonderling, und das war's dann. Dabei spricht der Begriff »Fesselgelenk« schon für sich. Wenn wir es auch nur etwas »entfesseln«, nähern wir uns schon dem Ballengang an.

Sicher könnten die frühen Menschen der aquatischen bzw. der amphibischen Phase hier auch ein Wort mitreden. Vielleicht haben der Ackerbau und die Inbesitznahme der Erde (man begann die Erde als sein Eigentum zu kennen; sie war nichts mehr, was man neugierig erkunden musste) den allgemeinen Übergang vom Ballen- zum Fersengang bewirkt. Der Heilpraktiker Max Schwarze sagt hierzu in Anlehung an die biblische Sichtweise:

»Mit dem Fersengang verlor der Mensch das Paradies,
d.h. die freie Beweglichkeit des Fußes.«

(Schwarze 1991, S. 10)

Peter Greb hat in seinen Überlegungen den menschlichen Gang mit der Psyche des Menschen und schließlich auch der Sprachtätigkeit, der Sprache in Verbindung gebracht: Gang und Sprechtätigkeit, aufrechtes Gehen und kommunikativer Tanz werden über dieselben Nervenbahnen gesteuert. Dies sind die Motoneuronen in den sogenannten Pyramidenbahnen. Sie leiten Bewegungsimpulse und Willensentscheidungen weiter, die sich dann in körperlichen und artikulatorischen Bewegungen realisieren. Erst so kann sich letztlich auf sprachlicher Ebene der Wortsinn, die praktische Bedeutung des jeweiligen Wortes, ergeben. Gehen, Sprechen und bewusste Atemkontrolle kommen hier zusammen. Und wir hatten diesen Zusammenhang schon in der feldenkraisschen Vorgehensweise erkennen können.

Die Pyramidenbahnen sind die längsten Nervenbahnen in unserem Körper. Sie sind – wie gesagt – nicht nur für die grobmotorischen, sondern auch für die feinmotorischen Finger- und Artikulationsbewegungen zuständig. Das heißt, durch die jeweilige Gangart können sie in ihrer Aktivität irritiert, aber auch harmonisiert und gefördert werden. Die Pyramidenbahnen sind wie die Saiten einer Gitarre, sagt Peter Greb, die durch die jeweilige Gangart harmonisch gestimmt, aber auch irritiert und verstimmt worden sein können (Greb 2001, S. 76).

Menschliches, aufrechtes Gehen kann auch Medium der Selbstvergewisserung, der Verbundenheit mit dem Leben, der Selbsterkenntnis sein. Es geht da zunächst um plötzliche Einsicht, um Verlangsamung und Bewusstwerdung: ein Beispiel von Milan Kundera:

»Ein Mann geht auf der Straße. Plötzlich will er sich etwas ins Gedächtnis rufen, doch die Erinnerung versagt. In diesem Moment verlangsamt er automatisch seine Schritte. Umgekehrt beschleunigt jemand, der versucht, einen gerade erlebten schmerzlichen Vorfall zu vergessen, unbewusst seine Gangart, als wollte er sich rasch von dem entfernen, was zeitlich noch nahe bei ihm liegt.«

(Kundera 1998, S. 40)

Aus diesem Beispiel zieht Kundera folgende Gleichung der existenziellen Mathematik:

»Der Grad der Geschwindigkeit verhält sich direkt proportional zur Intensität des Vergessens.«

(Kundera 1998, S. 40)

5.8 Geh-Experimente: La Gomera, Uni Gießen, Oldenburg und quer durch Deutschland

Auf der kanarischen Insel La Gomera hatte ich wieder zu wandern begonnen. In Deutschland tat ich das nur sehr sporadisch auf kürzeren Strecken rund um meinen Wohnort. Auf La Gomera war Wandern etwas ganz Besonderes, ein Wandern zwischen Strand und Hochgebirge. Unten Palmen, oben Pinien. Das war immer ein Abenteuer. Von Nietzsche kannte ich damals nicht viel mehr als dieses eine Zitat von den Gedanken in freier Bewegung, bei denen auch »die Muskeln ein Fest feiern«. Und das passte eigentlich gar nicht so sehr zu dem, was ich sonst so über Nietzsche gehört hatte, einen oft heftig kränkelnden, eher stubenhockenden Philosophen, der wirre Ideen vom Herrenmenschen in die Welt gesetzt hatte, die den Nazis gerade recht kamen, und der schließlich in geistiger Umnachtung endete. Aber dieses eine Zitat faszinierte und inspirierte mich trotzdem. Es passte genau zu dem, was ich auf La Gomera vorhatte. Das ist nun schon einige Zeit her (1996–2000). Einiges davon möchte ich hier trotzdem dokumentieren.

Gomera

13.10.1996
Was sagen meine Füße zu dieser Wanderung? Die große, neue Asphaltstraße, die schnurgerade zum Meer hinunterläuft, macht uns stumpfsinnig. Wenn wir nicht immer wieder Schwingungsimpulse bekommen, werden wir rammdösig, fangen an zu trotten und zu latschen. Ein Schritt ist wie der andere, ein Einheitstrott, der abstumpft, und das wirkt sich auch auf meine Gefühle und Gedanken aus.

Es ist schwierig, aber auch möglich, mit den Gedanken dagegen anzugehen. Ich fliehe vor dieser Art Gehen ins Denken. Aber richtig gut geht es mir dabei nicht. Am Schluss merke ich doch, dass ich ziemlich müde und abgestumpft bin.

Dann klettere ich über die wuchtigen Steine und vorsintflutlichen Felsbrocken am Meer entlang. Zuerst sagen meine Füße: Das machen wir nicht. Da ist ja weder ein Bürgersteig noch ein Fußweg. Aber dann werden sie doch neugierig.

Kein Schritt ist wie der andere, jeder will bedacht sein. Immer wieder muss ich mein Gleichgewicht aufgeben, mich fallen- und loslassen, um es dann wiederzugewinnen. Es ist, als müsste ich hier noch einmal neu gehen lernen. Meine ganze Aufmerksamkeit und Konzentration sind auf das Gehen und nichts anderes gerichtet. Nach und nach merke ich, wie trotz aller Schwierigkeit Schwingung in mein Gehen kommt. Meine Bewegungen werden tänzerischer, bekommen einen Rhythmus wie beim Sprechen unterschiedlicher Wörter. Die Füße unterhalten sich mit den Steinen, finden Schritte, die der jeweiligen Gestalt der Steine entsprechen, und meine Stimme meldet sich auch schon, ich rhythmisiere und töne mit, und es entstehen unterschiedliche Klanggestalten, je nachdem, was die Füße gerade erleben und wem sie begegnen. Aus diesem rhythmischen Singsang heraus könnte ich gut einen Namen für jeden einzelnen Stein finden.

Hätte ich den Kopf allerdings voller Gedanken, käme ich erstens nicht ins spielerische Singen und könnte zweitens *diesen* Weg gar nicht gehen. Und hinterher fühle ich mich erfrischt und gar nicht müde. Ich habe mir Zeit genommen und die Füße bestimmen lassen. Hätte ich sie über die Steine gehetzt, um schnell irgendwo anzukommen, hätten sie mich wahrscheinlich ausgeschimpft wegen einer solchen fußfeindlichen Kraxelei.

Überhaupt merke ich, dass das Gehen meinen ganzen Körper rhythmisiert und dass es mir gut geht, wenn mir das Gehen ganz bewusst Spaß macht, wenn ich seine unterschiedlichen Schwingungsbereiche auskoste.

10.3.1998

Der Pfad klettert in eine Felswand hinein, die ist so steil, dass es kaum zu glauben ist, dass es der Pfad schafft und dass wir Menschlein da lebendig raufkommen. Aber viele Gomeros mit ihren Ziegen und Eseln, manchmal sogar Kühen, sind ihn vor uns gegangen. Am Anfang kann man nur hoffen, dass der Weg nicht plötzlich endet! Denn mit eigenen Augen kann man es nicht sehen, wie sich der Weg oben weiterschlängelt. Ein Weg zum bedächtigen Steigen, keine Rennstrecke.

Das Gehen versorgt das Denken mit einem lebendigen Grundrhythmus. Beide Füße und Arme, beide Augen und Ohren, beide Nasenlöcher und Hirnhälften sind beteiligt, machen es in ihrer Bewegungs- und Wahrnehmungs- und Gedankentätigkeit nicht schwer, ganz in der Gegenwart zu sein. Aber jeder Rhythmus will einmal auch Melodie werden. Und da tauchen dann auch Dinge aus der Ferne – oft Kindheits- und Spaziergangs- und Wandererinnerungen – auf.

Der Kopf ist beim Gehen, beim Wahrnehmen und Gegenwärtigsein frei geworden. Häusliche und andere sonst so dringliche Probleme aus dem sesshaften Alltag bleiben zurück, und deshalb können sich im frei gewordenen Kopf die Gedanken Schwalbenflüge in die Kindheit und in andere vergangene Zeiten leisten, bevor sie wieder zum Gehen zurückkehren. Und durch diese Schwalbenflüge wird der Weg mit seinen unterschiedlichen Wegstrecken, seinen Unübersichtlichkeiten und plötzlichen Wandlungen, seinen anstrengenden Kletterphasen und Strecken, auf dem die Steigung weg ist und die Schritte etwas leichtfüßig Schwebendes bekommen, als ein Stück des eigenen Lebensweges, als menschlicher Lebensweg sichtbar. In der Gehphilosophie wird das Gehen dieses Weges zum Sinnbild für den Lebensweg, für das, was das Leben überhaupt ist. Ich komme aus meiner Vergangenheit und gehe in meine Zukunft. Ich lasse meine Vergangenheit unsichtbar zurück und schaue mit den Augen ins Zukünftige, das meine gehenden Füße dann wieder zur Gegenwart machen. Beide Wahrnehmungen gehen ineinander über.

Nicht in Gedanken versunken, sondern im Fuß- und Gedankenrhythmus spielerisch bedächtig gehe ich meinen Weg. In solchen Momenten kann mir die Bedeutung des Satzes »Der Weg ist das Ziel« auf besondere Weise eingängig werden. Anders als im Unterwegssein kann ich ihn gar nicht ganz verstehen. Gehphilosophie ist nur im Gehen möglich. Und wenn ich hier darüber schreibe, so ist's nur ein unbeholfener Hinweis auf das, was sich da wirklich in Kopf und Füßen abspielt.

Quer durch Deutschland

2002, in Zusammenhang mit meinem 60. Geburtstag, habe ich mich dann gefragt, warum ich eigentlich so etwas nicht auch in Deutschland mache, und bin dann zu einem geherischen Großexperiment aufgebrochen, ca. 900 km durch Deutschland.

Von Salzböden, meinem Wohnort in Mittelhessen, zur Heimat meines Großvaters am Kyffhäuser in Thüringen, weiter zu meinem Geburtsort, nach Stendal, und schließlich über Berlin durch Mecklenburg-Vorpommern bis nach Rügen. Es war eine Wanderung in die eigene Familiengeschichte, auf der die Füße erfuhren, dass Wandern auch hartes Handwerk bzw. Fuß-Werk sein kann. Gerade dann, wenn Asphaltstraßen unvermeidlich wurden, Bauernschnellwege nur in betonierter Form zur Verfügung standen und von Holzfahrzeugen aufgewühlte »Waldwege« nicht gerade wandererfreundlich durch den Wald liefen. Ich kam durch Gegenden, in denen weit und breit kein einziger Fußgänger und erst recht kein Wanderer zu sehen war und die einzigen Menschen hoch oben in monströsen Mähdreschern hockten, die über scheinbar endlose Ackerflächen ratterten. Ich erfuhr, dass Wandern und Zufußgehen in weiten Teilen Deutschlands absolut out sind, wurde aber in landschaftlich schönen Gegenden Mecklenburgs von Hunderten Radfahrern überholt und fantasierte in meiner Wandereinsamkeit manchmal die Wanderburschen, fahrenden Spielleute, Wandervögel und sonstige

> »Fahrende« herbei, die ich mir auf manchen, von langen Pflaumen- und Apfelbaumreihen gesäumten alten Wegen sehr gut vorstellen konnte. Natürlich gibt es dann auch wieder Wandereldorados wie z. B. am thüringischen Rennsteig, wo die Wanderer fast im Gänsemarsch unterwegs waren ...

Das letzte eigene Gehexperiment, von dem ich berichten möchte, vollzog sich in einem Hörsaal der Universität Gießen. Also in einem entsprechend kleineren Radius. Zunächst eine Vorbemerkung.

Es gibt einen Briefwechsel zwischen Voltaire und seinem Landsmann Jean-Jacques Rousseau. Rousseau hatte Voltaire gerade seine neueste Schrift zugesandt, und dieser antwortet nun u. a. mit folgenden Sätzen:

> »Man bekommt Lust, auf allen vieren zu gehen,
> wenn man Ihr Werk liest.
> Da ich jedoch seit mehr als sechzig Jahren
> diese Gewohnheit abgestreift habe,
> fühle ich unglücklicherweise,
> dass es mir unmöglich ist, sie wieder aufzunehmen.
> Ich überlasse den natürlichen Gang lieber denen,
> die seiner würdiger sind als Sie und ich.«
>
> (Voltaire, zit. n. Herwig 2007, S. 208)

Voltaire war ein Spötter. Rousseau hatte ihm bestimmt nicht die Rückkehr zum Gang auf vier Beinen vorgeschlagen. Aber Rousseaus Anliegen »Retour à la nature« kam bei Voltaire genau so an. Er wollte es nicht anders verstehen. Wie kann ein aufgeklärter Mensch so kindisch sein und in ein längst überwundenes Stadium zurückwollen? Und welche Autoritätsverlust ist damit verbunden, wenn man so etwas als erwachsener Mensch tut? Aber gerade diese Fragestellung reizte mich, und nach und nach entstand die Vorstellung von einem neuen Experiment.

Uni Gießen: Auf allen vieren in den Hörsaal

Also – ich wollte Folgendes herausbekommen: Welche Situation entsteht, wenn der Herr Professor auf allen vieren in den Hörsaal kommt? Wie sieht es aus mit mir, mit meiner eigenen Be-sinnung in einer solchen Situation, wie empfinde ich aus dieser Perspektive die Körperhaltungen in meiner Umwelt, wie wirkt diese

Bewegungsart auf mein Auditorium? Wie wirkt sich das Experiment auf das Autoritätsgefälle Dozent und Student aus?

Zunächst einmal gab es bei mir Hemmungen und Angst. Und ich hatte die Vermutung, dass ich dabei etwas erfahre, was ich vorher noch nicht wusste. Würde man mich für verrückt halten? Würde ich das Experiment überhaupt durchstehen bzw. durchkrabbeln? Wie würden Kollegen reagieren, die mich so sehen?

Ich habe draußen im Flur begonnen. So weit vom Hörsaaleingang entfernt, dass auch Kollegen und andere Studenten mich sehen konnten. Zuerst habe ich ausprobiert, wie es ist, wenn ich einfach mit den Händen die Erde berühre und mich abstütze. Eigenartig, da ging eine Bewegung durch meinen Körper, die mir die Angst nahm. So, als wollte mir die Erde sagen: Es ist doch gar nicht so schlimm, wenn du dich mir ein wenig zuwendest! Du kannst mir vertrauen. So lief ich denn auf allen vieren los. Natürlich war ich – gerade in der Universität, im Kindergarten sieht's ja noch anders aus – der Einzige, der sich so bewegte. Komisch, plötzlich kam ich mir ganz normal vor und sah meine Mitmenschen mit einigem Erstaunen an, die da hoch aufgerichtet herumliefen, so, als wäre das etwas ganz Selbstverständliches. Die sind eingebildet und merken es kaum, tragen ihren Kopf ganz schön hoch. Jeder auf seine Weise.

Als ich mich zunächst probeweise mit den Händen auf den Boden stützte, kam von der Erde Vertrauen zu mir hoch: Was konnte mir schon passieren? Also krabbelte ich los. Mein Blick war eingeschränkt, meine Nase außergewöhnlich aktiv. Ich konnte mich sogar einigermaßen geschmeidig bewegen. Das erhöhte mein Vertrauen. Ich bemerkte – fast so, als würde ich es zum ersten Mal sehen –, dass alle anderen in den unterschiedlichsten Formen von Aufrichtung herumlaufen, ohne dass sie es groß merken. Im Hörsaal umrundete ich gemächlich das Studentenauditorium, bewegte mich nach vorne zum Podest, richtete mich langsam auf und begann zu reden. Meine Gesten und Gebärden wirkten auf mich frisch und natürlich.

Die Reaktion der Studenten war unterschiedlich. Einige hatten erschreckt weggesehen, einige schauten verunsichert meinem Treiben zu, einige beobachteten mich gelassen, sagten mir dann auch im Gespräch, ich wollte wohl ausprobieren, wie sich so etwas auf den Kontakt zu ihnen auswirkte, auf das Autoritätsgefälle. Eine Studentin bemerkte, das sei ja vielleicht eine Yogaübung für bessere Atmung und Rhetorik. Ich konnte meine experimentellen Krabbelerfahrungen – wie sich dann herausstellte – gut mit dem Thema »Sprache und Bewegung« verbinden, denn ich redete im Folgenden über Aufrichtung, Freiwerden der Hände und die Entwicklung der Lautsprache beim Menschen.

Im Rahmen meiner Seminare und Vorlesungen habe ich dann mit kleineren und größeren Studentengruppen (15 – 100 Personen) ebenfalls Gehexperimente gemacht. Eines davon war der sogenannte »Zeitlupenspaziergang«. Es wurde eine bestimmte Zeit festgesetzt, meist 5 – 10 Minuten, in den sich die

Studenten so langsam wie möglich gehend vorwärtsbewegen sollten. Und hinterher sollten sie über ihre Erfahrungen berichten. Hier ein Ausschnitt aus diesen Berichten.

Ein Student: »3. Minute: Jeder einzelne Schritt schmerzt ein wenig. Man schaut auf die Füße, bedächtig. Ich gehe. Gehen ist etwas Tolles. Ich bin froh, so langsam zu gehen, so intensiv. 4. Minute: Gehen: eine Sensation. Man kann alles Mögliche ausprobieren: die Füße direkt hintereinandersetzen, rückwärts gehen, seitlich gehen, ja, fast sogar künstlerisch. 5. Minute: Silke und ich gehen aufeinander zu. Langsam, Schritt für Schritt, Bewegung für Bewegung kommen sich die Füße näher. Am Ende will ich gar nicht mehr so schnell gehen wie anfangs. Man erlebt jeden Schritt, toll!«

Eine Studentin: »Ich fühle mich wie ein kleines Kind, das laufen lernt. Genauso unbeholfen, genauso tapsig. Beim schnellen Gehen ist es nicht schwierig, die Spur zu halten, denn es ist wie ein mechanisches Fuß-vor-Fuß-Setzen. Nun aber gehe ich in einem ungewohnten, ungleichmäßigen Rhythmus, den mein Körper erst kennenlernen muss. Ich spüre, wie meine Fersen die Schritte auffangen, wie ich mich über die Ballen und Zehen abdrücke und dabei die Beinmuskeln anspanne. Nun habe ich Zeit, den Boden unter den Füßen wahrzunehmen: Mal sind es kleine, feste Steinchen, mal ist es Gras. Und dabei entstehen die verschiedensten Geräusche, wie Knirschen oder Rascheln. Ich höre und sehe aber nicht nur auf meine Füße, auch die unmittelbare Natur mit ihren vielfältigen Erscheinungen kann ich in Ruhe betrachten und entdecken, und es kommt schon vor, dass mir das Brummen einer Fliege ziemlich laut vorkommt ...«

Was mir dabei als Seminarleiter auffiel, war, dass die Studenten auch in großen lebhaften Gruppen durch diese Übung wie von selbst in ein andächtiges Schweigen kamen. Aufmerksamkeit und Ruhe wurden nicht gefordert. Sie kamen ganz automatisch durch die Besinnung auf die ungewohnte Fortbewegungsart und die damit verbundenen Bewusstseinszustände in die Stille. Es entstand so etwas wie ein meditatives Gehen, obwohl davon überhaupt nicht die Rede war.

Was mir weiterhin auffiel, war, dass sich die Redeweise der Studenten in Zusammenhang mit den Gehexperimenten änderte. Hier wurde nicht über Wissensbestände, über Literatur und Sekundärliteratur, also über Theorien, Gedanken und Erfahrungen von Wissensautoritäten gesprochen. Jeder Teilnehmer war seine eigene Autorität, machte körperliche und geistige Erfahrungen, die in sich ihren Wert hatten und dann ent-sprechend in Sprache für sich und andere umgesetzt werden konnten. Die Konzentration auf Fußerfahrungen und die damit verbundenen Wahrnehmungen und Bewusstseinszustände lassen so schnell keinen abstrakten und bloß theoretisierenden Sprachgebrauch, keine Kopflastigkeit aufkommen, und das ist bei dem heutigen Quantum und Ausmaß von Wissen und Theorie, die die Köpfe der Studenten füllen (sollen), schon ein

> praktikabler Akzent für eine alternative Möglichkeit akademischen Arbeitens. Freilich ist es nur eine von vielen anderen Möglichkeiten, über das Verhältnis von Gehen und Sprache ins Gespräch zu kommen und daraus auch praktische Konsequenzen zu ziehen.

Das nächste Beispiel ist für den Sportunterricht in der Schule konzipiert, und es stammt von Jürgen Dieckert aus Oldenburg. Dieckert geht von spezifischen Wortschatzuntersuchungen der deutschen Sprache aus. Es gibt ca. 160 »reine« Verben der Bewegung, die sich durch die Präfixe und andere Arten der Zusammensetzung sowie durch Substantivierung u. a. schnell zu mehreren Tausend Bewegungswörtern erweitern, zu denen dann noch sprichwörtliche Ausdrücke und Redensarten kommen. Dieser reichhaltige Bewegungswortschatz hat für die allgemeine sprachliche Verständigung eine ganz besondere Funktion.

> »Wir könnten uns gar nicht unterhalten und verständigen ohne diesen aus der Konkretheit des Körpers und seiner Tätigkeiten stammenden Wortschatz. Unsere Sprache wäre arm und ohne Leben!«

(Dieckert 1998, S. 158)

Der Bewegungswortschatz ist also so etwas wie ein Vitalisierungsimpuls für den kommunikativen Tanz. In diesem Wortschatz sind über 200 Gehwörter und eine Fülle von Geh-Redewendungen enthalten. Ebenfalls eine große Vielfalt. Nun ist es jedem Menschen aber auch möglich, sich zusätzlich noch Gangarten auszudenken, die noch gar nicht sprachlich erfasst sind. Ein schlummernder Bewegungsschatz also, ein potenzieller Geh-Bewegungsreichtum. Und Dieckert fragt nun kritisch: Spielt dieser Geh-Bewegungsreichtum im Sportunterricht irgendeine Rolle? Und antwortet dann selbst:

> In unserer Sportfachsprache ist der mögliche Bewegungswortschatz zu technischen Termini »(...) verkümmert, verkümmert und nur noch existent in der Bezeichnung von idealtypischen oder genormten Bewegungen. ›Gehen‹ z. B. gibt es für Sportler nur in zwei Bewegungsformen: für den Leichtathleten als Schnellgehen mit der Auflage des durchgedrückten Knies und für Gymnastinnen als Schreiten, wobei zunächst der Ballen aufgesetzt wird, obwohl jeder normale Fußgänger den Fuß von der Hacke zum Ballen abrollen lässt.«

(Dieckert 1998, S. 159)

Ob er mit seiner Einschätzung des Schreitens richtig liegt, ist nach allem, was wir vom Ballengang gehört haben, natürlich die Frage. Nichtsdestotrotz treibt er sein Unterrichtsprojekt aufgrund der von ihm dargestellten Problemlage in zwei Richtungen voran. Es geht gegen das normierte und reduzierte Gehen im Sportunterricht hin zur Belebung der sportlichen Bewegungswelt im Sinne von Einfallsreichtum und Körperbewusstheit.

Das Projekt von Dieckert zeigt, was man aus der sprach- und bewegungsdidaktischen Besinnung auf das alltägliche Gehen und das in ihm schlummernde Sprach- und Bewegungspotenzial alles machen kann, und zwar unter dem Motto »Bewegung wird Sprache – Sprache wird Bewegung«. Das zeigt auch schon, dass das, was hier als Projekt des Sportunterrichts dargestellt wird, genauso gut in den Deutschunterricht gehört. Auch für den Deutschunterricht wurden schon Projekte und Methoden entwickelt, in denen das Gehen eine Rolle spielt. Nach allem, was wir bisher über Gehen und Sprache gehört haben, ist dies auch überfällig.

Kinder gehen

Kinder gehen
hin und her in ihrem eigenen Rhythmus.
Nein, kein Sport,
sondern auswendig lernen,
damit die Worte inwendig in Schwung kommen.

Kinder gehen zur Tafel
holen sich ein Wort
setzen sich wieder
und wissen das Wort.

Kinder gehen rückwärts
bis sie gut rückwärts gehen können.
Was passiert beim Rückwärtsgehen?
Was verschwindet?
Was wird weniger und wie viel?
Später in Mathematik heißt das
Subtraktion ...

5.9 Wie blinde Füße lesen lernen

Die Geschichte von Gerda und Gabi beschreibt die Psychologin Gerda Verden-Zöller (Verden-Zöller 1993): Eine junge Frau hat viel gelernt. Auf der Universität. Die ganze Kinder- und Entwicklungspsychologie rauf und runter. Sie glaubt, genau zu wissen, in welchen Entwicklungsschritten Sprache und Bewusstsein beim Kind entstehen. Sie weiß Bescheid und kann anderen davon erzählen, was Piaget, Wygotski, Spitz, Jakobson u. a. beobachtet und geschrieben haben. Beobachtungen an Kindern, Beispiele und Fälle liefern Beweismaterial für Theorien, mehr nicht. Doch als Frau setzt sie andere Schwerpunkte als die männlichen Wissenschaftler. Ihre Arbeit an einem Forschungsprojekt wird nicht weiter unterstützt und finanziert. Sie hat plötzlich sehr viel Zeit, sich umzuschauen.

In einem Krankenhaus begegnet Gerda einem siebenjährigen sehbehinderten Mädchen, das mehrere erfolglose Augenoperationen hinter sich hat und unter epileptischen Anfällen leidet. Gabi hat den Entwicklungsstand einer Zweijährigen: spricht stockend und abgehackt, kann weder lesen noch schreiben. Hüpfen, balancieren und rückwärts gehen – nicht daran zu denken. Gabi schließt sich eng an Gerda an. Es gibt in dem Krankenhaus einen ruhigen Raum, und Gerda hat Zeit. Gerda mag Gabi. Sie findet bei ihr Ausdrucks-, Rhythmus- und Lernfreude – fast einen Hunger. Bisher wurden eher die Behinderungen des Mädchens gesehen. Aus den zufälligen Treffen ist eine Begegnung geworden.

Die Begegnung ist zugleich eine Ent-täuschung. Gerda kann mit allem, was sie an der Universität gelernt hat, nicht viel anfangen. Die Theorie ist logisch. Aber sie hilft nicht. Die Enttäuschung, die sich nach und nach einstellt, ist heftig bzw. das, was man den »Praxisschock« nennt. Gerda bleibt nichts anderes übrig, als sich einfach nur auf das Mädchen einzulassen. Wissenschaft hat auch etwas mit Neugier zu tun. Sie macht also mit ihr eher unsinnige Dinge. Etwas, was erst einmal »nur« Spaß macht: körpernahe Balancierübungen. Gerda legt sich auf den Rücken und Gabi balanciert auf ihr herum. Berührungsängste verschwinden. Sie vertrauen sich. Dazu Singsang, Trällern und Lachen. Keine Angst davor, albern zu werden. Wie von selbst wirken Gleichgewichtssinn, Hören und Artikulationsfähigkeit aufeinander ein, fördern sich gegenseitig. Aus dem Praxisschock wird ein heilsamer Neuanfang.

Körpernahe Gleichgewichtsübungen bewirken ein differenzierteres Körpergefühl. Gabi nimmt Gestalt an. Oben – unten; vorn – hinten; Füße – Kopf – Bauch. Das neue Körpergefühl und Körperbewusstsein sind nicht abstrakt da, es wird immer wieder geklatscht und geträllert. Es entstehen Impulse für neue Bewegungen, für immer neue Versuche von Raumerkundung, von spielerischen Raumwegen. Das ganz normale Gehen wird wichtig. Und das alles wird rhythmisiert ... es entstehen kleine Lieder ... aus dem »Nichts«, fast nebenbei und doch mitten im Leben. Gabi macht Lieder in einer Manier, wie sie schon »Puh, der Bär« praktiziert hat:

- Lied vom Treppensteigen
- Lied vom Rückwärtsgehen
- Lied vom Hüpfen
- Lied von den Körperseiten
- Lied vom Hüpfen und Springen

Raumwege

> Die australischen Aborigines ergingen sich ihre Welt und ihr Bewusstsein. Gehen/ Gang und Sprache sind zwei Seiten einer Medaille. Die Pyramidenbahnen/Motoneuronen sind die längsten Nervenbahnen im menschlichen Körper. Die Bewegungsimpulse beim Gehen, die Atemkontrolle, semantisch-pragmatische Funktionen des Sprachgebrauchs, der Wortsinn, das alles läuft über die Pyramidenbahnen. Werden sie motorisch gestört, steht es auch mit der Sprache und dem Sprechen schlecht. Das Zusammenwirken der gesamtkörperlichen Bewegungen im Kleinen und Großen, innen und außen, bestimmt unser Denk- und Sprachvermögen.

Gabi findet Gefallen an spielerisch-rhythmischen Raumwegen. Es bilden sich Muster von Gangarten im Raum; eine Art Intelligenz der Füße, räumliche Intelligenz im Medium der gehenden Füße – geo-metrische Ahnungen. Als würden die Füße Elemente von großen Zeichen ahnen und ergehen.

»Blindsein« als Aus-gangs-zustand des Sehenkönnens; erst der ertastete und ergangene, dann der visuell wahrgenommene, der gesehene Raum. Gleichzeitig: Entwicklung der Vorstellungskraft. Virtuelle Bewegung ist die Grundlage der Fantasie. Gesteuerte Bewegung setzt vorgestellte Bewegung voraus. Ausgehend vom Achsenkreuz des eigenen Körpers baut sich Gabi das Orientierungsbewusstsein im Raum auf. Linien – Parallelen – Diagonalen – Kreise – Quadrate – Spiralen. Gerda singt und rhythmisiert Gabi ihre Körperkoordinaten. Das blind geborene, sehbehinderte Kind erkennt die Hauptkoordinaten. Das Erkennen der Vertikalachse, Weg von unten nach oben, ist die Konstante menschlicher Raumorientierung, ausgehend von den Phasen im Bewusstseinsprozess der Aufrichtung (Kopfheben, Kriechen, Krabbeln, Sitzen, Stehen, Gehen).

Von hier aus entstehen dann die Muster des Weges in und durch den Raum (Abb. 54–57).

Abb. 54 Welle

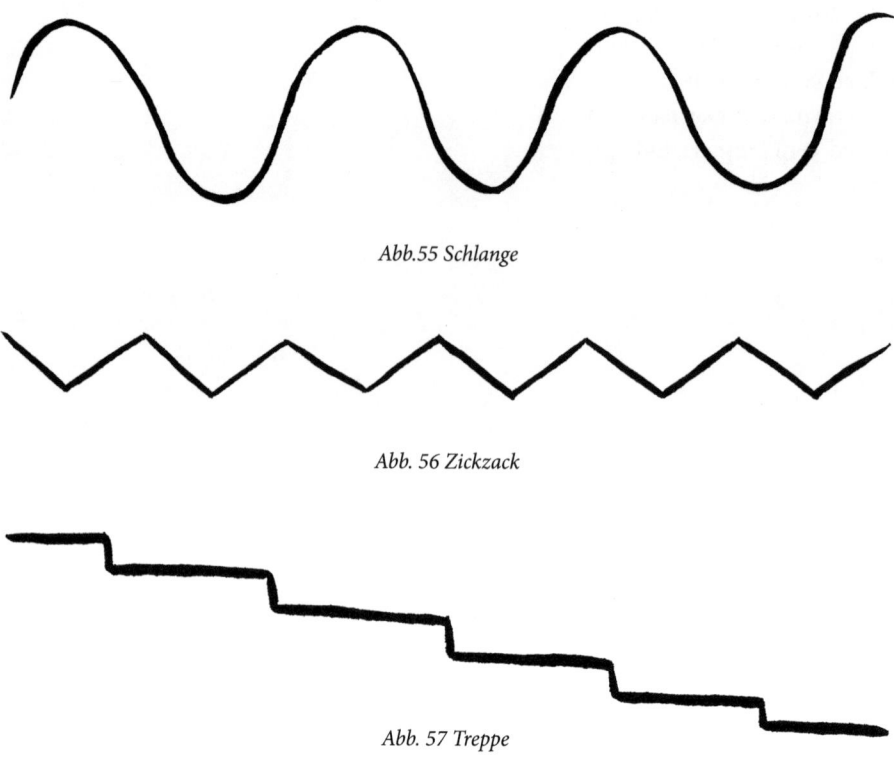

Abb.55 Schlange

Abb. 56 Zickzack

Abb. 57 Treppe

Aber: Gabi kann zuerst kein Männchen malen, keine Buchstaben nachvollziehen. Gabi hat Angst vor Buchstaben.

»Se hace camino al andar«, heißt es im Spanischen, der Weg entsteht durch Gehen. Gerda macht die Raumwege durch Klebeband deutlich, bringt alle Wegmuster in einem großen Elementarzeichen zusammen. Gabi lernt, die Wege der Füße auf Papier aufzuzeichnen. Sie entpuppen sich als Elementarzeichen, aus denen sich Buchstaben zusammensetzen. Die Intelligenz der Füße verbindet sich mit der Intelligenz der Hände. Die Hände machen aus den Raumwegen der Füße handliche Gestalten. Sprache nimmt Gestalt an. Alle unsere Buchstaben sind aus ursprünglich leiblichen Gestalten und Gestaltungen hervorgegangen. Der Grundzugang zum Schreiben und Lesen ist gefunden. Nach einem Jahr mit diesen Übungen kann Gabi schreiben und lesen.

Zuerst nur Praxis und Spiel. Und für die Erkenntnis eher ein Wirrwarr, ein großer Nebel, in dem jedoch Fähigkeiten von Gabi deutlich werden und sich Strategien entwickeln. Gabi muss alles nachholen. Langsamkeit und Geduld sind notwendig. Elementare Bewegungsabläufe müssen einzeln und in Einzelheiten extra geübt werden. Sie werden dadurch – anders als bei normalen Kindern – erst sichtbar, nehmen Kontur an. Bei normalen Kindern sind sie in den entsprechend langen Zeiträumen nicht zu erkennen.

Nachholen als »schnelle« Abfolge der Gestalten. Mit erstaunlicher Geschwindigkeit lässt Gabi Hindernisse hinter sich. Und dadurch steigen aus dem Nebel die Umrisslinien des versunkenen Kontinents früher menschlicher Erfahrungen als Basis für die Entwicklung des menschlichen Bewusstseins hervor. So etwas wie der »Urkontinent der Bildung des menschlichen Bewusstseins«, der Bildung von Geist und Sprache aus leiblichen Vollzügen. Stehen → Verstehen; Greifen → Begreifen; Gehen → Gedankengang/Denken. Ahnungen und Vorstellungen, wie wir sie bei der Betrachtung dieser Wörter und ihrer Praxisfelder schon immer hatten, werden im Miteinander von Gerda und Gabi offenkundig und konkret. Der unsichtbare Kontinent wird deutlich.

Geh-Dicht

Stehen ist der Anfang von Gehen.
Um zu gehen,
lässt man seinen Standpunkt
hinter sich
und geht ... los.
Aus dem Gehen
kommt man wieder ins Stehen.
Es sei denn,
dass man vorher fällt –
verflixte Welt.

Füße haben Sohlen,
haben Hacken,
haben Zehen.
Linkes Bein und rechtes Bein,
eine Erde, einen Weg –
Grund genug, zu gehen.

Beim Gehen spür ich, wie es geht
und sich sogar mein Bauch bewegt,
und wie ganz unbedingt
die Hüfte dazu schwingt.
Sogar die Schultern woll'n nicht ruh'n,
und auch die Arme woll'n was tun.

> Mein Fuß kann sich heben,
> mein Fuß kann schweben,
> mein Fuß kann sich drehen,
> da wackeln die Zehen.
> Und wenn mein Fuß dann nicht mehr mag,
> dann senkt er sich ganz sacht hinab
> und sagt der Erde: Guten Tag!
>
> Mit meinen Füßen laufe ich
> durch Sonne, Wind und Sturm.
> Dass ich Füße hab', ist gut.
> Ach, du armer Regenwurm!

Und mit dem Gehen und allem, was sich von hier aus entwickelt, bildet sich die Identität des Kindes heraus, formen sich die Konturen seines Selbst und entsteht auf offensichtliche und geheimnisvolle Weise das, was man Ich nennt. Davon handelt das nächste Kapitel.

6

Immer da und unauffindbar – das »Ich«

6.1 Hilfe, das Ich (m)eines Kindes erwacht

Das Kind ist auf die Beine gekommen. Es hat im Einvernehmen mit körperlichen Entwicklungsprozessen gelernt, sich aufzurichten, hat gelernt, aufrecht zu gehen. Im Stehen halten die Füße den Kontakt zur Erde.

> Ich stehe auf der Erde.
> Ich spüre die Erde mit meinen Füßen,
> die Erde trägt mich.
> Ich bin ein Stehen auf der Erde.

Im Gehen heben sich die Füße im rhythmischen Wechsel von der Erde ab. Die Intelligenz und Beweglichkeit der Füße sind erwacht. Und die können sie beim Tanzen, beim Klettern, beim Treppensteigen, beim Schleichen, beim fühlenden Gehen auf unterschiedlichen Böden weiterentwickeln.

Aber auf diese Weise wird auch Raumerkundung möglich. Nicht nur nahe liegende Zielorte können erkundet werden. Das Kind kann die Richtung wählen, kann wählen, wohin und wie weit es gehen will und kann. Das bewirkt eine starke Energiezufuhr für seinen Willen. Sein Willen kann sich in diesem Kontext in ganz besonderer Intensität entfalten. »Geht« alles gut, läuft es, wie es sein soll, dann öffnen sich »die freundlichen Weiten«, dann ist die eigene Beweglichkeit auch der Weg zum Glück.

Aber meist stößt sein energetisierter und die ersten Freiheiten genießender Willen schnell an Grenzen. Aus dem Glücksgefühl werden Trotz, Ärger und Wut, die sich bis zum Tobsuchtsanfall steigern können. Widerstände provozieren den Willen des Kindes auf ihre Weise. In der sogenannten Trotzphase erprobt das Kind sein Durchsetzungsvermögen in immer neuen Anläufen. Es hat »Wut im Bauch«, und da sind auch die Willenskräfte am intensivsten spürbar.

Doch das Kind will nicht nur die »freundlichen Weiten« genießen. Es will dann auch wieder so sein wie die anderen. Und es will selbstständig essen und auswählen können. Es will nicht immer nur angefüttert werden. Das Gefüttertwerden kann zur Provokation für den Selbstständigkeitswillen des Kindes werden. Wenn es krank und schwach wird, ist das anders. Vergleiche in diesem Zusammenhang:

Was bedeutet es für den Erwachsenen, gefüttert zu werden? Wie kommt man sich da vor? Was bedeutet das a) für das Selbstbewusstsein und b) für das Zusammengehörigkeitsgefühl?

Dazu fielen mir eine Übung und eine Geschichte ein.

> Einem Partner, der seine Augen verbunden hat, werden unterschiedliche Früchte unter die Nase gehalten. Die Frucht, die für ihn am verlockendsten riecht und bei der ihm vielleicht sogar das Wasser im Mund zusammenläuft, wird ihm dann zubereitet und als Speise angeboten. Man kann so eine ganz andere Art von Esserlebnis ausprobieren.

> Nun die Geschichte:
> Petrus steht am Himmelstor und verteilt an alle Ankömmlinge riesengroße, sehr lange Löffel. »Kommen wir damit alle in den Himmel?«, fragt einer. »Je nachdem«, sagt Petrus, »komm, ich zeig's dir.« Und er zeigt ihm zuerst die Hölle. Da sitzen sie alle, und jeder versucht, mit dem großen, langen Löffel allein zu essen. Und sie sehen alle schon halb verhungert aus. »Und wie ist das im Himmel?« Er wird hinaufgeführt und sieht: Da sind sie alle froh und munter, haben rote Backen, sehen richtig glücklich aus – und mit diesen höllisch sperrigen, langen Löffeln ... füttern sie sich gegenseitig!

Zum selbstständigen Essen aber gehört auch sein Gegenteil. Das Kind findet nach und nach Gefallen daran, selbstständig aufs Klo zu gehen. Es fügt sich in die »Sauberkeitserziehung« und entdeckt ihre Vorteile. Das Kind lernt, seinen Schließmuskel zu kontrollieren. Gegebenenfalls wird es dafür gehörig gelobt. Das Anale ist jetzt emotional stark besetzt. Die Pipi-Kaka-Thematik drängt immer wieder in den Vordergrund. All das gehört zu dem, was wir schon als Analphase kennengelernt haben.

Und das Kind macht im Kontext dieses ganzen »Entwicklungsknubbels« riesige sprachliche Fortschritte. Sein Sprechen, seine Fähigkeit zum kommunikativen Tanz nehmen Form und Rhythmus an. Es lernt, sich mit den Personen seiner Umwelt zu verständigen und über alles, was in seiner Umwelt vorkommt, zu reden. Sein Wortschatz wird immer größer. Es merkt, dass alle Dinge einen Namen haben, einen Namen, der sie in ihren besonderen Eigenschaften hervorhebt und sie von anderen Dingen unterscheidet. Das Kind registriert ganz allmählich, dass es auch einen solchen Namen hat, dass es also ganz besondere Eigenschaften hat und sich von anderen Personen unterscheidet. Und es erfährt im sprachlichen Verkehr, dass es Wörter gibt, durch die es einen Bezug zu sich selbst herstellen kann.

Da bietet sich zunächst der eigene Name an, und den gebraucht das Kind erst einmal eine Zeit lang. Denn alle anderen haben ja auch Namen. Aber manchmal sind sie auch zu faul, diese Namen zu gebrauchen, und dann verwenden sie geheimnisvolle Ersatzwörter, Wechselwörter, die sich einfach so auf andere Personen beziehen und dabei als Wort gleich bleiben und meist viel kürzer sind als die Namen. Dann sagen sie z. B. »Du« und meinen den anderen. Und in diesem »Du« werden sie sich dann wieder alle plötzlich gleich. Vom anderen gesehen sind alle Menschen ein »Du«. Und sie sagen »Ich«, wenn sie von sich selbst reden. Dann sind sie nämlich alle »Ich«, und alle ihre schönen Namen fallen in diesem Zwergenwort zusammen. Aber es funktioniert gut, wenn man von sich selbst reden will und all die Dinge sagen will, die von einem selbst ausgehen. Das Kind macht also einen weiteren Lern-, Entwicklungs- und Selbstvergewisserungsfortschritt: Es lernt das »Ich«-Sagen, es beginnt den lebenslangen Gebrauch des Wörtchens »Ich« zu praktizieren.

So, wie das hier gesagt wird, kann man das vordergründig als sprachliche Leistung ansehen. Die sprachliche Ebene liefert mir in der Tat wichtige Hinweise. Aber es ist mehr.

> »Sprache ist also nicht allein entscheidend bei der Herausbildung eines Ichgefühls; vielleicht eher das Tüpfelchen auf dem i, indem sie das Ichbewusstsein fassbar macht und (humboldtisch gesprochen) ›vollendet‹. Sie wirkt klärend und bestimmend bei der weiteren Entwicklung mit, wenn es beim Menschen um Selbstbehauptung, schließlich um eine realistische Selbsteinschätzung und -bewertung geht.«
>
> (Butzkamm/Butzkamm 1999, S. 20)

Gerade in Hinsicht auf seine psychische und geistige Bedeutung ist dieses Zwergenwort ein Riese. Und die verschiedensten Herangehensweisen haben diesem Winzling von Wort sehr unterschiedliche Bedeutungen gegeben.

Einmal ist es die zentrale Instanz des Menschseins, dann eine entwicklungspsychologische Zielvorstellung (aus »Es« soll »Ich« werden), und schließlich ein Wirtschaftsfaktor, aber auch eine Illusion, ein schreckliches neurologisches Problem bzw. ein patriarchalischer Popanz, den man schleunigst loswerden müsse.

Das Wort »Nein« hatten wir ja schon als eines der ersten Kinderwörter mit ganz spezifischen Funktionen kennengelernt, sodass es von einigen Wissenschaftlern als *das* erste Kinderwort überhaupt angesehen wird. Und dieses Nein hat nun aus psychologischer Sicht viel mit dem Ich zu tun: Da wird nämlich festgestellt, dass Nein-Sagen und Ich-Sagen unmittelbar miteinander zusammenhängen und dass das ständige »Nein« in der kindlichen Trotzphase nichts anderes bedeutet als die Erprobung der aufkeimenden Selbstbehauptungskräfte. Dieser Prozess lässt sich auch als Loslösung von der Mutter beschreiben. Das Ich-Sagen wird durch den Prozess der Selbst-Entwicklung des Kindes forciert.

Und hierzu sind unterschiedliche Konzepte ausgearbeitet worden. Eines stammt von George Herbert Mead (1973): Das »Selbst« ist so etwas wie der »generalisierte Andere«, meint Mead. Es entsteht durch Kommunikation, durch Dialog mit anderen und lebt dann im Inneren des Kindes weiter als selbstverständliches inneres Sprechen und schließlich Denken. Es äußert sich in Gebärden. Man zeigt auf sich selbst, fasst sich an die Stirn oder schlägt sich an den Kopf, wenn man etwas falsch gemacht hat. Und es endet auf sprachlicher Ebene im expliziten Gebrauch des Wörtchens »ich«. Aber schon die frühsprachliche Selbstbezogenheit des Kindes spielt hier eine Rolle.

> Da sitzt es –
> zukünftig sie oder er –
> aufgerichtet ohne Anstrengung –
> wie ein kleiner Buddha –
> die Beine im natürlichen Lotussitz abgelegt –
> wie es selten ein Erwachsener noch einmal kann.
> Gnädig und strahlend blickt es auf das Königreich
> seiner künftigen Entdeckungen. Und fühlt seine Allmacht.
> Schließt es die Augen, so verschwindet die Welt.
> Öffnet es sie, kehrt die Welt zurück ...
> Kommen Ärger und Wut, ist auch die Welt voll davon.
> Gewitter und Feuerzeichen. Allüberall.
> Ist ihm gut, ist alles gut durch und durch.
> Wünscht es sich etwas, spricht es die magischen Silben,
> den rhythmischen Doppellaut, den sich reimenden Zweiklang,
> das allmächtige Zauberwort ...
> und das Gewünschte erscheint.

Dagegen Sigmund Freud: »Jede Generation von Babys gleiche einem Einfall von Barbaren«, denen es »an Kultur, Einsichtsfähigkeit und Disziplin« mangelt (Bueb 2006, S. 55).

Und eigenartige »Barbaren« sind das. Halten sich die Augen zu und denken, die anderen könnten sie nicht sehen. Auch Piaget spricht in diesem Zusammenhang von der kindlichen Ichbezogenheit. Der Rollentausch, die Fähigkeit, sich in einen anderen hineinzuversetzen, funktioniert bei Dreijährigen noch nicht: Jedes Kind fühlt sich als die Mitte der Welt und drückt dies auch sprachlich unbefangen aus. Doch gleichzeitig ist alles in Entwicklung, und so lässt sich dann von psychologischer Seite ein ziemlich klares Bild der Ich-Entwicklung des Kindes zeichnen (Tab. 2 und 3).

Autonome Handlungen Das Kind ...	bilden sich aus (ca.) im Alter von (in Monaten)
versucht, selbstständig zu essen	12
trinkt und isst selbstständig	18
zieht Kleidungsstücke aus	18
zieht Kleidungsstücke an	20
ist tagsüber trocken und sauber	23
ist nachts trocken	24

Tab. 2 Autonomieentwicklung im zweiten Lebensjahr (nach Largo 2001, S. 92)

Stadien der Ich-Entwicklung Das Kind...	Beginnen etwa im Alter von (in Monaten)
lernt den eigenen Körper kennen	0
erfährt, dass es etwas bewirken kann	2
trotzt	12
erkennt sich im Spiegel	17
verteidigt Besitz	19
benutzt seinen Namen	19
spricht in Ich-Form	25

Tab. 3 Stadien der Ich-Entwicklung im ersten bis dritten Lebensjahr (nach Largo 2001, S. 81)

Aber auch die Psychologen merken schon, dass es sich hier um ein Problem handelt, das sich nicht in einigen eng begrenzten Phasen zusammenfassen lässt: Die Ich-Entwicklung beginnt Ende des zweiten Lebensjahres, und sie dauert ein ganzes Menschenleben lang an. Sie ist ein Medium der persönlichen Festigung und Differenzierung, zugleich aber etwas, das durch Krisen und schwierige Verhaltensweisen gekennzeichnet ist. Es erfordert u. a., dass man sich von anderen Menschen absetzt und seinen eigenen Willen durchsetzt.

Dafür ist das frühe Ich-Sagen ein keineswegs zuverlässiger sprachlicher Indikator: Man muss eben ganz genau wissen, was das Ich-Sagen für das Kind bedeutet. Manchmal ist das kindliche »Ich« nämlich noch gar kein individuelles Ich, sondern es zeigt immer noch die Einheit mit der Mutter an. Es gibt z. B. in Afrika Stämme, in denen die Kinder sich zunächst nicht mit dem Vornamen benennen, sondern schon sehr früh mit »Ich«. Dieses »Ich« bezeichnet das Kind in Einheit mit der Mutter, die in ihrer Allgegenwärtigkeit für das Kind schon lange von sich als »Ich« geredet hat. Das Kind kann so sprachlich eine scheinbare Individuation ausdrücken, die noch gar nicht vorhanden ist (Dolto 1989, S. 132).

Es geht hier also darum, den grammatischen Unterschied zwischen dritter, zweiter und erster Person nicht im Sinne der Erwachsenensprache zu interpretieren, sondern die versteckte kindliche Bedeutung zu spüren. Doch darüber hinaus empfiehlt es sich, auch den Gebrauch des Wortes »Ich« in der Erwachsenensprache samt dem, was da über das Ich alles verlautbart wird, sprachkritisch zu sondieren. Dann wird nämlich das verdinglichte, abgehobene und spekulative mancher Erörterung über das Ich eher deutlich. Wenn wir unser erwachsenes Ich wirklich verstehen und schließlich erfahren, können wir uns auf das kindliche einlassen und so einen bewusst guten Umgang mit Kindern finden.

6.2 Die Philosophenjagd auf das »Ich«

Was also tun wir da, wenn wir vom gewohnten Gebrauch von »ich« zum Nachspüren, zum Nachdenken über das »Ich-Sagen« kommen, es zu einem Denkanlass, einem Erkenntnisobjekt machen und schließlich und endlich anfangen, endlos über *das* »Ich« zu reden und merken, dass da vieles geht, und reden, bis uns schwindelig wird?

Bleiben wir bei der Antwort zunächst auf sprachlicher Ebene: Wir nehmen ein Ersatzwort, ein Pro-nomen, ein Für-Wort, also etwas grammatisch Unselbstständiges, und versehen es mit einem bestimmten Artikel. Das ist wie eine semantische Taufe, wie ein Ritterschlag. Jetzt steht das Ich nämlich ganz anders da. Es ist nicht mehr An- bzw. Vorhängsel. Es ist wer geworden. Ein richtiges Wort, ein Träger von Eigenschaften, über die wir anfangen können nachzudenken. Das »Subjekt der Seele«, endlich auf einen sprachlichen Nenner gebracht. Das Ich-Phänomen, das Ich-Problem, das Ich als Erkenntnisprojekt, na prima. Jetzt können wir loslegen.

Wer jetzt noch zögert, würde vielleicht sagen: Aber das Ich kann keine Eigenschaften haben. Es ist immer außen vor bzw. innen vor. Es ist weder groß noch klein, es ist weder dick noch dünn, es hat keinen Hut und keine Schuhgröße. Doch die Zögerlinge haben schlechte Karten. Die Sache ist schon auf dem Weg. Für die Philosophie, die Psychologie und schließlich eine größere Allgemeinheit ein phänomenales Problem. Schließlich kann der Mensch sprachschöpferisch tätig sein, und er hat die Freiheit des Denkens, kann denken, wohin er will.

Die Viererbande der deutschen Philosophie bzw. des deutschen Idealismus hat dies erkannt: Kant, Fichte, Schelling und Hegel reden pausenlos von »dem Ich«. Die erste Person Singular der Grammatik wird in einem philosophisch-alchimistischen Prozess zu einem alles überragenden philosophisch-psychologischen Erkenntnisgegenstand. Es wurde allerdings zu einem echten Namen, zu einem Singular, der keinen Plural kennt. Der Philosoph und Privatdozent Andreas Luckner hat diese Thematik sehr klar und deutlich herausgearbeitet (Luckner 2002).

Da wird also – so kann man es auch ausdrücken – vom Ich so gesprochen, als wäre es etwas Substanzielles, mehr noch, als wäre es eine Substanz. Kein Wunder, dass später Hirnforscher kommen und sagen werden: Nachdem wir so viel herausgefunden und zu Gesicht bekommen haben, werden wir wohl auch noch herausfinden, wo das Ich seinen Ort im Gehirn hat.

Andere sagen: Lasst euch nicht auf diesen Popanz ein. Das ist nichts anderes als ein Weg zur philosophischen und psychologischen Selbst-Sucht. Ihr geratet in einen Ego-Zirkus, aus dem ihr nicht mehr herauskommt. Und jetzt das Erstaunliche. Sie können sich dabei auf einen berufen, der ständig von »dem Ich« geredet hatte, nämlich auf Kant. Frei nach dem etwas abgewandelten Motto: »Die größten Kritiker der Elche waren früher selber welche.«

Kant redet nämlich vom Ich als einer »einfachen und für sich selbst an Inhalt gänzlich leeren Vorstellung (...) als bloßes Bewusstsein, das alle Begriffe begleitet« (zit. n. Luckner 2002, S. 53).

Und jetzt können sie alle kommen, die unterschiedlichen Ich-Killer, denen das Gerede vom Ich schon immer auf die Nerven ging. Die diesem modernen Gespensterglauben endgültig die Tür vor der Nase zumachen wollen. Es sind *unterschiedliche* Gegenpositionen, das muss betont werden. Sie lassen sich nicht über einen Kamm scheren.

Da ist z. B. der Philosoph Gilbert Ryle, der in seinem Buch »Der Begriff des Geistes« ausruft:

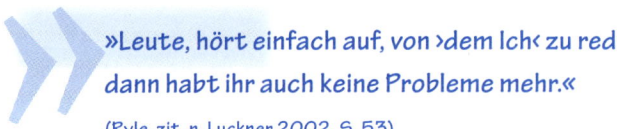

»Leute, hört einfach auf, von ›dem Ich‹ zu reden, dann habt ihr auch keine Probleme mehr.«

(Ryle, zit. n. Luckner 2002, S. 53)

Da sind Dichter und Philosophen, die das Ende und den Tod des Ichs ausrufen, vom »multiplen Ich« reden, von der Auflösung des Ichs, von der »Dekonstruktion des Ich« (Lacan), von Geisteszuständen in der modernen Gesellschaft, die dem Ich den Garaus gemacht haben.

Da sind die spirituellen Lehrer, häufig buddhistisch inspiriert, die von der »Illusion des Ichs« reden, von diesem zehrenden und bedrückenden Phantom, das man schließlich hinter sich lassen müsse, ablegen wie einen alten Mantel, der zu nichts mehr tauge. Also: Das Ich *loslassen*, um in die große Öffnung zu kommen.

Und da sind die Frauen. Wissenschaftlerinnen, Feministinnen (gibt es eigentlich auch Philosophinnen? Dabei sind Frauen doch oft nachdenklicher und mehr der Innenschau zugeneigt als Männer). Also, was sagen die Frauen bzw. die Tiefenökologin Dolores La Chapelle:

> »Sich selbst ansehen heißt,
> man betrachtet sich als Ding.
> Sogleich entsteht eine selbstmörderische Dichotomie (Zweiteilung).
> Dann kann man nur sehen,
> was von einem selbst getrennt ist, ein Objekt.
> Betrachtet man sich selbst,
> muss man sich von sich selbst entfernen.
> Man kann sich natürlich nicht ansehen,
> als stünde man außerhalb,
> in Wirklichkeit sieht man sich in dem gespiegelt,
> was andere denken –
> als würde man in diesen Spiegel schauen.
> Und so ist die Selbstbetrachtung
> eine ungerechtfertigte Zudringlichkeit anderer.
> Sie zerstört das natürliche Selbst!«
>
> (La Chapelle 1999, S. 191)

Wenn wir uns als Subjekt wahrnehmen, vollziehen wir Rituale ideologischer Wiedererkennung, die mit Unterwerfung und Macht zu tun haben. Selbst männliche Philosophen wie Lacan sprechen vom Reden über das Ich als »selbstverliebte Obsession«. In der Sicht der kritischen Frauen ist die Philosophie des Ichs längst als Wahnidee und grandiose Selbstverkennung männlicher Ich-Souveränität und Machtfantasien entlarvt. Frauen war es in bestimmten politischen, wissenschaftlichen und philosophischen Kontexten lange Zeit verwehrt, »ich« zu sagen. Das Ich war Männersache. Sollen Frauen dieses Produkt der Verkennung besser vermeiden, als es zu kultivieren! Die Philosophin (!) Elisabeth List argumentiert:

> »Das ›Ich‹ mit großem I geschrieben ist eine Illusion, eine für manche Zwecke nützliche, für Frauen insbesondere eine gefährliche. Man sollte aber die Lust an der Dekonstruktion nicht überschätzen – der Abschied von den Illusionen des Ichs, missverständlich dramatisiert zum ›Tod des Subjekts‹, muss keineswegs tödlich sein. Sie wird und soll uns vielmehr befreien von metaphysischen Lasten. Wir werden weiter, vor allem freier leben, denken, sprechen, ›ich‹ sagen. Wir Frauen mehr denn je«.
>
> (List 2002, S. 60)

All das zeigt, wie der Begriff »Ich« belastet wurde und wie wenig wir im alltäglichen Leben davon profitieren können.

6.3 Das »Ich« als Schatten und als »Kern-Selbst«

Damit sind wir wieder beim einfachen und »natürlichen« Ich-Sagen angekommen. Das auch wieder so natürlich nicht ist, denn in anderen Kulturen und Zeiten sieht der sprachlich formulierte Selbstbezug der Menschen eben ganz anders aus. Gleichwohl gibt es eine Tendenz, dem Ich-Sagen und seiner Basis immer substanzieller auf die Spur zu kommen, und zwar nicht durch Spekulation, sondern durch Forschung und durch neue Denkweisen. Diese hängen mit der Überwindung der *traditionellen* Trennung von Körper und Geist, von Körper und Psyche, von Leib und Seele zusammen. So z. B. bei Descartes.

Der hatte einerseits mit seinem »cogito ergo sum« – Ich denke, also bin ich – das Ich zum Zentrum der Philosophie gemacht und andererseits den menschlichen Körper zum Automaten, zur Gliedermaschine, zum physikalischen Mechanismus erklärt. Wenn wir das Ich nicht als Substanz bzw. als Subjekt sehen, sondern als Prozess, sind wir schon einen Schritt weiter.

Und dieser Schritt erinnert mich an meine frühe Lektüre von Benjamin L. Whorf und seine Beschreibung der Sprache der Hopi-Indianer. In ihrer Sprache gibt es keine Substantive für feststehende Dinge. Alle Erscheinungen in der Dingwelt werden vielmehr als Formen von Prozessen in verb-artigen Wörtern beschrieben. So also jetzt auch das Ich. Luckner sagt:

»Das ›Ich‹ ist vielmehr der Name für etwas, das mit jeder Erfahrung einhergeht, wie ein Schatten des Denkens eben, über den wir nicht springen können ... Das ›Ich‹ ist nicht erkennbar, weil es seinem Wesen nach eine Tätigkeit, eine Produktivität ist.«
(Luckner 2002, S. 53 und 55)

Ich-Sein ist eigentlich »Ich-Werden«. »Ich« ist ein Prozess in unserem Denken. Und das Denken, die Denktätigkeit beruht in der frühen kindlichen Phase seiner Entwicklung auf der Verinnerlichung, auf der Interiorisation äußerer Bewegungsvorgänge. Es sind äußere Handlungen, aus denen dann innere Handlungen werden. Also hat auch das Ich etwas mit unserer körperlich-leiblichen Beweglichkeit, mit unserem Bewegungsbewusstsein zu tun! Wenn wir das mithilfe der ausführlichen Herleitung in diesem Buch genauer verstehen, können wir uns bereit machen, zum Wohl der Kinder an der Beweglichkeit unseres eigenen Bewusstseins zu arbeiten.

Die energetischen Prozesse, die unsere körperliche Beweglichkeit und das damit zusammenhängende Bewegungsbewusstsein ausmachen, sind inzwischen bis hinab zur einzelnen Körperzelle, bis zu den Genen, immer genauer erforscht worden. So wie bei der Sprache, z. B. in Kapitel 2, können wir nun auch beim Ich nach den frühesten Anbahnungsformen von Empfindungs- und von geistigen Prozessen fragen, die letztlich zu Individualität und Ich-Bewusstsein und jeden Einzelnen von uns ganz konkret zur Herleitung eines »natürlichen Ich-Selbst« führen.

Wir haben schon die Philosophen gehört. Was sagen andere berühmte Denker, die uns bislang geprägt haben? Ein Interesse an den frühen Herleitungsmöglichkeiten des Ichs setzte bereits in der Romantik ein. Schon Herder hatte die Entstehung des Ichs vom Empfindenlernen an der Mutterbrust und das »Erkennen der menschlichen Seele« vom frühkindlichen Sprechenlernen abgeleitet (Herder 1773/1980, S. 41). Damit wird die Entstehung des Ichs bzw. die frühen Formen des Selbstbewusstseins weiter in frühkindliche Phasen verschoben. Aber mit dieser romantischen Frühe gibt man sich heute längst nicht mehr zufrieden. Da muss anderes her, und wenn's die Gene sind.

Richard Dawkins geht in seinem Buch »Das egoistische Gen« von der Frage aus, ob nicht die *genetische* Ausstattung der befruchteten Eizelle die Basis für das wahre Individuum darstellt. Für die Herausbildung aller späteren Körperzellen ist nämlich diese genetische Ausstattung ausschlaggebend. Die Gene sind nach Dawkins diejenigen Elemente, die das Ich, das Wesen, das Zentrum eines jeden einzelnen Menschen bilden. Die Gene schaffen dann ihre »Vasallen« in Form von Körper und Seele. Die sogenannte Proteinbiosynthese wäre dann ein täglich millionenfach ablaufender Schöpfungsprozess.

Wie sich inzwischen herausgestellt hat, wurde die Bedeutung der Gene für die Entwicklung des Menschen erheblich überschätzt.

»Offenbar legen die genetischen Programme nicht fest, was wir sind, sondern bestenfalls, was aus uns werden könnte.«

(Hüther/Krens 2005, S. 20)

Und so mokiert sich denn auch Richard David Precht über jene Wissenschaftler,

»(...) die von den Zellen und Proteinen des Gehirns mit leichtem Sprung gern in die Philosophie springen möchte. Doch die Kluft zwischen Proteinen und Sinn ist gewaltig.«

(Precht 2007, S. 49)

Das klingt einleuchtend und traditionell, wirft aber kaum Licht auf neue Wege. Und die gibt es: Es gibt subtile Herangehensweisen, inspiriert durch neue Entwicklungen

205

in der Biologie, die zwischen sehr unterschiedlichen Ebenen vermitteln und die uns hier weiterhelfen können.

In seinem Buch »Alles fühlt« macht der Biologe Andreas Weber darauf aufmerksam, dass etwas wie »Wert« bereits die Selbsterhaltung einer Zelle steuert. »Wert« ist hier zu verstehen als Schrittmacher des Lebens, der die zelluläre Existenz zu erhalten und zu entfalten versucht. Gefühle gehören tatsächlich bereits in die unterste Realitätsebene eines Organismus. Sie zeigen, wie sich eine Handlung, ein Mikroprozess diesem »Urwert des Lebens« nähert. Nach Weber sind sie die »Augen des Subjekts«. Diese subjektive Instanz auf der Mikroebene wird u. a. »core-self«, »Kern-Selbst« genannt. Hierin spiegelt sich der körperliche Zustand, hier wird die Bedeutung körperlicher Prozesse zentriert.

Man könnte vermuten, dass das Kern-Selbst eine Art Schaltzentrale ist. Sie ist nach Weber jedoch bereits ein subjektiver Standpunkt. Von hier aus werden Körperzustände bewertet, und das gehört nicht mehr einfach zur materiellen Ebene der Hirnchemie. Hier vollziehen sich »neurosymbolische Prozesse«. Das Unbewusste des Stoffwechsels wird im Gefühl in innere Empfindung umgesetzt. Somit kann man vom Kern-Selbst als Be-deutung der körperlichen Prozesse reden. Sie stellt ihre stets vorhandene, unablösbare seelische Dimension dar. Schließlich sagt Weber:

»Unser Bewusstsein ist dann nicht die Repräsentation des Körpers wie Damasiu meint, nicht seine Abbildung, sondern eine Symbolisierung lebender Subjektivität im Medium des Wertes, der Bedeutung der Innerlichkeit.«

(Weber 2007, S. 107f.)

Eine ganz frühe Form von Symbolisierung also, die die Lebensprozesse des menschlichen Körpers durchzieht und in unserem Kontext unbedingt berücksichtigt werden muss bis hin zum Anschauen unserer Sprache.

»Das Wort ›Nerv‹ hat mit der realen Faser nicht die Form gemein, sondern den Sinn.«

(Weber 2007, S. 110)

Einer der ersten großen Hirnforscher, Santiago Ramon y Cajal, geb. 1852, sagt:

»Die Nervenzellen fühlen, handeln, hoffen und streben.«

(zit. n. Precht 2007, S. 42)

Der zentrale Begriff in diesem Kontext ist das Kern-Selbst. Im Kern-Selbst geht es nach Weber immer um etwas Absolutes.

> »Sein oder Nichtsein. Sein Zentrum ist der Lebenswunsch.«
> (Weber 2007, S. 110)

Und so kann Weber zum großen Rundblick kommen, und der macht gerade das Faszinierende an seiner Arbeit aus, dass er nämlich die persönliche, die poetische und die wissenschaftliche Darstellungsebene miteinander verbindet.

> »Die Empfindung ist die gemeinsame Sprache aller Zellen und aller Wesen, die Sprache der Körper und der Dichter.«
> (Weber 2007, S. 110, Hervorheb. durch den Autor)

Und diese Überlegungen kann er dann natürlich auch auf die Erforschung frühkindlicher Lautäußerungen anwenden: Wir wissen zwar, dass bereits Säuglinge viel durch Imitation lernen. Schon in den ersten Stunden nach der Geburt können sie dazu gebracht werden, den Mund zu spitzen, die Lippen zu schürzen … Alles gut und schön. Aber:

> »Was sagt dem Säugling, was zusammengehört? Was genau ist diese innere Einheit? Wie fühlt es sich an, ein Säugling zu sein? Im Zentrum der Kognitionswissenschaft steht heute das Erleben eines Wesens, das die meisten Forscher vor wenigen Dekaden für nicht viel wacher als eine Kröte hielten. Was uns die Neugeborenen zeigen, bringt uns dem innersten Mysterium näher – der Frage: Was ist ein Subjekt in seinem Kern?«
> (Weber 2007, S. 154)

Und wir haben in der Tat Einsichten in pränatale Vorgänge, die früheren Generationen verwehrt waren. Sehr erstaunliche Einsichten, die herausfordern und bei der Frage nach psychischer Individuation und Handlungsfähigkeit pränatale Zustände immer wichtiger werden lassen.

So beschreiben Gerald Hüther und Inge Krens, was ein sechs Monate alter Fötus, der bereits schon sehr der Gestalt des späteren Menschen ähnelt, so alles macht: Manchmal schwebt er friedlich im Fruchtwasser und wird vom Gang der Mutter gewiegt, bis er einschläft. Dann wieder wird er lebendig, schlägt Purzelbäume (fast wie eine Astronautenbewegung in der Schwerelosigkeit). Er tritt (protestierend?) gegen die Gebärmutterwand. Er kann sich in die hinterste Ecke verziehen, kann die Stirn runzeln, die

Augen reiben, Fruchtwasser schlucken, den Schluckauf bekommen, gähnen und am Daumen und mitunter an den Fußzehen saugen. Er kann mit der Nabelschnur spielen und Atembewegungen üben (Hüther/Krens 2005, S. 94).

Schon in dieser frühen Phase gehören Entwicklung und Lernen zusammen. Alles, was hier vor sich geht,

»(...) kann daher grundlegenden Einfluss auf die spätere Ausformung von kindlichen und sogar erwachsenen Funktionen und Fähigkeiten haben. Wir müssen davon ausgehen, dass es intrauterine Bedingungen und Faktoren gibt, die diese Entwicklung fördern bzw. behindern können«.

(Hüther/Krens 2005, S. 94)

6.4 Das »Ich« im Körper und im Urwald

Mit diesen Einblicken in die pränatale Welt können wir uns an die Beantwortung der Frage machen: Was hat das Ich mit unserer leiblichen Beweglichkeit, mit unserem Bewegungsbewusstsein zu tun? Das »Körper-Ich«, das Ich aus der leiblichen Beweglichkeit wird nun mehr in den Vordergrund rücken, und zwar gerade nicht in seiner traditionellen physiologisch-materiellen und mechanistischen Festschreibung, sondern in seiner Verbindung zu leiblichen Energien und geistigen Potenzialen. Und ich möchte nachweisen, dass aus einer solchen subtilen Betrachtung leiblicher Beweglichkeit und Individuation ein natürlicher und harmonischer Übergang zum geistigen Ich, in tiefen Geist-energetischen und spirituellen Dimensionen möglich ist. Und dies – so werde ich zeigen – hat dann wieder Bedeutung für Kinder, deren Identität sich noch entwickelt und deren Ich noch nicht verhärtet ist. Und für Erwachsene, die aus einer solchen Verhärtung herauswollen bzw. offen für Prozesse der Selbsterkenntnis und den Weg zur eigenen Mitte sind und dabei gerade in Hinsicht auf die Arbeit mit Kindern die energetische Achtsamkeit und die leibliche Beweglichkeit nicht vergessen.

Für das Weiterverfolgen der genannten Spur habe ich Impulse aus verschiedenen Richtungen aufgegriffen. Nicht nur philosophische und sprachwissenschaftliche. Es waren Beobachtungen an Primaten und dann auch Erkenntnisse von Künstlern, die mir hier weiterhalfen. In einem Buch über Sprachentwicklung lese ich Folgendes über das kindliche Ich-Bewusstsein:

> »Wer bin ich? Ich bin Bewohner und Eigentümer meines Körpers. Mein Körper ist, womit ich handle, worüber ich verfüge. Er ist meine stärkste Gewissheit, Zentrum meines Handelns. Mit der zunehmenden Beherrschung der willkürlichen Muskulatur bekommt das aufkeimende Ich ein Mittel an die Hand, sich als ein Selbst zu entdecken. ›Ich‹ ist mein Wille und Begehren, dem ich mit meinem Körper Ausdruck verleihe. Das Ichgefühl ist der Instinkt, die Einheit des Körpers zu erwerben, die Herrschaft über den Körper zu erobern. (...) ›Leben‹ kommt von ›Leib‹.«
>
> (Butzkamm/Butzkamm 1999, S. 17)

Aber das Ich als Eigentümer des Körpers – das ist wiederum so eine Sache: Ich habe ein Herz, eine Brust, einen Kopf, einen Unterleib, Beine, all das habe ich. Das Ich hat etwas, und natürlich ist das Ich außerhalb von dem, was es hat. Huch, aber wo bleibt es dann, es kann doch nicht überall herumgeistern – und der ganze Leib ist doch schon von Gehabtem erfasst! Da es aber nur in mir sein kann, ist es wohl eine Einbildung, ein Phantom. Wenn ich sage: »Ich habe ein Herz«, dann ist das doch etwas anderes, als wenn ich sage: »Ich habe ein Auto«, dann bin ich doch nicht das Auto, noch habe ich eines im Bauch. Wenn ich aber sage: »Ich habe ein Herz«, dann ist das Herz gleich Bestandteil meines Ichs.

In einer verhärteten Form wird das Ich zum Ego, das man auch später überwinden kann; gerade dann scheint man am glücklichsten zu sein, wenn das Ich ganz in einer Tätigkeit aufgeht, also dann eigentlich schon nicht mehr da ist. Das Ich, so oft gebraucht, steht doch auf luftigen Füßen der Einbildung.

Ich bin ich,
na klar, oder nicht?
Ich bin ich,
kann jeder Mensch sagen
Aber wer oder was
ist denn nun ein Ich?
Schon bin ich mittendrin im Fragen. –
Wo fängt Ich an?
Wo hört Ich auf?
Ist Ich immer gleich,
ob ich sitz' oder lauf'?

Ob ich sieben oder siebzig bin?
Ist mein Körper das Ich,
oder steckt's mittendrin?
In der Brust, im Herz,
oder unten im Bauch,
im Kopf, im Verstand –
sitzt es ganz obendrauf?
Oder wohnt es mitten in meinen Gefühlen?
Vielleicht sitzt es irgendwie zwischen den Stühlen
und weiß es selber nicht,
was es eigentlich ist.
Wenn's mir fehlt –
von wem wird das Ich dann vermisst?
Steckt mein Ich auch in meinem kleinen Zeh
und in den Füßen,
auf denen ich geh'?
Ist mein Ich auch in meinem Haar?
Ich fasse es an, na klar isses da.
Und schneidet mir der Friseur klipp, klapp
einfach von meinem Ich etwas ab?
Und dann der Zahnarzt, oje, oje –
mein Ich, das schrumpft, wenn ich zu ihm geh'.
So ein kleiner Schmerz, ja, das geht ja noch,
doch findet er in meinem Zahn dann ein Loch,
und er zieht einen Zahn (der kommt niemals zurück) –
fehlt dann vom Ich nicht ein kleines Stück?
Und etwas, was ich auch gern wüsst':
Wenn jemand vor Glück ganz außer sich ist –
›außer sich‹ heißt doch raus aus dem Ich!
Manchmal versteh' ich mich selber nicht.
Jemand ist außer sich vor Wut –
bleibt das Ich dann bei sich,
und es geht ihm ganz gut?
Und wer viel Geld hat,
hat der auch viel Ich?

Und wer wenig hat,
der hat's eben nicht?
Vielleicht hat das Ich auch was ausgeheckt,
als blaues Männchen sich in dir versteckt,
lacht wie's Rumpelstilzchen,
Sagt: Such nur, such!
Kauf dir ein kluges Ich-findungs-buch ...
oder auch dreizehn, davon gibts genug,
mach dich auf die Suche nach deinem Ich,
suche und suche –
du findest es nicht.
Es ist kein Persönchen, hat kein Gesicht,
wenn du's finden willst, dann suche es nicht ...

Du bist mit allem dein Ich,
was du tust,
wie du gehst, wie du atmest,
wachst oder ruhst,
wie du hörst, wie du siehst,
wie du riechst, wie du schmeckst
und dir nach dem Essen die Lippen leckst.
Dein Ich brauchst du gar nicht
gesondert zu suchen.
Das ist philosophischer Käsekuchen.
Du bist, was du bist in diesem Leben.
Dich kann's auf der ganzen weiten Welt
so, wie du bist,
nur einmal geben.
Es ist, wie es ist,
Punkt, Komma und Strich:
Viele Grüße von meinem –
an wen?
An dein
Ich.

So weit das »Gedicht vom Ich«. Moderne Kunst kann provokativ und schwer verständlich sein. Doch das folgende Beispiel aus diesem Bereich hat mir sofort eingeleuchtet: Da wird von einem Künstler berichtet (Bruce Naumann), der Konzepte entwickelt hat, in denen Körperbewusstheit und Kreativität zusammengebracht, ja geradezu als identisch behandelt werden. Die Begründung? Bewusstsein über sich selbst erreicht man nur durch ein gewisses Maß an Aktivität, und nicht, indem man dasitzt und über sich selbst nachdenkt. Übung und bewusstwerdendes Training sind wichtig, und das kann ich nicht durch Bücherlesen ersetzen. Aus diesem Konzept hat Peter Sloterdijk (2009) ein ganzes Buch gemacht, bei dem jedoch schon der Umfang (716 Seiten) Zweifel an der ernsthaften Möglichkeit einer praktischen Umsetzung der obigen Prämisse aufkommen lässt.

Bewegung und Beweglichkeit haben etwas mit Gesundheit, Fitness und Wellness zu tun. Das wissen die meisten. Aber Beweglichkeit, bei der vielleicht sogar »die Muskeln ein Fest feiern«, führt auf die Spur zum Ich-Bewusstsein, zur Selbsterkenntnis. Das ist weniger bekannt. Und der genannte Künstler sagt es ganz deutlich: Bewusstsein seiner selbst bekommt man durch Aktivität, durch bewusste Bewegung – Leistungssport ist damit wahrscheinlich nicht gemeint, aber ebenso wenig das Nachgrübeln im stillen Kämmerlein oder die Lektüre theoretischer Abhandlungen. Und dies wiederum ließ mich einen Bericht von Forschern lesen, die in den Urwald nach Nordsumatra gegangen waren. Sie fanden dort »Eingeborene«, die seltsame Dinge glaubten. Sie glaubten z. B., dass die Orang-Utans Menschen sind, »schweigende Waldmenschen« werden sie genannt – und warum? Die »Eingeborenen« waren der festen Überzeugung: Die Orang-Utans sind der Sprache mächtig. Sie tun nur so, als könnten sie nicht sprechen, weil sie sonst für die Menschen arbeiten müssten. So schlau waren die alten Affen also. Natürlich glauben die Wissenschaftler so etwas nicht. Die verlassen sich auf exakte Beobachtungen. Aber gerade das hat sie mittlerweile zu großem Respekt vor unseren nächsten Verwandten im Tierreich gebracht.

Da war ein italienischer Forscher, und der hieß Povinelli. Der ist nach Nordsumatra gefahren, hat sich dort in den Regenwald gesetzt und nichts anderes getan als Affen beobachtet, hat beobachtet, wie sie sich bewegen. Er hat sich dafür viel Zeit genommen und genau beobachtet und sich Gedanken gemacht. Und da bemerkte er nach und nach ziemliche Unterschiede zwischen den kleinen und den großen Affen, das waren dort die Langschwanzmakaken und die Orang-Utans. Die kleinen Affen hangelten, schwangen und sprangen mit großer Leichtigkeit. Man musste fix sein, um ihnen mit den Augen zu folgen. Sie machten quirlige, heitere, leichte Bewegungen, hatten lange Schwänze, die ihnen beim Balancieren auf den Ästen halfen. Doch nach und nach hatte er das Gefühl: Da wiederholt sich was. Die bewegen sich ziemlich stereotyp und fast ein bißchen automatisch. So, wie jemand, der redet und redet, aber eigentlich nicht viel Neues zu sagen hat.

Bei den Orang-Utans jedoch war das ganz anders. Erst einmal hatten sie viel schwerere Körper, mussten viel mehr aufpassen, um nicht vom Baum zu fallen. Wenn sie von Baum zu Baum wollten, bogen sich die Äste bedenklich weit nach unten. Und wenn sie nicht aufpassten ... für manches Orang-Utan-Kind war das eine große

Gefahr. Aber die Orang-Utans wussten sich zu helfen. Sie hatten so etwas wie eine Bewegungsintelligenz entwickelt. Povinelli staunte immer wieder, wie vielfältig die Bewegungen der Orang-Utans waren, wie sie neue Ideen entwickelten, um sich zu bewegen. Was sich da beobachten ließ, war eine Art Intelligenz und Fantasie, die sie zu unverwechselbaren Akrobaten und Bewegungskünstlern machten. Und so etwas – vermutete Povinelli – wirkt sich auch nach innen aus, schuf bei den Orang-Utans eine erste Form von Bewusstsein, von Bewegungsbewusstsein. Und damit fing alles an.

Die intelligente und fantasievolle Verfeinerung der Bewegung war vielleicht der Anfang eines Weges gewesen, der zum Denken und zur Sprache führte. Dieser Gedanke drängte sich Povinelli immer mehr auf. Bewegung erzeugt nicht nur Bewegung, sie erzeugt auch Bewusstsein, ein individualisierendes Bewegungsbewusstsein. Da setzt sich nicht jemand still hin und grübelt sich ein Ich aus und sagt dann: Ich denke, also bin ich! Das Bewusstsein entstand aus jenen inneren Prozessen, die äußere Bewegung begleiten und möglich machen. Und das, was wir Fantasie nennen, ist in ihrer frühen Form vorgestellte, imaginierte Bewegung, ist so etwas wie virtuelles Bewegungsbewusstsein. Das Zusammenspiel von Bewegung und Gehirntätigkeit fängt natürlich nicht erst bei den Orang-Utans an. Es ist schon auf viel früheren Stufen der Evolution zu finden:

Der Ursprung der Wirbeltiere sind kleine fischartige Lebewesen, die bereits ein Gehirn besitzen. Dieses erste Gehirn hat jedoch eine fatale Eigenschaft. Es funktioniert nur so lange, wie das Tier sich bewegt. Werden solche Tiere sesshaft, »fressen« sie ihr eigenes Gehirn auf. Auch unser Nervensystem und unser Gehirn sind das Resultat unserer Beweglichkeit; es wurde uns nicht etwa vorher gegeben, damit wir uns bewegen können!

6.5 Dore Jacobs und die leibliche Be-sinnung zum »Ich«

Von Dore Jacobs stammt ein bedenkenswerter Satz:

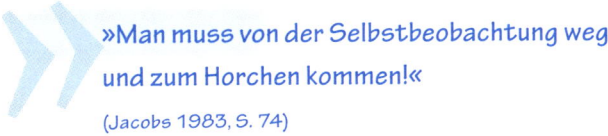

> »Man muss von der Selbstbeobachtung weg
> und zum Horchen kommen!«
> (Jacobs 1983, S. 74)

Das wird – z. B. bei Psychotherapeuten – nicht gleich auf Zustimmung stoßen. Wie hat sie das also gemeint? Ihrer Einsicht nach verändert Selbstbeobachtung die Innenbewegung. Wer z. B. seinen Atem beobachtet, macht ihn zum Beobachtungsobjekt, wird also nie seinen wirklichen Atem sehen (dasselbe lässt sich, wie wir später sehen werden, auch auf die Ich- und Selbstbeobachtung übertragen). Was also ist zu tun? Man soll sich eben nicht auf den Atem konzentrieren, sondern den Sinn nach außen auf eine »objektive Lebensquelle« richten.

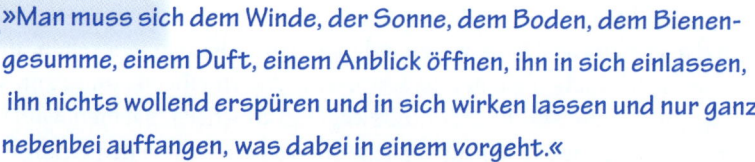

»Man muss sich dem Winde, der Sonne, dem Boden, dem Bienengesumme, einem Duft, einem Anblick öffnen, ihn in sich einlassen, ihn nichts wollend erspüren und in sich wirken lassen und nur ganz nebenbei auffangen, was dabei in einem vorgeht.«

(Jacobs 1983, S. 74)

Der letzte Teil des Zitats ist für uns von ganz zentraler Bedeutung: »(...) *nur ganz nebenbei auffangen, was dabei in einem vorgeht.*« Ohne ihn könnten die vorhergehende Problematisierung und negative Einschätzung der Selbstbeobachtung nämlich zu einem Verdrängungsmanöver, zur Umgehung der im rational-wissenschaftlichen Bereich sowieso suspekten Innenschau und Selbsterkundung führen. Und gerade damit haben wir es ja in Zusammenhang mit dem Ich immer wieder zu tun.

Was Dore Jacobs da fordert – und was Feldenkrais dann in viele Übungsvorgaben eingebracht hat –, ist eine Kunst, die ganze Hingabe und Anteilnahme erfordert und zugleich aus dem Blickwinkel registriert, was los ist. Dann tut sich dem Menschen nämlich eine Welt auf, von der er nichts wusste. Eine Welt als *Natur*, die in ihm und nicht außer ihm und vor seinen Augen wirkt. Eine flutende, wechselvolle, farbige, stürmische, vielgestaltig heftige und dann wieder zart und sanft in sich schwingende Welt. Sie ist beides: auf keine Formel zu bringen und doch streng gesetzmäßig! (Jacobs 1983, S. 74).

Hier lässt sich der Unterschied zwischen »Erfahrung« und »Erlebnis« gut erkennen. Was ich »erfahre«, die »Erfahrungen«, von denen alle Leute reden, lässt sich leichter beschreiben und auf den Begriff bringen. Beim »Erleben« und beim »Erlebnis« stoße ich eher an die Grenzen der Beschreibbarkeit, kann ich nicht alles gleich in Worte fassen. Da erkenne ich, dass etwas Wechselvolles, schwer Fassbares im Menschen ist, das immer in ihm wirkt, und nicht nur, wenn er es belauscht, etwas, das ohne sein Wissen ständig in ihm wirkt und handelt. Etwas, das ihn stumpf oder empfänglich macht, seine Stimmung beeinflusst und in seine Schlaf- und Wachträume hineinwirkt.

Ich bin ein bewusstes Ich, denkt der Mensch, sagt es und glaubt auch meist daran. Dieses bewusste Ich ist aber nur ein Teil seines Wesens, das jedoch nie allein wirkt. Seine Melodie, mag sie sich auch noch so klar vorkommen, wird immer von dunklen Unterstimmen begleitet (vielleicht auch von Obertönen, die meist der Aufmerksamkeit entgehen?). Und es ist wichtig, dass er auf diese Stimmen hört und lauscht. Dann wird ihm nämlich deutlich werden, dass sie immer da sind, sein subjektives Denken, Fühlen und Wollen begleiten und damit gerade dem Ich-Erleben seine Beweglichkeit und »Klangbedeutung« geben (Jacobs 1983, S. 74).

Trotzdem: Eine solche Ich-Betrachtung wird manchmal als abgehoben, egozentrisch und Ich-süchtig bewertet. Doch worauf kommt es dabei an? Auf das Aus-sich-selbst-Sehen *und* auf das Sich-selbst-Ansehen. Bloßer Egozentrismus oder Egoismus ist das bestimmt nicht. Eine große weibliche Denkerin, Dolores La Chapelle, sagt:

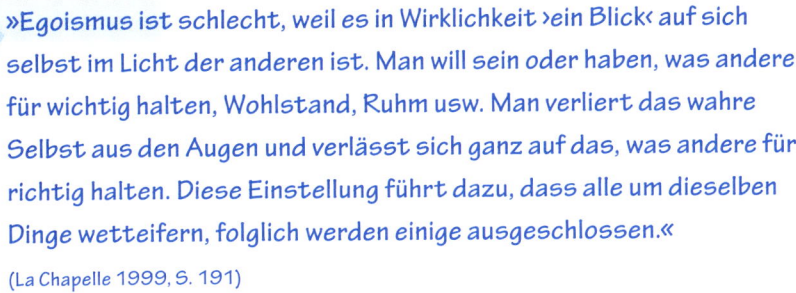

»Egoismus ist schlecht, weil es in Wirklichkeit ›ein Blick‹ auf sich selbst im Licht der anderen ist. Man will sein oder haben, was andere für wichtig halten, Wohlstand, Ruhm usw. Man verliert das wahre Selbst aus den Augen und verlässt sich ganz auf das, was andere für richtig halten. Diese Einstellung führt dazu, dass alle um dieselben Dinge wetteifern, folglich werden einige ausgeschlossen.«
(La Chapelle 1999, S. 191)

6.6 Dolph Kohnstamm und die blinde Stelle der Psychologie

Der niederländische Psychologe Dolph Kohnstamm liest eines Tages den Artikel eines älteren Fachkollegen. Ein Artikel, der anscheinend wenig Resonanz gefunden hat, und das bestürzt Kohnstamm, denn der Artikel enthält seiner Einsicht nach eine große Entdeckung, etwas, was von der Wissenschaft doch schon längst aufgearbeitet sein müsste. Worum geht es? Der Autor ist Herbert Spiegelberg, ein Deutscher, der vor dem Terror der Nazis schließlich in die USA geflohen war und der in der in Japan erscheinenden Zeitschrift »Psychologia« den Aufsatz »On the I-am-me experience in childhood and adolescence« (nach Kohnstamm 2004, S. 24 f.) veröffentlicht. In den USA, im Land des Behaviorismus und empirischen Positivismus findet der Aufsatz keine Resonanz. In Europa wird er immerhin zwei Mal nachgedruckt, u. a. 1961, aber das war's.

Spiegelberg beginnt seinen Aufsatz mit der Bemerkung, er habe in seiner Jugend eine »persönliche Erfahrung« gemacht, über deren Bedeutung er weder in der Philosophie noch in der Psychologie etwas gefunden habe. Dieses von ihm so genannte »I-am-me-Erlebnis« beschreibt er als eine »Tiefenerfahrung von Ich-Identität«. Darin löst sich das »me« in gewisser Weise vom Körper, das selbstreflexive Ich schaut wie von oben herab das handelnde, in der Zeit lebende Selbst an. Dies ist eine Möglichkeit. Aber das Tiefenerlebnis kann auch darin bestehen, gerade ein im Hier und Jetzt unausweichliches Ich-Selbst zu sein bzw. wie in einem Besinnungsrausch ganz in sich selbst aufzugehen. Und Spiegelberg führt auch mehrere Beispiele für solche Tiefenerlebnisse an, u. a. eines von C. G. Jung.

Nach Veröffentlichung des Aufsatzes – vielleicht aufgrund der mangelnden Resonanz – verfolgt Spiegelberg das Thema nicht weiter. Und Kohnstamm ist es rätselhaft, warum sich bisher niemand dieses Themas angenommen hat. Er macht sich dann selbst an die Arbeit. Er schreibt Kolumnen in niederländischen Tageszeitungen, führt als Beispiel das entsprechende Kindheitserlebnis von C. G. Jung an.

»Interviewer: Erinnern Sie sich noch an den Augenblick, als sie sich zum ersten Mal Ihrer selbst bewusst wurden?
Jung: Ich war elf Jahre alt und gerade auf dem Weg zur Schule, da geschah es. Es war, als ob ich die ganze Zeit im Nebel herumgelaufen war und plötzlich da rauskam und wusste: ›Ich bin. Ich bin, was ich bin.‹ Und als Nächstes kam der Gedanke: ›Aber was bin ich denn bis jetzt gewesen?‹ Da wurde mir klar, dass ich wirklich in einem Nebel gelebt hatte, in dem es für mich keinen Unterschied gab zwischen mir selbst und den Dingen. Ich war einfach ein Ding unter vielen anderen gewesen.«
(zit. n. Kohnstamm 2004, S. 9)

Fast noch subtiler hat der Dichter Jean Paul ein solches Erlebnis beschrieben:

»Nie vergess ich
die noch keinem Menschen erzählte Erscheinung in mir,
wo ich bei der Geburt meines Selbstbewusstseins stand,
von der ich Ort und Zeit anzugeben weiß.
An einem Vormittag stand ich
als ein sehr junges Kind unter der Haustüre
und sah links nach der Holzlege,
als auf einmal das innere Gesicht ›Ich bin ein Ich‹
wie ein Blitzstrahl vom Himmel vor mich fuhr
und seitdem leuchtend stehen blieb:
Da hatte mein Ich zum ersten Male
sich selber gesehen und auf ewig.
Täuschungen des Erinnerns sind hier schwerlich denkbar,
da kein fremdes Erzählen
in eine bloß im verhangenen Allerheiligsten des Menschen
vorgefallene Begebenheit,
deren Neuheit allein so alltäglichen Nebenumständen
das Bleiben gegeben,
sich mit Zusätzen mengen konnte.«
(zit. n. Kohnstamm 2004, S. 24f.)

Dolph Kohnstamm führt in seinen Veröffentlichungen diese Beispiele an, und er bittet um Zuschriften. Als er diese Aktion im Juni 2002 in der Zeitschrift »Psychologie heute« veröffentlichen kann, erhält er so viele Zuschriften, dass er sich entschließt, ein Buch darüber zu schreiben und die einzelnen Variationen dieses Tiefenerlebnisses zu dokumentieren und zu kommentieren. Außerdem recherchiert er in Biografien von Künstlern, Schriftstellern und Wissenschaftlern. Einige wenige Beispiele möchte ich hier anführen.

Bei Jean Paul und C. G. Jung ist dieses Erlebnis noch geheimnisvoll und wunderbar. Es eröffnet Perspektiven. Dieser an sich positive Vorgang wird dann später z. B. bei den Schriftstellern Julien Green und Jean-Paul Sartre ganz anders bewertet. Für Julien Green ist das Ich wie der »Engel mit dem Flammenschwert«, der die Rückkehr ins Paradies verhindert.

»Es war die melancholische Stunde, in der die erste Person Singularis in das menschliche Dasein ihren Einzug hält, um von da an eifersüchtig bis zum letzten Seufzer ihren Platz im Vordergrund der Bühne zu behaupten.«

(zit. n. Kohnstamm 2004, S. 23)

Bei Jean-Paul Sartre ist das existenzialistische Pathos in der Darstellung dieses Erlebnisses unüberhörbar.

»Was aber soll man mit einer Entdeckung anfangen, die nur Angst einflößt und nichts hergibt? Die meisten beeilen sich, sie zu vergessen. Jenes Kind aber, das sich selbst in Verzweiflung, Wut und Eifersucht begegnete, wird sich zeitlebens gedanklich im Kreise drehen, befangen in stagnierendem Nachsinnen über seine formale Einzigartigkeit. ›Ihr habt mich weggejagt‹, wird es seinen Eltern zurufen, ›ihr habt mich herausgestoßen aus diesem vollkommenen Ganzen.‹«

(zit. n. Kohnstamm 2004, S. 23)

Einige der vielen eingesandten Berichte lesen sich durchaus im Sinne von Sartre.

»Blitzartig ›wusste‹ ich, dass ich ein Einzelwesen war, eine eigenständige Person, losgelöst und getrennt von allen anderen Menschen, auch von meinen zwei älteren Geschwistern. Ich weiß auch noch, dass ich Angst bekam und mir schutzlos vorkam.«

(Kohnstamm 2004, S. 32)

Doch die Mehrheit der Berichte – auch wenn sie aus beengten Verhältnissen stammen – lassen sich eher der Sichtweise von Jean Paul und C. G. Jung zuordnen.

> »Ein Geruch, der aus dem weichen Treppenbelag stieg, ein Sonnenstrahl, der durch ein gelbes Stück der Bleiverglasung verstärkt wurde, ließ mich auf einmal auf einer Treppenstufe innehalten, als hätte ich eine Hand auf meiner Schulter gespürt. ›Ich bin ich‹, sagte ich kurz darauf leise zu meiner Mutter.«
> (Kohnstamm 2004, S. 59)

Und etwas ausführlicher diese Erinnerung einer Frau an ihr Ich-bin-ich-Erlebnis im vierten Lebensjahr:

> »(...) Wie an jenem Tag, als mir der Himmel noch nie so blau und die Sonne noch nie so strahlend vorgekommen waren. Ich kletterte auf die bereitstehenden Schemel, um die Schönheit des Tages besser sehen zu können. Als ich so stand, fühlte ich mich nicht wie ein kleines Mädchen, das ich war, sondern wie jemand, der gerade dabei ist, etwas zu entdecken. Ich schaute und staunte und freute mich an allem, was sich meinen Augen darbot: an den Baumwipfeln, in denen Vogelgezwitscher zu hören war, am Spiel der Sonne mit den Bäumen, die ihre Schatten warfen ... Plötzlich begann ich zu singen: von der großen, weiten Welt, die mir so wunderschön erschien. Und dann geschah es, dass mir bewusst wurde, ein Ich zu sein in dieser großen, weiten Welt und dass ich darin leben möchte. Ich sang immer weiter – an andere Worte als an die der großen, weiten Welt erinnere ich mich nicht – und fühlte mich wohl.«
> (Kohnstamm 2004, S. 60)

Das sind nur kurze Ausschnitte der von Kohnstamm gesammelten, auf ihre Glaubwürdigkeit überprüften und kommentierten Ich-bin-ich-Erlebnisse. Ich hoffe jedoch, dass schon damit Art und Thematik dieses Erlebnisses einigermaßen klar wurden.

6.7 Zur Eigenheit der Ich-bin-ich-Erlebnisse

Versuchen wir nun, dem Ich-bin-ich-Erlebnis weiter auf die Spur zu kommen. Wodurch unterscheidet es sich von anderen biografisch und existenziell wichtigen Erlebnissen? Für viele, die davon erzählen, ist es ein Geheimnis. Ein Geheimnis, das sie erst einmal für sich behalten und worüber sie mit niemandem reden wollen. An das sie immer wieder denken und das sie doch niemandem mitteilen. Bis ... dann schließlich doch jemand kommt und direkt danach fragt. Es ist offensichtlich kein Thema, über das man einfach mal so spricht. Es bleibt dem Einzelnen überlassen, damit umzugehen. Diese Tatsache wirft aber auch ein spezifisches Licht auf die Gesellschaft, in der es schwirig ist, über so etwas zu sprechen. Es scheint zu persönlich, zu intim, zu privat, zu egozentrisch oder was auch immer zu sein und doch gleichzeitig etwas, das uns mit allen verbindet! Manche berichten auch, dass sie versucht haben, es anderen mitzuteilen, sich dann aber kaum verstanden fühlten. Das Ganze wurde eher heruntergespielt, kindlicher Tagträumerei zugesprochen oder in eine besondere Schublade gesteckt und abgehakt. Außerdem ist der thematische Bezug suspekt und könnte auf bestimmte pädagogisch-ethische Aversionen stoßen: Man soll nicht immer »Ich« sagen und sich selbst in den Mittelpunkt rücken. »Ich« im Brief gehört nicht an die erste Stelle. Traditionelle Bescheidenheitserziehung also könnte ein Grund für die Abwehr dieses Themas sein. Für die damaligen Kinder, die heute als Erwachsene von diesem Erlebnis berichten, gab es früher dafür keine Möglichkeit, auch nicht im Religions- und Philosophieunterricht, im Familienkreis, im Freundeskreis bis hin zu Analysen und Therapien. Und die psychologische Fachliteratur hat sich um dieses Thema auch nicht gekümmert. Es ist ein Kindheitsgeheimnis geblieben, und das macht ja auch seinen Reiz aus.

Leise sing ich vor mich hin
Ich bin ich, jawohl, ich bin!

Doch halt! Vielleicht bin ich ja in der Darstellung der Abwehr gegen dieses Erlebnis etwas zu harsch. Zumindest in der Literatur und auch in der Kinderlyrik gibt es Annäherungen, sonst könnten wir hier über dieses Thema wohl gar nicht reden (gemeint sind hier Gedichte, z. B. von Michael Ende, Christine Nöstlinger und auch meine eigenen Ich-Gedichte und -Texte, z. B. in der Erzählung »Zauberfisch«). Des Weiteren: Licht, Natur, Abgeschiedenheit ... scheinen eine große Rolle für die Ich-bin-ich-Erlebnisse zu spielen, machen seine »Er-scheinung« aus.

Oft ist von Licht, von Sonne, von Sonnenlicht die Rede. Keine pralle Sonne, kein rundum schönes Wetter, sondern eher ein einzelner Sonnenstrahl, ein Lichtfleck an einem besonderen, abgeschiedenen Ort. Das kann eine Wiese, ein Wald, aber auch die Toilette sein. Das äußere Lichtereignis wird als etwas Besonderes wahrgenommen. Es ist wie ein Zeichen, eine Einleitung, ein Hinweis. Dabei wurde die Situation in keiner Weise vorbereitet. Sie ist nicht geplant, wurde nicht angekündigt. Alles ereignet sich eher beiläufig und zufällig. Mit Zeit und Zeiteinteilung hat es wenig zu tun. Die äußere Lichterscheinung macht etwas sichtbar, hebt etwas hervor, ist Grundlage dafür, dass wir etwas sehen und erkennen können.

Der *innere* Prozess, der »Raum«, der sich nach innen öffnet, wird ebenfalls von Licht durchflutet, wird mit Wörtern für äußere Lichterscheinungen beschrieben. »Vorher lebte ich in einem Nebel« (C. G. Jung). »Jetzt war da Licht.« Und dieses Licht erscheint meist plötzlich. Lichtstrahl, Lichtblitz, Gedankenblitz, eine luzide Plötzlichkeit öffnet den großen Raum der Einsicht und Aussicht. Auf-klärung aus dem Stand (der oft ein Liegen auf der Wiese ist), ohne dass ein einziges Buch angerührt werden muss. Ohne dass ein großer Denker, Philosoph oder Religionsstifter herbeizitiert werden muss. Alles ereignet sich im Ich und zum Ich hin, ohne dass eine äußerlich sichtbare Hilfe und Anleitung da sind.

Kein Buch spielt da unmittelbar eine Rolle, kein Gebet und kein religiöser Text. Kein Fernsehen, kein Internet, kein Handy. Nichts Schriftliches. Ein äußeres Naturerlebnis dagegen spielt oft eine Rolle, und dieses wiederum, die Versenkung und die Besinnung da hinein, gibt die Möglichkeit, die innere Natur zu erspüren und zu erleben. Abgeschiedene Einsamkeit scheint erforderlich. All-ein-Sein. Zusammen mit anderen wäre das so nicht möglich.

Das Ich-bin-ich-Erlebnis ist eine ungeplante Besinnung, die geschieht. Es ist keine Reaktion oder Resonanz auf eine religiöse oder sonstwie ethisch-moralische Information über das Wesen der Menschen, über die Essenz seines Daseins. Fast wie eine natürliche Anlage zur Spiritualität als Bewusstwerdung. Könnte es aber so etwas sein wie ein privates Initiationserlebnis? Eine Art spontanes Ritual für eine neue Lebensphase oder gar für einen Lebensweg, eine Weltanschauung, einen Beruf als Berufung?

Bekannt ist die Darstellung solcher Erlebnisse in Biografien »großer« Männer und Frauen. Kohnstamm kam es jedoch darauf an, die Bedeutung der Ich-bin-ich-Erlebnisse überhaupt erst einmal bekannt zu machen und im psychologischen Kontext zu klären. Und das ist schon eine Menge. Darauf können wir aufbauen.

6.8 Körperkontrolle – »Ich« und Atem

Im Ich-bin-ich-Erlebnis werden die äußere Beweglichkeit und das damit unmittelbar zusammenhängende Selbstwertgefühl in innere geistige Bewegung umgesetzt. Diese schafft sich dann ihren eigenen Raum, folgt ihren eigenen Gesetzen. Und das macht sie fähig, auch eine gewisse Distanz zum Körper zu erzeugen. Dies kann ein Akt geistiger Selbst-Erkenntnis sein, aber auch pathologische Formen annehmen. Dann kommt es zum Konflikt zwischen Ich und Körper. Das Ich wird neurotisch, schizoid oder im Extremfall schizophren.

Das neurotische Ich unterdrückt den Körper und seine Bedürfnisse, um ihn ganz und gar zu kontrollieren. Der Körper wird sich aber nicht alles gefallen lassen, und das wiederum wird Angst und Panik erzeugen. Das schizoide Ich aber möchte überleben, und so beginnt es, den Körper zu leugnen. Und wenn diese Angst überhaupt nicht mehr auszuhalten ist, trennt sich das Ich vom Körper. Es kommt zur Persönlichkeitsspaltung, zur Schizophrenie.

Die Trennung von Körper und Ich wurde zum immer wieder variierten Thema der modernen Literatur (z. B. bei Kafka) und natürlich der Psychologie. Nun mag man sagen, mit der Ich-Entwicklung bei Kindern hat das alles zum Glück nichts zu tun. Das sind Fehlentwicklungen bei Erwachsenen. Bei den Kindern ist alles noch einheitlicher und zusammenhängender. Aber das täuscht. Immer mehr Kinder haben Übergewicht, Distanz zu ihrem Körper, wenig Körpergefühl und wenig Respekt vor der Empfindsamkeit des eigenen und des Körpers von anderen. Andererseits driften immer mehr Kinder in mediale und virtuelle Welten ab. Die natürlichen geistigen Energien zur Ich-Bildung werden fehlgeleitet und wandern auf ihre Weise weiter. Früher sagte man »nervös«. Das aber mehr bei Erwachsenen. »Zappelig« – damit waren dann die Kinder gemeint. Heute redet man von Hyperaktivität, von ADS. Dabei haben auch diese Phänomene etwas mit der Ich-Entwicklung des Kindes zu tun. Diese gerät nämlich aufgrund der Schwemme medialer Reize und des Fehlens persönlicher An- und Aussprache ins Hintertreffen. Das führt zu latenten Notzuständen, in denen die Kinder sich als Ich-los empfinden. Also sind sie ständig darauf aus, ihr Ich zu erstrampeln und zu erzappeln, als könnten sie es nur auf diese Weise bekommen und als müssten sie es nach außen schützen. Deshalb erscheint es mir wichtig, auf das Bewegungs-Ich und seine geistigen Dimensionen immer wieder zurückzukommen und es in seiner ganzheitlichen Bedeutung herauszustellen. Es ist kein ausgedachtes, aufgesetztes Ich. Es kommt aus den natürlichen Anlagen unserer körperlichen und geistigen Beweglichkeit. Und es lässt auch unsere Sprache natürlich, intensiv und lebendig werden.

Wir haben gesehen, die Ich-Entwicklung und ihre Bedeutung für Sprache und Identität sind weder ein Scheinproblem noch etwas, was sich aus einer einzigen Perspektive hinreichend begreifen lässt. So haben wir uns dem Phänomen von unterschiedlichen Seiten genähert. Wir haben uns auf die Mikroebene der neueren Biologie begeben, die bereits in der einzelnen Zelle individualisierende Instanzen sieht. Wir haben andererseits vom Bewegungs-Ich bestimmter Menschenaffen gehört. Wir haben beobachtet, wie das Ich des Kindes in der Sprache nach und nach kenntlich wird. Und wir haben gesehen, wie das Ich in der Philosophie der Erwachsenen ein fast bodenloses Problem darstellt. Die Orientierung an der geistigen Ausrichtung des immer wieder herausgearbeiteten Verbunds von leiblicher und sprachlicher Beweglichkeit im Bewegungs-Ich hat uns geholfen, dieser Gefahr zu begegnen. Und wir sind schließlich auf die bereits wissenschaftlich beschriebenen Ich-bin-ich-Erlebnisse gestoßen.

Die vier Grundbeweglichkeiten (Kap. 1) waren als Bezugspunkte für das Bewegungs-Ich ebenfalls von Bedeutung:

- Die Tätigkeit des *Herzens* und die organismische Vielfalt seiner Funktionen bilden eine leiblich-energetische Grundlage für die Ich-Identität.
- Die Hand und ihre feinmotorische Entwicklung, insbesondere die Zeigefunktion, bringen den Ich-Finger hervor, der aber polar auch auf das Du bezogen werden kann.
- Aufrichtung und aufrechter Gang sind eine basale Voraussetzung für Sprache und Ich-Sagen bzw. für das menschliche Bewegungs-Ich.
- Auch der Atem als erste Grundbeweglichkeit wurde verschiedentlich angesprochen.

Das Bewegungs-Ich ist immer auch ein Atem-Ich, kann sich durch bestimmten Umgang mit dem Atem stabilisieren, aber auch destabilisieren, kann (geistige) Räume öffnen, aber auch abschotten und zumachen: Inneres und Äußeres, Geistiges und Leibliches spielen da zusammen. Für das Sprechen und schließlich auch für das Singen ist Atem eine wichtige Basis.

Nehmen wir zur Veranschaulichung den Begriff »Inspiration«. »Inspiration« bedeutet einerseits »Einatmung«, die Luft hineinholen bzw. einströmen lassen. Also etwas Stofflich-Leibliches. Und es bedeutet den Prozess geistiger Impulsgebung, geistig-gedanklicher Belebung und Beflügelung. Und vom Atem ist es nur ein kleiner Schritt zum Summen, Tönen und Singen.

6.9 Kleiner Exkurs zum Summen und Singen

> Wenn Sie die Stimmbänder aktivieren, so den Ausatem tönen und die Lippen geschlossen lassen, kommen Sie nicht gleich zum Singen und zur Sprache, sondern erst einmal zum Summen. Das Summen aktiviert die Stimmbänder, bewirkt »Wohlspannung« für Rachenraum und Zunge, lässt die Lippen angenehm vibrieren und leitet den Ausatem durch die Nase. Es kann Verspannungen lösen und sich schließlich im ganzen Körper ausbreiten, ein angenehmes Einvernehmen mit sich und der Welt verschaffen (Henderson 2007). Öffnen Sie für den tönend gewordenen Atem den Mund, kommen Sie zur vokalen Äußerung, zum Tönen in einzelnen Lauten und Silben und dann zum Singen.

Singen kommt vitalen Bedürfnissen insbesondere des Kindes, aber auch der Jugendlichen und Erwachsenen entgegen (siehe hierzu: Bossinger 2006; Adamek 1996). Es ist tönend gewordener Atem und entsteht naturgemäß aus energetischem Überfluss. Aber häufig wird es mit der Kunstfertigkeit eines Spezialorgans verwechselt. Die Bewegungslehrerin Dore Jacobs meint, Singen sollte als Naturvorgang gelehrt werden.

Stattdessen wird im Gesangsunterricht künstliche Mundbewegung eingeübt und die Atmung zum bloßen Motor degradiert. Ihrer Meinung nach soll der Ton in erster Linie menschlich sein und nicht unbedingt schön. Der ganze Mensch soll da herausklingen, sein Leib *und* seine Seele.

Alfred Tomatis hat es immer wieder betont: Der Ton wird nicht durch stimmtechnische Rezepte hervorgebracht oder sogar »ausgestoßen«. Er wird vom Hören her gefunden, und er »strömt«. Je mehr man sich dem Horchen und Er-lauschen hingibt, desto voller kann er klingen. Ton und Atmung beeinflussen sich gegenseitig. Je freier der Atem, desto voller der Ton! Der Gesang wird lebendiger und natürlicher. Die akkurate Gleichmäßigkeit verschwindet. Ein Aufseufzen aus der Tiefe, zarte nach innen schwingende Wellen, ein kraftvolles Rufen wechseln einander ab. Ruhiges Atmen tritt ein. Kein Luftschnappen ist mehr nötig. Die Schönheit wird nicht gemacht. Sie ergibt sich von selbst (nach Jacobs 1983, S. 225). Man kann sagen, dass durch unterschiedlichen Umgang mit dem tönend gewordenen Atem auch unterschiedliche Formen von vokalen Äußerungen, von Tönen und Singen entstehen, die ein unterschiedliches Lebensgefühl hervorrufen. Hier ein Ausschnitt:

- Lange, frei ausklingende *Vokale* lassen den Atem kraftvoll und ruhig strömen, erzeugen ein Gefühl von ruhender Kraft.
- Bei den *Konsonanten* dienen die stimmlosen mehr der Atemspannung, die stimmhaften der Atemformung und -vertiefung.
- Nach innen schwingendes *Summen* lässt den Atem klein und den Menschen lebendig still werden.
- *Dunkle, tiefe Töne* sprechen mehr den Brustkorb an, helle, hohe mehr Zwerchfell und Bauchmuskeln.
- Kleine *Stakkato-Schreie* lassen das Zwerchfell hüpfen wie beim Lachen und wecken ein Gefühl innerer Kraftfülle.
- Helles, langes *Schreien* aktiviert die gesamte Bauchmuskulatur, spannt das Zwerchfell, lässt den Atem tief und frei nach unten durchgehen und macht Lust zu körperlicher Entfaltung (nach Jacobs 1983, S. 256).

6.10 Das Singen und seine heilsame Wirkung für das »Ich«

Summen, Tönen und Singen im Einklang mit und in Aufmerksamkeit für den Atem können helfen, das isolierte, das sich selbst entfremdete, das verstörte und klein gemachte und das übermäßig gespreizte Ich wieder in »Einklang« mit sich selbst zu bringen, in »Einklang« mit anderen und der Welt. Das beginnt schon mit dem Summen, das in anderen Kulturen, z. B. in der tibetischen, eine größere Rolle spielt als bei uns. Julie Henderson sagt dazu:

> »Durch den Körper zu summen ist ein wichtiges Werkzeug, um die unser Leben prägende Information zu verändern. Von meinen tibetischen Lehrern habe ich gelernt, dass es spezielle, ›informationsspezifische‹ Arten des Summens gibt. Sie tragen die Information in der kohärenten Form ihrer Klänge. Informationen über das, was wahr ist – oder wahr sein kann. Sie enthalten Informationen des Mitgefühls, der Klarheit oder des Heilens. Sie sind dazu da, um gezielt die Wahrnehmung zu verändern.
>
> Um es noch einmal zu sagen: Summen ist eine Methode, um die sehr feinen Strukturen des Körpers zu berühren – insbesondere all die ›tanzenden‹ Teilchen, die in ihrer Form Information tragen, was im Grunde Neurochemie ist.«
>
> (Henderson 2007, S. 57; Hervorhebung durch den Autor)

Wenn schon so etwas wie das einfache Summen derartige Wirkung haben kann, wie mag es dann erst mit entsprechenden Formen des Singens aussehen? In einer Expertise über die neuronale Bedeutung des Singens geht der Hirnforscher Gerald Hüther dieser Frage nach und spricht in diesem Zusammenhang von »Sternstunden für Kindergehirne«.

> »Im gemeinsamen, unbekümmerten und nicht auf das Erreichen eines bestimmten Zieles ausgerichteten Singen erleben Kinder solche Sternstunden. Sie sind Balsam für die Seele und Kraftfutter für das Gehirn. (...) Es ist eigenartig, aber aus neurowissenschaftlicher Sicht spricht alles dafür, dass die nutzloseste Leistung, zu der Menschen befähigt sind – und das ist unzweifelhaft das *unbekümmerte und absichtslose Singen* –, den größten Nutzeffekt für die Entwicklung von Kindergehirnen hat.« Sternstunden also, die jedoch, so Hüther, »(...) in einer von Effizienzdenken, Reizüberflutung, Verunsicherung und Anstrengung geprägten Lebenswelt leider immer seltener« werden.«
>
> (Hüther 2006, S. 1f.; Hervorhebung durch den Autor)

Hüther redet nicht vom Singen allgemein. Er hebt eine besondere Art, das »unbekümmerte, absichtslose Singen« hervor, und etwas Ähnliches sagt er sogar vom Denken.

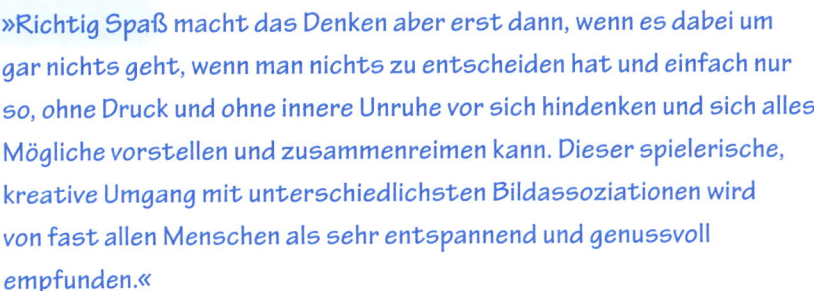

»Richtig Spaß macht das Denken aber erst dann, wenn es dabei um gar nichts geht, wenn man nichts zu entscheiden hat und einfach nur so, ohne Druck und ohne innere Unruhe vor sich hindenken und sich alles Mögliche vorstellen und zusammenreimen kann. Dieser spielerische, kreative Umgang mit unterschiedlichsten Bildassoziationen wird von fast allen Menschen als sehr entspannend und genussvoll empfunden.«

(Hüther 2006, S. 88)

Nur: Die negative Erfahrung gibt es auch, gerade beim Singen. Denn Singen kann ja auch – und das hat sich bei vielen Menschen eingeprägt – zum Medium autoritärer Erziehung im kirchlichen und sonstigen gesellschaftlich-ideologischen Bereich funktionalisiert werden.

Erlebnisse mit der eigenen Stimme können traumatisch sein und ein Leben lang nachwirken, wenn sie – meist in Schulsituationen – mit negativen Wertungen verbunden sind. An solche Situationen können sich die Betreffenden meist auch dann noch ganz genau erinnern, wenn sie schon mehr als fünfzig, sechzig Jahre zurückliegen. Und sie haben dann schon lebenslang die Lust am Singen behindert oder gar verdorben, durch solche Sätze wie:

- Mit *der* Stimme musst du ja nicht zum Chor kommen …
- Du brauchst nicht mitsingen …
- Deine Stimme, na ja, man muss ja nicht alles können!

Oder auch nur das Gesicht des Lehrers beim gefürchteten Vorsingen. Das war wie Auswendiglernen: für viele fürchterlich, für manche auch ein Segen.

Solche Bewertungssituationen gibt es ja in der Schule dauernd, sie gehören zum schulischen Alltag und werden ertragen und in ihren Einzelheiten meist schnell vergessen. Doch wenn es um die Stimme geht, ist das nicht so. Dann wirkt das negative Urteil oft wie ein »Stich ins Herz«. Und wir wissen jetzt auch, dass das nicht nur ein sprachliches Bild ist, sondern auf einen realen Zusammenhang hinweist. Stimme, Herz und Sprache gehören zusammen, und wir haben gesehen, wie dieser Zusammenhang schon im Mutterleib hergestellt wird und wie er dann zu einem Grundelement menschlicher Kommunikation wird.

In Hinsicht auf eine zukünftige humane gesellschaftliche Entwicklung und nicht mehr und nicht weniger als auf die Selbstrettung der Menschen haben Karl Adamek und Thomas Blank – beide ausgewiesene Theoretiker und Praktiker einer neuen Alltagskultur des Singens – ihre »Quantensprunghypothese« durch Singen formuliert.

> »Der Mensch ist im Begriff, durch sein Verhalten seine Existenzgrundlagen zu gefährden. Trotzdem ändert er in der Regel sein Verhalten nicht, weil er nicht wirklich fühlt, was er tut. Der mehrheitliche Mangel an Fühlfähigkeit ist der Tatsache geschuldet, dass der Mensch noch nicht das ganze Potenzial seines Menschseins entwickelt hat.
> Der Entfaltung seines musikalischen Wesens und da zuerst seines Singens als Basis der Musik kommt hier eine Schlüsselfunktion zu. In der Entfaltung seines ganzen Potenzials liegt die Logik seiner Selbstrettung.«
>
> (Adamek/Blank 2009)

Von Sprachförderung und Sprache als zentralem Medium von Bildung überhaupt wird viel geredet. Unter anderem mit Hinweisen auf sprachliche Defizite, auf Sprachzerfall und Sprachverarmung werden umfangreiche Evaluationen und entsprechende Förderprogramme aufgestellt. Im Bereich des Singens sind vergleichsweise wenige Stimmen hörbar. Und deshalb sind die Verlautbarungen von Karl Adamek und Thomas Blank so wichtig.

Trotzdem hierzu eine kritische Anmerkung. Adamek und Blank trennen die Sprache vom Singen. Sprache sei hier schon als Medium der Entwicklung des Denkens weit fortgeschritten. Singen als Medium des Fühlens würde in ähnlich rasantem Fortschritt einen Quantensprung und die Selbstrettung der Menschheit bedeuten. Sprache für Denken und Singen für Fühlen also. Eine solche Trennung kann man durchführen, vergisst bzw. übergeht dabei aber wichtige Bereiche:

- Da ist zunächst die Literatur, die Poesie, die Kinderliteratur, die Kinderlyrik und selbstverständlich auch das Kinderlied, die sich keineswegs einseitig auf die Entwicklung des Denkens reduzieren lassen.
- Da ist der Begriff der »emotionalen Intelligenz«, und da sind die alternativen Programme zur Sprachförderung, die davon ausgehen, dass ein wesentlicher Impuls für das Sprachlernen von der oft vernachlässigten emotional-motorischen Dimension ausgeht. Mein gesamtes hier vorgelegtes Buch beruht auf der Herausarbeitung dieser Dimension.
- Gesang und Sprache gehören seit Urzeiten zusammen. In diesem einen Punkt sind sich sogar die deutschen Romantiker und kein anderer als Charles Darwin ausnahmsweise einmal einig. Natürlich gibt es in unserer Gesellschaft und in unserem Alltag diese sinnlose Trennung von Sprache und Singen. Und es gibt das Spezialistentum in beiden Lagern. Gleichzeitig gibt es aber Bereiche, in denen Sprache und Singen notwendige und auch in Zukunft sinnvolle Bestandteile sind. Heutzutage, aber auch in den Jahrzehnten davor, im frühen 20. und sogar im 19. Jahrhundert sind viele neue Kinderlieder entstanden. Wie bei den Anläufen zum Volks-

lied auch haben es einige dieser neuen Kinderlieder zu großer Verbreitung – gerade auch im Sinne eines Volksliedes – gebracht. Gehört dieser Bereich, in dem Sprache und Musik eine Verbindung eingehen, auch zur geforderten Alltagskultur des Singens?

Gleichwohl – die Notwendigkeit, sich auf neue Weise mit dem Singen zu befassen, kann nicht genug betont werden. Man beginnt sich wieder auf die Bedeutung des Selber-Singens zu besinnen. Gemeinsames Tönen und Singen führen auf ganz natürliche Art vom Ich zum Wir. Das wurde schon lange Zeit und in unterschiedlichen Kontexten praktiziert und leider auch oft missbraucht, um Menschen gehorsam, autoritätsgläubig und für kirchliche, politische und wirtschaftliche Macht manipulierbar zu machen. Wer das einmal erfahren musste bzw. bei anderen sehen konnte oder auch nur oft davon gehört hat, der wird um das Selber-Singen einen Bogen machen und sich eher aufs Sprechen, auf die Sprache verlegen. So bleibt das Singen in weiten Bereichen des geselligen Verkehrs der Menschen außen vor. Auch diese Tendenz lässt sich feststellen. Singen ist entweder zu privat oder zu kollektiv. Und man bleibt bei der Sprache, bleibt beim Sprechen.

6.11 Sprechen und Ichbezogenheit

Das Sprechen stellt besondere Anforderungen an den Atem. Es erfordert anders als das Singen ein erhöhtes Maß an Atemkontrolle sowie eine vielfältigere und stärkere Aktivität der Artikulationsorgane und ihrer Muskulatur. Beim Sprechen spielen die Konsonanten als Strukturierungsmittel eine große Rolle. Beim Singen werden die Vokale zu differenzierterem Gefühlsausdruck verwendet. Und das wiederum ist Ausdruck der Tatsache, dass das Sprechen eng mit den vielfältigen Formen unseres Denkens verbunden ist. Ja, man kann sogar das Denken als verinnerlichtes Sprechen ansehen, ein Sprechen, das leicht und lautlos wurde und zu immenser Beschleunigung, Abstraktions- und Fantasieentwicklung fähig wurde.

Das Denken und damit auch das Sprechen hat – anders als das Singen – etwas mit Analyse, Differenzierung, Individualisierung und Ich-Zentrieren zu tun. Es kann bewirken, dass das Ich davonrennt, sich aufbläst und isoliert. Es kann Kopflastigkeit und Egotrip bewirken, in ganz unterschiedlichen Bereichen, seien diese nun wirtschaftlicher, politischer, künstlerischer oder auch religiöser Natur. Gerade heute: Das »Ich« wird zum Phänomen in der Sprache und der Gesellschaft. Es saugt Bedeutungen auf, die es noch nicht hatte. Es dringt unaufhörlich in neue Kontexte ein.

ICHOLOGIE

> Jetzt hat das Ding auch noch Karriere gemacht.
> Eine Holländerin hat ihr ICH
> geheiratet. Und das ausführlich
> begründet.
> Ein Schriftsteller nennt sein Buch: ICH.
> Das Ich wird zum Denkmal,
> zum »neuen Gott«.
> Zeitschriften mit riesiger Auflage
> protzen mit dem ICH auf ihren Titelseiten.
> Ein Popduo nennt sich schlicht
> ICH und ICH.
> Sind wir die neue Generation der
> ICHlinge?
> Ich ist in! Okay, und jetzt kommst
> Du.

6.12 Identität und Wortvertiefung

In dieser Gesellschaft und auf dieser Stufe der zivilisatorischen und massenmedialen Entwicklung scheint etwas, was schon lange Zeit eine problematische Herausforderung war, nämlich Ich-Stärke im Sinne des Bewegungs-Ichs zu gewinnen, in besonderer Weise schwierig geworden zu sein. Identitätsstiftende Übergangs- und Initiationsrituale fehlen völlig. Und so gibt es gerade unter männlichen Jugendlichen eine verzweifelte und immer wieder verquere Suche nach Identität und Zuwendung.

»Ich hasse, also bin ich«, hat der Psychoanalytiker Martin Almeyer seine Ausführungen zu jüngsten Amokläufen überschrieben: »Ich hasse, also bin ich« – aber erst in dem Augenblick, in dem ich meinen Hass zum Ausdruck bringe und die entsetzte Welt daran teilhaben lasse (Almeyer 2006, S. 11)!

Sich selbst im Spiegel der anderen neu zu erfinden ist bereits ein Konzept der Romantik und führt bis zum Spiel mit dem multiplen Ich im Internet und bleibt vergleichsweise harmlos. Bei den Amokläufen geht es jedoch um eine moderne Form der identitätsstiftenden Kraft der Gewalt. Und dahinter steckt immer ein verzweifeltes und verletztes Ich, das seinen Platz nicht finden konnte.

Wir wissen inzwischen, dass Psyche, Emotionalität, Körperbewusstheit und Sprache auf vielfältige Weise miteinander verbunden sind. Die hieraus gewonnenen Erkenntnisse und deren praktische Umsetzung können meines Erachtens mithelfen, verhängnisvollen Entwicklungen den Boden zu entziehen. Wir waren an verschiedenen Stellen dieses Buches auf die besondere Ansprache der Jungen zu sprechen gekommen. Moderner Unterricht kommt »(...) eher den Mädchen entgegen, da mehr Wert auf Gemeinschaftssinn, Harmonie und Kommunikation gelegt« wird. Bewegung, Geschicklichkeit, Kraftspiele und -übungen – dafür ist in der Schule meist wenig Platz.

Und bei Dore Jacobs haben wir gesehen, wie aus der Bewegungsaufmerksamkeit eine in sich ruhende Ich-Zentrierung bewirkt werden kann. Lässt sich das aber so einfach auf die sprachlich-geistige Beweglichkeit übertragen?

Ich habe in den einzelnen Kapiteln dieses Buches, in der Darstellung der unterschiedlichen Elemente von Sprache als »kommunikativem Tanz« immer wieder zu zeigen versucht, dass diese Frage bejaht werden kann, dass dieser Weg möglich ist. Kleine Schritte. Kein großes Projekt. Keine umfassende Systematik oder didaktische Methode, die man einfach nur handhaben muss. Und ich halte mich da an den Quantenphysiker Hans Peter Dürr, der sagt:

»Lasst uns nicht den Inhalt, der in der Schule gelehrt werden soll, detailliert aufschreiben in dem Sinne, was ist später wichtig und was ist unwichtig. Lasst das offen! Schreibt nur auf, was ihr für wesentlich haltet. (...) Überlasst es den Schulen und den Lehrern, was sie auswählen wollen. Es ist sowieso zu viel, was man eigentlich lernen sollte.«

(Dürr/Oesterreicher 2007, S. 88)

Experimente, Übungen zur eigenen leiblichen und sprachlichen Beweglichkeit als Basis für die Lernarbeit mit Kindern sind erforderlich. Man muss sich aber je nach Standpunkt und Einstellung einen eigenen Zugang suchen. Die angeführten Beispiele weisen auf Möglichkeiten hin. Also: die Einsicht, die z. B. Dore Jacobs in den Charakter menschlicher Beweglichkeit hat, auch auf geistig-sprachliche Beweglichkeit übertragen, und zwar auch in Zusammenhang mit der Thematik dieses Kapitels.

In Zusammenhang mit dem Ich und dem energetischen Atem könnten die Ausgangsfragen sein:

Was habe ich zu sagen?
Inwieweit sind meine Worte Ausdruck meiner leiblichen, geistigen und sprachlichen Beweglichkeit?
Kann ich dieses Wunder in meiner eigenen Existenz nachfühlen, empfinden und gestalten?

Oder kommt mir das alles als halb- bzw. ganz automatisiertes Handwerkszeug vor, das mehr oder weniger gut funktioniert, aber keiner eigenen Aufmerksamkeit bedarf? Worte, vor denen sich das Ich zurückzieht, weil sie zum Blabla werden, zum sozialen Geräusch oder zu »faulen Pilzen«, wie sie dem Lord Chandos vom nachdenklichen Dichter Hugo von Hofmannsthal aus dem Mund fallen. Der Rekurs auf Körpergefühl und Bewegung, auf die motorisch-energetische Dimension geistiger Vorgänge hilft uns hier weiter.

Wir müssen dem sich entwickelnden Kind mit der eigenen Entwicklung entgegengehen. Und das ist ein langwieriger, aber auch zutiefst lebendiger Prozess, wie ich es in diesem Buch zu zeigen versucht habe. Wir müssen uns bewusst und zugleich intuitiv und spielerisch in jene Regionen der Sprache vorarbeiten, in denen das Kind noch unbewusst lebt (siehe hierzu Patzlaff 2003, S. 68). Dies mag regressiv und kindergartenmäßig aussehen, erfordert aber gerade die Herausbildung neuer Kompetenzen und kreativer Fähigkeiten. Ich muss Selbsterfahrung, Poesie und spielerische Übung als Erkenntnismittel einbeziehen. Das erfordert Hingabe an die entsprechenden Formen leiblicher und sprachlicher Beweglichkeit und verändert meine ganze Lebensweise. Und auf dieser Basis kann ich auch den Kindern entgegenkommen, denn Kinder fühlen sich in ihrem Element, wo Bewegung und Singen, Spielen und Sprechen miteinander verbunden sind.

> »Vielleicht muss man selbst wieder ein wenig Kind werden, um sich an der musikalischen Qualität einer dichterisch geformten Sprache zu begeistern und ihre heilsame, aufbauende Kraft am eigenen Leibe zu spüren. Dann fühlt man, was es heißt, sich in der Region der schaffenden und bildenden Lebenskräfte aufzuhalten, in denen das Kind mit seinem ganzen Wesen beheimatet ist.«
>
> (Patzlaff 2003, S. 70)

In diesem Kontext ist die Poesie, die Literatur für Kinder und gerade für die kleineren Kinder von ganz besonderer Bedeutung. Und letztlich kommt es darauf an, aus der Beweglichkeit zu lebendiger Sprache zu kommen, zu Wörtern, die sagen, was sie meinen und die mit dem verbunden sind, der sie spricht, Wörter, in denen sich Rhythmus und Musik nicht nur versteckt haben, sondern Geburtstag feiern.

Kinder können zu solchen Wörtern einen besonderen Zugang haben. Sie sind mit bestimmten intensiven Erlebnissen verbunden. Sie können einen inneren Raum öffnen, sind Schlüssel zum Selbst, zur Identität, zur eigenen Rolle in der Welt. Sie äußern das, was das Innere des Kindes, sein Ich, am meisten anspricht. In der Art und Weise, wie Kinder manchmal die Auswahl ihrer »Lieblingswörter« begründen, kommt dies zum Ausdruck. Kinder wählen dann solche Wörter aus wie »Sonne«, »Blütenstaub«, »flüstern«, »Matschpflaum« und »Libelle« (vgl. Zuschriften von Kindern zum Wettbewerb »Das schönste deutsche Wort« des Westdeutschen Rundfunks, Lilipuz und

Identität und Wortvertiefung

des Deutschen Sprachrates 2004). Das sind Wörter, in denen Wortklang und sinnliches Erleben der Kinder sich auf besonders intensive Weise verbinden.

Begründung eines Kindes für »Blütenstaub«:

»Er riecht so herrlich und es entsteht daraus sehr leckerer Honig. Und außerdem mag ich das Wort, weil der süße Blütenduft aus dem grauen Wort Staub etwas Wunderbares macht.«

Zu »flüstern«:

»Wenn man ein Geheimnis hat, kann man es leise flüstern.«

Zu »Matschpflaum«:

»Mein schönstes deutsches Wort ist ›Matschpflaum‹, weil es eigentlich ein Schimpfwort ist, aber im erzgebirgischen Dialekt lustig, komisch und neckisch klingt. Das dürfen sogar Kinder sagen, ohne Ärger mit den Eltern zu bekommen.«

»Libelle«:

»Mein schönstes Wort ist Libelle, weil ich Wörter mit dem Buchstaben L liebe und dieses Wort sogar drei davon hat. Das Wort lässt sich irgendwie so leicht sprechen. Das flutscht so auf der Zunge. Aber ich finde auch, dass Libellen so schön flattern, und genau das erkennt man auch in dem Wort. Wegen den zwei Ls in der Mitte. Das Wort macht einfach, dass man diese Tiere von Anfang an mag und keine Angst vor ihnen hat.
   Würde das Tier Wurzelkrump oder so heißen, dann wäre das nicht so. Ich wüsste gerne, wer sich dieses Wort ausgedacht hat. Der Mensch war bestimmt sehr freundlich. Weil das Wort das freundlichste Wort ist, was ich kenne.«

Um nun die Sprache »beim Wort« zu nehmen, können wir verschiedene Wege einschlagen. Wir können z. B. ein Lieblingswort, eine Lieblingszeile auswählen, etwas, mit dem wir sehr viel verbinden und mit dem wir gerne nach innen gehen möchten. Hier bieten sich solche Grund-Wörter an wie z. B.:

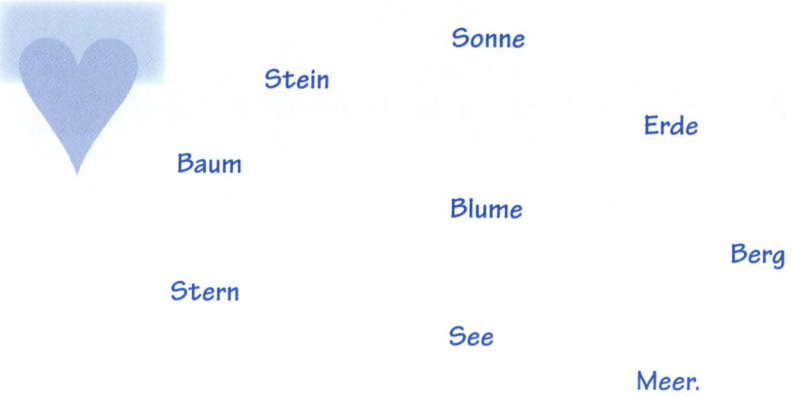

                              Sonne
                   Stein
                                     Erde
   Baum
                         Blume
                                              Berg
  Stern
                            See
                              Meer.

Sinnvoll ist es meines Erachtens, zentrale Wörter aus diesem Buch zu vertiefen, also:

- Wiederholen Sie das ausgewählte Wort oder die Zeile laut oder leise, bis es bzw. sie Bedeutung und Sinn ganz verloren hat und nur noch Lautgestalt, Rhythmus und Klang ist (siehe Kap. 5).

- Wiederholen Sie das Wort/die Zeile auch einfühlsam als Einheit von Klang und Bedeutung, bis das Wort und seine Bedeutung so in Ihr Inneres gesickert sind, dass Schwingung und Sinn des Wortes bis zur Zellebene spürbar werden und hier eine In-form-ation im wahrsten Sinne des Wortes bewirken (Mantra-Methode).

Und schließlich eine etwas komplexere Wortvertiefungsübung.

- Nehmen Sie sich Zeit, um Ihren Atem zu beruhigen. Gehen Sie mit der Schwingung Ihres Atems mit. Wölben Sie Ihre vor dem Gesicht zusammengelegten Hände zu einer Grotte und lassen Sie sich von der Stille erfassen!
- Lassen Sie eine Summ-Welle durch Ihren Körper wandern.
- Sprechen Sie nun Ihr Lieblingswort leise, aber deutlich vor sich hin.
- Lassen Sie das Wort nach innen wandern ... sprechen Sie es nur noch innerlich.
- Lassen Sie eine bildliche Vorstellung zu dem Wort entstehen, in der das Wort verschwindet.
- Nehmen Sie dieses Bild tief in Ihr Inneres hinein.
- Spüren Sie die innere Resonanz, Ihre »inneren Finger«, die es fühlen, Ihre Gefühle, die auf das Bild einwirken.
- Lassen Sie Ihre Gefühle sich mit dem Bild verbinden und beides wiederum zur Lautgestalt des Wortes kommen.
- Lassen Sie das Wort dem gefühlsmäßig angereicherten Bild dienen.
- Bis dahin, dass das Gefühl das Wort braucht, um sich auszudrücken!

Sie erhalten dann ein Wort, das nicht mehr ganz dasselbe Wort wie zuvor ist. Sie haben es bewusst in Ihr Inneres genommen. Sie haben Ihre ganze Aufmerksamkeit diesem Wort geschenkt und damit der Viele-Worte-Verwursterei in der Informationsintflut eine Absage erteilt, sind in einen Prozess der Verlangsamung gegangen.

Jetzt haben Sie das Wort aus Ihrem Inneren wiederbekommen, und es ist nicht mehr dasselbe Wort. Es ist angereichert mit Ihren Gefühlen und Empfindungen, Ihrem Leben. Es ist authentisch geworden und von der Kraft Ihres inneren Bewegungs-Ichs erfüllt. Nun können Sie sich daran freuen.

Und vielleicht können Sie dieses Wort auch tönen und singen. Können ihm musikalische und erzählerische Flügel geben. Können die innere Bewegung mit äußerer Bewegung verbinden. Können es also als Anlass zum Spielen, Singen und Tanzen nehmen, in das die Melodie Ihres Ichs sich einschwingen kann.
Das wird Ihrem Ich guttun,
und die Kinder werden es Ihnen danken.

7

Ausblick und Ausklang

7.1 Zusammenspiel Materie und Körperlich-Organisches

Beginnen wir ganz unten: im Mikrokosmos, wie ihn die Quantenphysik sieht. Denn schon da ist nicht die Rede von Milliarden bzw. unendlich kleinen Teilchen, Miniteilchen, Mikroteilchen und Minimikrominimalteilchen, sondern von Verbundenheit, von beweglicher Verbundenheit, die als Ausdruck einer holistischen, einer ganzheitlichen Struktur der Wirklichkeit erscheint. Eine Potenzialität aus »Wirks« und »Passierchen«, wie die Quantenphysiker die kleinsten Elemente, die sich weit von jeglicher Materialität entfernt haben und nur noch als Auslöser für bestimmte Wirkungen und Funktionen in Prozessen beschrieben werden können, halb ironisch nennen.

> In dieser Grundverbundenheit wurzelt alles in »einer unauftrennbaren, irreduziblen Potenzialität, die Züge eines holistischen Geistes trägt. Sie ist keine Realität – erst recht keine objektive Realität, sondern verhält sich zu dieser, wie etwa die Ahnung, die Erwartung, die Hoffnung oder der Wille zu einer durchaus möglicherweise entstehenden konkreten Handlung. Das Untrennbare spiegelt sich in einer fundamentalen Gemeinsamkeit wider. Die Evolution im Realen, der Gesinnungsprozess, der in jedem Augenblick passiert, und als jeweilige Gegenwart erlebt wird, geht in Richtung auf teilweise Auftrennung, Diversifikation und Emanzipation. Auch das Erscheinen des wachen Bewusstseins in jedem von uns ist eine Art partieller Abspaltung ... das Eine, das Ich, das mystische lebendige Ich, steht nun der Welt, einschließlich dem ›Du‹ und auch sich als eigenem ›Du‹, als ›Ego‹, gegenüber und betrachtet so die Welt noch einmal von außen wie im Spiegel«.
> (Dürr 2004, S. 99)

Vom Mikrokosmos und der radikalen Wandlung der Auffassung von Materie sind wir auf der Ebene des Menschseins gelandet: Wir kommen aus der großen Verbundenheit, gehen in die Vereinzelung und Spezialisierung, modellieren und aktivieren unser Selbstmodell und unseren »Egotunnel« und merken, dass das alles letztlich nicht trägt, und gehen – wenn wir denn weiterwollen und uns weiterbewegen – wieder auf die große Verbundenheit zu. So ist der Mensch – wenn man ihn aus seiner Gegenwart her begreift – ein komplexes und höchst problematisches Wesen aus Verbundenheitsvergangenheit, mittlerweile die Grenzen seiner Ressourcen sprengender Eigenwilligkeit und damit wieder aufkommender Verbundenheitssehnsucht. Eigenwillig jedoch kann er nur kraft seiner Energie sein, und die kommt letztlich und ursprünglich aus dem Kosmos, geht – lapidar ausgedrückt – auf die Sonnenenergie zurück.

Der mystische Dichter Angelus Silesius (1624–1677) hat diese zwei Seiten menschlicher Existenz, Lebendigkeit und Beweglichkeit, in zwei sich polar gegenüberstehenden Vierzeilern ausgedrückt.

»Die Sonn erreget alls
macht alle sterne Tantzen
Wirstu nicht auch bewegt
so g'hörstu nicht zum gantzen.«

»Nichts ist, das dich bewegt
du selber bist das Rad
Das aus sich selbsten läuft
und keine Ruhe hat.«
(Silesius 1675/1984, S. 253)

Wie aber funktioniert menschliche Beweglichkeit? Auch wenn wir uns aufs rein Körperliche konzentrieren und die Muskulatur des Menschenkörpers betrachten, spielt Verbundenheit wieder eine Rolle, und zwar im sogenannten »muscular bonding«, der muskulären Verbundenheit, die im einzelnen menschlichen Körper eine Rolle spielt, aber auch vom Menschen in gemeinsame Bewegungskontexte eingebunden ist (vom archaischen Ritual bis zum militärischen Drill und den verschiedenen Formen des Tanzes).

Muscular Bonding wiederum kann aber nur funktionieren, wenn es steuernde Nerven und Nervenbahnen gibt, der Energiefluss gewährleistet ist und wenn die inneren Organe des menschlichen Körpers, seine Wahrnehmungsorgane, seine Sinne und seine äußeren Gliedmaßen in Verbundenheit, in Harmonie zusammenarbeiten. Wenn wir das auch auf das menschliche Lernvermögen sowie auf seine vokalmusikalische und sprachliche Ausdrucksfähigkeit beziehen, sind wir beim Prinzip der Ganzheitlichkeit angekommen … und hier wiederum beim zentralen Argumentationsstrang des Buches angelangt. »Kommunikativer Tanz« (Kap. 1) ist nur in energetischer Verbundenheit möglich. Von einem bestimmten Organ, nämlich dem Herzen, werden allererste Bahnen zur Sprachfähigkeit geöffnet. Die von hier ausgehenden Impulse verbinden sich schließlich mit den Verfeinerungsprozessen von Hand-, Finger- und Artikulationsmotorik (ma-ma, da-da, »alter« Herzrhythmus und neu hinzukommende Lautgebärdensprache). Diese funktioniert als spezifisch menschliche triadische Beziehung. Schon die einfache Zeigegeste funktioniert nur, weil ich die Intention der anderen wahrnehme und durch Wahrnehmung des gezeigten Gegenstandes zu intersubjektiv geteiltem Wissen komme.

Zeigen oder Deuten ist – ursprünglich betrachtet – unterbrochenes Greifen. Der Gegenstand wird be-deutet, mit Bedeutung versehen, nicht berührt oder erfasst. »Zeigen«, »Zeichen« und »sprechen« sind etymologisch miteinander verwandt, <deik> ist die gleiche indogermanische Wurzel für »zeigen« und »Zeichen«. Im Latein heißt »dicere« zunächst zeigen und weisen und dann sprechen. Digitus = Finger, und der Zeigefinger wird so zum sprachlich interessantesten Finger (Fuchs 2008, S. 206f.).

Die Hand- bzw. Fingerbewegung ist jedoch nicht nur für die Entwicklung der Sprache wichtig, sondern auch für die des Denkens. Der Philosoph Thomas Metzinger hat darauf hingewiesen, dass die Essenz des menschlichen Denkens

»[...] etwas mit der Simulation von Handbewegungen im eigenen Geist zu tun hat, allerdings in einer viel abstrakteren Art und Weise als bei der Vorstellung des eigenen Körpers, nämlich in einem nicht auf das eigene Ego zentrierten inneren Raum«.

(Metzinger 2009, S. 245)

Der »leibliche« Ursprung des Denkens liegt in der Verinnerlichung äußerer *Handlungsmuster* (Prozess der Interiorisation bei Piaget und L. S. Wygotski). Dass der Interiorisationsprozess in den allgemeinen Debatten über Sprache immer wieder in Vergessenheit gerät, hat m. E. seine Gründe. In unserer Zivilisation sind Denken und Tun schon lange keine Einheit mehr, sondern streben immer weiter auseinander. Zwischen dem, was Menschen real tun, und dem, was sich an Fantasien, Ansprüchen und virtuellen künstlichen Gedankenwolken in ihren Köpfen abspielt, sind oft riesige Unterschiede. Da wird der Zusammenhang von Sprechen, Denken und Handeln eher als utopische bzw. viel zu anstrengende und religiös oder esoterisch hergeholte Zumutung aufgefasst. Und die Kommunikationstheorien, die auf diesem interiorisationsfernen Boden wachsen, zeigen dies deutlich.

Aber weiter in der Entwicklung des Kindes: Die Bewegung der Füße, die Aufrichtung und das Gehen ermöglichen schließlich progressive Raumerfahrung, die Umrundung zunächst ferner Gegenstände und den Aufbau komplexer Erfahrung und Begrifflichkeit. In den vorangegangenen Kapiteln habe ich gezeigt, wie diese körperlich-organischen Prozesse auf die Sprachentwicklung einwirken, und zwar im Sinne einer beweglichen Verbindung leiblicher und geistiger Prozesse. Die menschliche Gestalt bis in die Körperhaltung und den Blutkreislauf hinein ergibt sich aus der Tatsache, dass der Mensch in seiner Existenz Geist, Intelligenz und Sprache empfängt und eigenständig weiterentwickelt. Im Prinzip der Ganzheitlichkeit sind Körperliches und Geistiges miteinander verbunden. Der menschliche Leib ist vom Geist beseelt. Was aber hat die Seele mit dem Körper zu tun? Ist sie eine ätherische kleine Gefühlswolke mittendrin? Anscheinend nicht, schon Angelus Silesius hat es geahnt.

> »Eins in dem Andern
> Ist meine Seel im Leib
> und gleich durch alle Glieder:
> So sag ich recht und wol
> der Leib ist in ihr wieder.«
>
> (Silesius 1675/1984, S. 253)

Prägnanter kann man die ganzheitliche Verbundenheit von Leib und Seele kaum ausdrücken. In neuerer Zeit hat Thomas Metzinger diese Vorstellung aufgegriffen und in Zusammenhang mit außerkörperlicher Wahrnehmung (O. B. E. – Out-of-body experience) gebracht. Die Existenz der Seele wird nicht geleugnet, sondern phänomenologisch erfasst als

> »Vorstellung eines unsichtbaren, schwerelosen, aber räumlich ausgedehnten zweiten Körpers ... die Selbstmodelltheorie der Subjektivität besagt, dass dieser subtile Körper tatsächlich existiert, dass er aber nicht aus ›Engelsstoff‹ oder ›Astralmaterie‹ besteht. Er besteht aus reiner Information, die im Gehirn fließt.«
>
> (Metzinger 2009, S. 128)

Aber wie kann sie als »reine Information« erkannt werden? Schwierig! Doch immerhin hat sie eine leibliche Basis und ist nicht nur pure Spekulation. Leiblich-organismische Zugänge zur Sprache, aber auch zu Geist und Seele, stellen die Basisdimension zur Motorik der Verbundenheit dar. Und weiter. Wenn wir unseren Körper als geistig-energetischen Raum betrachten, ihn in allen Bereichen, z. B. durch eine »Empfindungssonde« durchspüren, uns von Einsichten und Erlebnissen seelisch berühren lassen, so werden wir schnell spüren, dass wir auch übend mit diesem Thema umgehen können.

7.2 Sichbewegen, Singen, Sprechen – integrale Zusammenhänge

> In Indien wird ein Gott verehrt, der hauptsächlich tanzt. Und man spricht davon, dass die Welt, das ganze Universum, aus Klang und Gesang entstanden sind. Die alten Weisen (die Rishis) hätten dann diesen kosmischen Gesang der Ursprache wahrgenommen und ihr die ersten Worte abgelauscht, die dann nach und nach auch gesprochen werden konnten.
>
> In unseren Gottesbildern sitzt Gott auf einem Thron und sein Sohn hängt sterbend am Kreuz. Doch auch in der christlichen Bibel heißt es: Im Anfang war das Wort. Und nicht der Gekreuzigte, der Festgenagelte, sondern der in Bewegung zum Göttlichen Gekommene, der Auferstandene gibt uns Hoffnung. Im Anfang also und dann auch in der Botschaft des Christus – spielt das Wort eine gewaltige Rolle. Es ist auch überliefert, dass Isha, Jeshua, Jesus – wie ihn die Römer dann nannten – seine letzten irdischen Worte nicht gesprochen, sondern (im Stil alter Psalmen) gesungen haben soll.

Göttliche Energie kann in Musik, Tanz und Sprache empfangen werden. Im Göttlichen lässt sich eine Musik erahnen, die jenseits aller irdischen Musik zu finden ist, Laute und Worte, die jenseits aller Sprachen gesprochen werden, und Tanz, der weit über die menschliche Vorstellung vom Tanz hinausgeht. Und doch wirkt das alles auf Musik, Sprache und Tanz der Menschen ein. Gerade da, wo sie zum großen inneren Erlebnis werden.

Tanz, Bewegung, Singen und Sprechen – die Verbindungen dieser in unserem Alltag so oft getrennten Bereiche sind das Anliegen der zweiten Dimension der Motorik der Verbundenheit:

Ich bewege mich zu selten.
Singen kann ich sowieso nicht.
Aber zum Glück kann man ja über alles reden.

Singen und Sich-deutlich-Bewegen scheinen da etwas spezieller. Reden ist das, was alle tun. Das muss man nicht extra können. Und in der Schule sind Deutsch, Musik und Sport sowieso getrennte Fächer mit sehr unterschiedlichem Ambiente. Sprechen und Denken sind Notwendigkeiten des Menschseins. Singen und Sich-deutlich-Bewegen nicht. Kein Mensch würde sagen: Ich kann nicht sprechen oder denken. »Ich kann nicht singen«, hört man schon öfter. Und »Von Bewegung halte ich nichts« manchmal auch. Wer singt und sich deutlich bewegt – z. B. im Freien –, outet sich in gewisser Weise. Aber zum Glück gibt es ja die Kinder. Viele Erwachsene berichten, dass sie durch ihre Kinder wieder zum Singen gekommen sind. Und, dass Kinder sie den ganzen Tag in Bewegung halten.

Für Kinder scheint die Integration von Bewegung, Singen und Sprechen kein Problem zu sein. Eines geht unmerklich in das andere über, tritt in den Vordergrund und dann wieder zurück. Von der frühen kindlichen Entwicklung und vom kindlichen Lernen aus gesehen sind die drei Bereiche noch enger aufeinander bezogen. Die frühen Kommunikationsmuster der Kinder sind vorwiegend rhythmisch-musikalischer Natur. Und noch die ersten Kinderworte sind musikalisch-poetische Potenziale.

Vielleicht ist es so, dass das Kind Sprache als eine Sonderform früher Musik erlebt, die sich nach und nach aus ihrem Ursprungsbereich emanzipiert und im Weiteren immer mächtiger wird und schließlich aufs Singen und Tanzen als primitive Regression hinabblickt.

Sprache ist ohne frühe Musikalität überhaupt nicht möglich. Ja, das wird schnell vergessen. Aber auch, dass Stimme und Körper die ersten Musikinstrumente sind, und nicht Blockflöte, Geige und Klavier. Gesang und Musik erscheinen stattdessen hauptsächlich im Belcanto, in fast überdrechselter bachscher Polyphonie und im nur noch auf Effekte abgestimmten Überarrangement moderner Popmusik und dem dazugehörigen Konsumismus. Was bei alledem auf der Strecke bleibt, ist das einfache, elementare Musikerlebnis. Dabei braucht Musik nichts anderes als den menschlichen Leib:

> » [...] der lauschende, singende, sich bewegende Mensch braucht kein weiteres Instrument, um Musik aufzunehmen und hervorzubringen, er besitzt alles Notwendige in sich selbst. Der Körper wird hier bis in seine innersten Regionen wie ein Resonanzboden beansprucht und in das musikalische Erleben hineinverschmolzen, so daß Musik und Leib nicht zu trennen sind und das musikalische Geschehen gleichsam zu einem körperlichen Vorgang wird. Der Leib verwandelt sich in ein Instrument, das bis in die kleinste Faser, in jedem Nerv von Schwingung durchdrungen wird – einer Schwingung, die von außen kommt und durch die er an einem anderen erhöhten Leben, das in Gestalt der Töne zu ihm dringt, teilnimmt.«
>
> (Feudel 1949, S. 124 f.)

Musik und leibliche Bewegung sind hier in hohem Maße integriert und können dann doch wieder mehr in den Bereich der Musik bzw. der stillen Energie- und Körperarbeit überführt werden. Bewegung zuerst, dann die Musik, dann die Sprache bzw. der Weg von der allgemeinen Bewegung zur musikalischen und sprachlichen Beweglichkeit. Bereits das Singen stellt eine Verfeinerung und Spezialisierung körperlicher Bewegung dar, und zwar hin zur vokalen Artikulation. Die Sprache bzw. das Sprechen spezialisiert dann noch einmal diese Artikulationsbewegungen in besonderer Weise. Das heißt, Vokale und insbesondere Konsonanten werden jetzt deutlicher und schneller artikuliert. Das Melodisch-Musikalische tritt mehr in den Hintergrund.

Gleichzeitig bleibt die Verbundenheit von Bewegung, Musik und Sprache trotz aller Spezialisierung bestehen, auch wenn sie manchmal ganz verschwunden scheint. Jedoch immer, wenn es um kindliches Lernen und ganzheitliche Entwicklung geht, spielt diese Dimension der Motorik der Verbundenheit eine bedeutsame Rolle. Körperliche und geistige Beweglichkeit – das sind die Zauberwörter gegen Erstarrung und Verschleiß. Singen ist »Kraftfutter« für Kindergehirne (Hüther) (allerdings, und das muss immer dazu gesagt werden, das »absichtslose und freie Singen«). Und Sprache ist immer noch *das* Medium menschlicher Selbstvergegenwärtigung und muss vor Verfall, Reduzierung und Nivellierung bewahrt werden. All das spielt in die gängigen Überlegungen von Bildungszielen hinein. Vielleicht lohnt es sich deshalb, über die theoretische *und* praktische Weiterführung dieser Dimension der Motorik der Verbundenheit intensiver als bisher nachzudenken (siehe auch Vahle 1996).

7.3 Die spirituelle Dimension der Motorik der Verbundenheit

Bewusstwerdung und Stilleübung

Dass Ethik und Spiritualität etwas mit Verbundenheit zu tun haben, lässt sich leicht erkennen. Aber was haben Ethik und Spiritualität mit Bewegung zu tun? Da müssen wir etwas weiter ausholen, gerade, weil wir keinen aufgesetzten und willkürlichen Bezug herstellen wollen, sondern einen quasi natürlichen, der im pädagogischen Handeln dann auch praktikabel, not-wendig und wirksam sein soll.

Auch hier kann uns der mystische Dichter Angelus Silesius einen Ausgangspunkt geben.

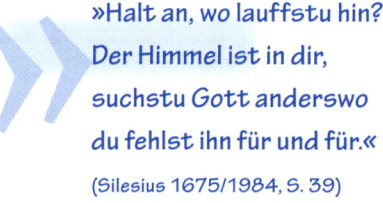

»Halt an, wo lauffstu hin?
Der Himmel ist in dir,
suchstu Gott anderswo
du fehlst ihn für und für.«
(Silesius 1675/1984, S. 39)

Man könnte auch etwas nüchterner sagen: Es geht hier um Bewusstwerdung des Menschen. Bewusstwerdung kann aber auch heißen, dass ich mich von allen möglichen Einbildungen, irreführenden Vorsätzen und unrealistischen Träumereien trenne, die einem oft lieb geworden sind. Und solche Trennung kann Frust und Leere verursachen und meine Begeisterung für hehre Ethik und Moral nicht gerade beflügeln. Und auch das, was ich jetzt pädagogisch tue, muss ich mir nun genau überlegen.

Dafür ein Beispiel. Ich kann aus einsehbaren, ethisch-moralischen Motiven Achtsamkeits- und Stilleübungen in den pädagogischen Alltag bringen, stoße dabei jedoch auf Grenzen. Bei Fingerübungen zum Beispiel wird Stille nicht dadurch erzeugt, dass die Kinder dazu aufgefordert werden. Stille und Ruhigwerden sind hier überhaupt kein Thema. Was aber auffällt, ist so etwas wie eine natürliche Andacht, wie man sie bei offensichtlichen Stilleübungen meist nicht in dem Maße findet.

Dabei ist für viele Kinder Stille zunächst ein Fremdwort bzw. eine äußerst lästige Erfahrung. Und das ist verständlich: Das Kind entdeckt die Welt und seine Mitmenschen durch die Bewegung des eigenen Körpers. Das heißt, auch durch den Einsatz seiner eigenen Stimme. Um den Anforderungen des traditionellen Lernbetriebes zu genügen, muss es jedoch weitgehend still und unbeweglich sein. Dies führt zu einer motorischen Verarmung, die wiederum die Lernfreude des Kindes deutlich schwächt. Das Kind wird also der authentischsten Mittel seiner Entwicklung beraubt. Entsprechend argumentieren Lapierre und Aucoutourier, Stille bedeute

»[...] Abwesenheit. Stille umgibt uns, ›klebt uns auf der Haut‹, ist Reduzierung des Ich in seiner körperlichen Dimension«.

(Lapierre/Aucoutourier 1998, S. 29)

Auf diesem Hintergrund sind Stilleübungen mit Kindern ein Unding. Zumal die geforderte Bewegungslosigkeit bei Kindern Todesassoziationen und Angst vor Verschwinden und Auflösung hervorrufen kann. Andererseits erproben Kinder von sich aus Zustände von Bewegungslosigkeit und absoluter Stille. Sie spielen Totsein, toter Mann im Wasser. Sie erproben das Still- und Ruhigsein in Verstecken, damit sie keiner entdeckt. In solchen selbst gewählten Situationen haben sie anscheinend doch das Bedürfnis und auch die Fähigkeit, still und ruhig zu sein. Sie spielen mit dem Tod und anderen angstmachenden Dingen, um zu lernen, ihre Angst zu beherrschen. Die hier erreichte Stille muss jedoch von der in Stilleübungen praktizierten unterschieden werden.

»Wir möchten an dieser Stelle auf den grundlegenden Unterschied hinweisen zwischen einer Bewegungslosigkeit in Entspannung, wie sie in Entspannungsmethoden praktiziert wird, und einer Bewegungslosigkeit in Spannung, wie sie über den Rückzug auf sich selbst erreicht wird. Die eine ruft Todesassoziationen hervor, die andere Assoziationen von latentem Leben, die sich auf das fötale Leben beziehen.«

(Lapierre/Aucoutourier 1998, S. 30)

Trotzdem gibt es etwas, das bei Lapierre und Aucoutourier vielleicht zu kurz kommt. Es ist die Fähigkeit mancher Kinder zu einer andächtigen, fast spirituellen Stille und Ausstrahlung. Allerdings sind die meisten Erwachsenen aufgrund fehlender spiritueller Einsichten hiermit überfordert. Sie finden das verdächtig. Ist das Kind etwa krank? Lässt es sich wieder von seiner Tagträumerei forttragen?

Es wird selten Erwachsene geben, die die Fähigkeit haben, ein solches Verhalten uneingeschränkt zu fördern. Auf alle Fälle lässt sich so etwas bei Kindern entdecken, und schon Maria Montessori hat das auf ihre Weise getan. Sie entdeckt durch Zufall ein Mittel, wie man Kinder auch körperlich in eine Stillesituation einbinden kann, und ist dann selbst erstaunt, welche Wirkung die Stille bei den Kindern hervorruft.

> »Unter ganz bestimmten Umständen habe ich die Kinder aufgefordert, sich nicht zu bewegen. Ich trug nämlich in den Armen ein ganz kleines Kind von vielleicht vier Monaten, das völlig eingewickelt war; es war wach, aber ganz ruhig. Da wollte ich ein kleines Spiel machen. Ich sagte zu den Kindern: ›Na, ihr werdet eure Beine nicht so still halten können wie dieses kleine Baby!‹ Und ich glaubte, daß alle mir mit Lachen antworten würden. Das war es, was ich erwartete, da ich eben einen Scherz machen wollte, weil natürlich eine eingewickelte Person leichter stillhalten kann als eine bewegungsfreie.
>
> Doch ich bemerkte zweierlei: daß die Kinder nicht nur versuchten, sich so ruhig wie möglich zu verhalten. Sie machten in der Tat etwas, was Sie nicht tun würden. Aber natürlich haben Sie nicht dieses Baby gesehen: Die kleinen Kinder setzten ihre Beine mit den Füßen ganz zusammen. Da hat mich dies natürlich verwundert; und überdies zeigten sie alle sehr ernste, sehr interessierte Gesichter. Jetzt suchte ich noch einen Scherz zu machen und sagte: ›Ja, aber ich möchte noch etwas anderes sagen, das ihr sicher nicht machen könnt; hört ihr den Atem dieses kleinen Kindes? Man hört ihn wirklich nicht! Ihr würdet nicht auf so leise Art atmen können!‹ Nun würden die Kinder, glaubte ich, spätestens gelächelt haben. Aber im Gegenteil, die Gesichter der größeren waren ganz ernst, und sie machten alle eine Anstrengung, ihren Atem zurückzuhalten. Sehen Sie, und da trat die Stille ein.
>
> Und diese Stille war eine Offenbarung. Ich hätte doch nicht gedacht, daß diese kleinen Kinder diese geheimnisvolle einfache Sache, welche die Stille ist, derart lieben würden. Jetzt begann ich zu verstehen, daß

> darin etwas verborgen lag. Das war hier etwas anderes, es war nicht die Tatsache, daß ich das kleine Baby in meinen Armen hatte, sondern es war hier *ein Phänomen* eingetreten. Da begann ich zu fragen, ob sie die Stille da an diesem Tag liebten, und sie sagten alle: ›Ja!‹ Und dann sagte ich: ›Wollen wir sie halten?‹ Und sie wünschten es sich sehr.«
>
> (Montessori 1994, S. 134)

Auf Kinderkonzerten geht es dagegen in der Regel sehr lautstark zu. Oft fehlen die leisen Töne sowie Lieder, die mal nicht die Fröhlichkeit und lautstarke Anteilnahme der Kinder ansprechen. Die Kinder wollen das eben so, wird dann argumentiert. Ich habe da doch andere Erfahrungen gemacht, sogar in Riesenkonzerten mit Großstadtkindern.

> Meine »Stille-Übung« fängt mit Indianergeheul an, das sich noch dazu in der Lautstärke steigert. Dann folgt das Getrappel einer Büffelherde. Die Kinder können sich die Füße warmtrampeln. Und dann wird es still, denn die Indianer sagen:
> Jeder Ort auf dieser Erde
> hat seine eigene Stille.
> Und diese Stille kann man hören.
> Also auch diese Stille hier
> in diesem Raum, in dem wir gerade sind.
> Und damit wir die Stille hören können, bin ich still, und die Jungs sind still und die Mädchen, die Mütter und Väter ...

Es ist immer wieder erstaunlich, wie selbstverständlich viele Kinder in diesem Spiel andächtig und ruhig sein können. Auch, wenn es an einigen Stellen im Saal laut wird. Das stört meistens die anwesenden Erwachsenen eher als die teilnehmenden Kinder. Was mich auch immer wieder erstaunt, ist, dass sich die überwiegende Mehrheit der Kinder auf Befragen positiv zur Stille äußert. Selbst, wenn ein Teil dieser Kinder denkt, diese Antwort werde der Vahle gern hören, bleiben immer noch genug Optionen für die Stille übrig.

Von der Achtsamkeit zum »Nun«

Wir kommen hiermit zu den natürlichen Formen von *Achtsamkeit* und *Selbstaufmerksamkeit*, wie sie in jahrtausendalter Praxis im buddhistischen Kontext entwickelt wurden. Achtsamkeit ist eine Form umfassender Aufmerksamkeit, die sich ganz auf das Hier und Jetzt, auf den gegenwärtigen »Augenblick« konzentriert und sich vom

Vorher und Nachher, von drängender Bewertung und kategorisierender Beurteilung nicht beeinflussen lässt.

Das Bild vom »Augenblick« ist zu hinterfragen. Wie kurz oder wie lang ist ein Augenblick? Kann man sich einen Begriff für eine kurze Zeitspanne auch aus der Sicht der anderen Sinne vorstellen? Vom Fühlen, vom Riechen, vom Hören her? Dabei wird deutlich, dass der »Augenblick« etwas Schnelles, stakkatoartig Punktuelles hat. Ebenso das Jetzt, das anscheinend wie ein punktueller Blitz in die Gegen-*wart* fährt. (Noch stärker im »itzt«.) Im Hier und Jetzt zu sein bedeutet sich loszumachen von allen möglichen Dingen, die im Kopf herumgehen. Sich anzubinden und festzuzurren an das, was im »Augenblick« wirklich Sache ist. Und solche Bewusstwerdung hat sogar moralische Qualität. Der Philosoph Metzinger sagt es so:

»Ist es nicht ein Gedanke von großer Schönheit und Tiefe, dass jemand, der im wirklichen Sinne bewusst wird, zugleich ein moralisches Ge-wissen entwickelt.«

(Metzinger 2009, S. 245)

Buddhistische Achtsamkeit kann als Konzept, als »Haltung« bzw. als besonderes Verhalten verstanden werden, als hauptsächlich sitzende Körper- und Geistaufmerksamkeit. Die Praxis in der Abgeschlossenheit buddhistischer Klöster spielt hier – auch wenn sie inzwischen vielfältig und alltags- und europafreundlich popularisiert wurde – eine ausschlaggebende Rolle. Punktuelle Festlegung und Bewusstwerdung im Sitzen sind jedoch etwas, was nicht gerade mittelbar mit Bewegung zu tun hat.

Vielleicht hilft es uns an dieser Stelle weiter, wenn wir uns aus dem Jetzt ins »Nun« hinein bewegen. Das »Nun« ist eher eine sanfte, raumöffnende »Welle« als eine Punktualisierung. Es schneidet sich nicht von Vergangenheit und Zukunft ab, lässt sich aber auch nicht von ihnen beeinflussen und bestimmen. Es bleibt mit ihnen in leichter, ahnungsvoller Verbindung. Das Nun kann man als Essenz des Bewusstseins in ruhiger *Bewegung* auffassen. Ruhe und Bewegung kommen im Nun zusammen. (Auch das etymologische Umfeld von »Nun« ist interessant: althochdeutsch: nū, schwedisch: nü, altindisch: nū und nūn-am, griechisch: γu, lateinisch: nunc, englisch: now.) Spiritualität nicht als »Haltung«, sondern als Bewegung, wobei diese Art Bewegung Bewusstsein und mögliche Bewusstseinserweiterung einschließt.

Vom »Nun« zum »Safe Place« der Psychomotorik

Im »Nun« die ruhige raumöffnende Bewegung ... in der erinnerndes Vorausahnen stattfinden kann. An dieser Stelle verbindet sich der geistige Entwurf des »Nun« mit dem von dem Psychomotoriker Stephan Kuntz in Anlehnung an Katz-Bernstein entworfenen »Safe Place« (Kuntz 2009, S. 165–175).

Wenn vorausahnendes Erinnern situative Züge annimmt – Innen- und Außenräume verbindet –, komme ich auch einer inneren Be-stimmung der Psychomotorik nahe. Es ist nicht allein das zwischenmenschliche, kooperative, partnerschaftlich Intersubjektive bzw. der generalisierte Andere – auch nicht das streng Individuelle, Ich- und Egozentrierte, das dies auslöst, sondern das Eingehen, das Lauschen auf und der kreativ-fördernde Umgang mit dem Zwischenraum, dem Lauschen auf die Stimme der Stille, das Spüren der Energie, die scheinbar aus dem »Nichts« kommt.

Stephan Kuntz hat sich an diese diffizile Bestimmung der Psychomotorik aus dem »internen Zwiegespräch zwischen Ich und Selbst«, aus Ahnungs- und Erinne-rungs- qualitäten des »Zwischen«-, des inneren Raums, der Möglichkeit des »Safe Place«, herangewagt und eine fast schwindelerregende Vielfalt von Beispielen für diesen vorausahnenden Erinnerungsraum alias »Safe Place« herangezogen. Seine Beispiele reichen von Michael Jacksons genial-mutig-provokativer Verharrungsphase in einem Wirbel von tänzerischer Aktivität, über den minutiös dargestellten Wortschöpfungsprozess des Kleinkindes Joey, der in »erinnernder Vorausahnung« sein erstes Wort erwirbt (nach Stern 1990, S. 121), hin zum Zeigefinger Gottes, der *fast* den Zeigefinger Adams berührt und damit den Schöpfungsakt auf die einzig mögliche konkrete Art darstellt – aus der Qualität und Magie des Zwischenraums heraus.

Doch wer die integrale Dimension der Motorik der Verbundenheit (Kap. 7.2) ernst nimmt, wird bei der visuell-motorischen Sicht bzw. bei der emphatischen Betonung der Aktivität der Spiegelneuronen nicht stehen bleiben. Allerdings hat es seine Zeit gedauert, bis man auch die Bedeutung der audiomotorischen Spiegelneuronen entdeckte (siehe Fuchs 2008, S. 209).

Vom »Nun« in der Musik

Damit kommt auch die Frage auf, welche Rolle die Musik für die vorausahnende Erinnerung, für die Entwicklung der kreativen Potenzen des »Safe Place« spielt. Stephan Kuntz hat das für die Kunst, die Malerei, am Beispiel von Cezanne und seinen, in bestimmten Bildern gegebenen Impulsen zum kreativen Schauen nachgewiesen. Ist etwas Ähnliches auch für die Musik, für das Singen, für die musikalische Praxis möglich? Deren Bedeutung kann hier nur skizziert werden. Ich möchte sie jedoch in keinem Fall übergehen. Sie beginnt nämlich mit einer Richtigstellung bzw. einer Aussage, die in den Mythen- und Schöpfungsgeschichten der meisten Völker zum Ausdruck kommt.

> »Jede Form des Seins – selbst das Universum als Ganzes – beginnt mit einer Freisetzung der Kraft durch den Klang, der Zustand Alpha des Seins. Sie vollendet sich im Licht, dem Licht des allumfassenden Bewußtseins, dem Omega des Seins.«
>
> (Rudhyar 1984, S. 198f.)

Weiterhin: In der indischen Musikpraxis spielen die Einstimmung, die Annäherung an den Ton, die Tonfolge, das Ausklingen und der Nachklang eine viel größere Rolle als in der europäischen Musik. Sie gehören in Indien zum Wesen der Musik überhaupt und gehen nicht im amusikalischen Sound des geklatschen europäischen Beifalls unter.

Weiterhin: Musik kann effektvoll und in ausgeklügelter Ästhetik Gefühle, Leidenschaften, Stimmungen, emotionale Kämpfe ansprechen und hervorrufen, sie kann endlos er-regen und auf-regen, aber auch beruhigen und einlullen. Sie kann aber auch über persönliche, menschlich-allzu menschliche Gefühle hinausgehen, Katharsis und Wandlung bewirken, sie kann vor allen Dingen *Räume* öffnen, die so vorher nicht da waren, neue Erfahrungen und vor allen Dingen Er-lebnisse bewirken. Sie ist dann nicht nur schön und effektvoll, sondern vielleicht sogar ungewohnt und fremd. Sie erfordert Hingabe und Einlassen, auch wenn man noch nicht genau weiß, wie es ausgeht. Zuwendung und Hingabe an das »Nun« und noch schärfer an das »Jetzt« in der Musik. Das bedeutet – wenn wir zur musikalischen Aktivität übergehen – Hinwendung zur Improvisation, zum Nichtgeplanten, zum Zufallsereignis in der Musik, das nicht voraussehbar ist … das sich gegen die autoritäre Macht der Partitur wendet, gegen die Auffassung, dass die Noten die Musik sind und dass nur auf bereits vorgespielte und vorgemachte Spielweise musiziert werden kann und darf (Rudhyar 1984, S. 156).

Das »Nun« in der Musik und das erinnernde Vorausahnen im Zwischenraum rufen auch die Erkenntnis hervor,

> »[…] dass der musikalische Raum zwischen den Noten einer Melodie nicht leer ist, auch wenn sie durch deutliche plötzliche Sprünge voneinander geschieden sind, kann er ein neues Gefühl für die Beziehungen der Töne entstehen lassen«.
>
> (Rudhyar 1984, S. 194)

Dies alles ist aber kein innermusikalisches Problem. Es hängt mit der Gesamtentwicklung der Kultur und der gesamten Entwicklung der Menschen zusammen, d. h. auch mit seiner Auffassung von Raum. Mit der Einführung von Maß und Zahl nimmt der Mensch in zunehmendem Maße Raum als leeres Gefäß wahr, in dem sich eine Unzahl getrennter und isolierter Wesenheiten befinden. Die Welt der tausend Dinge wird sichtbar, und dem Menschen ist es gegeben, da eine gewisse Ordnung hineinzubringen. Dieser Tendenz wurde auch die Musik unterworfen. Die Verräumlichung der Musik in der Notenschrift ist das Ergebnis der Vereinnahmung der Musik in einer Welt von Maß und Zahl. Bis dahin war die Musik etwas, was heute wieder bedeutsam zu werden scheint, ein den ganzen beweglichen Menschen erfassendes seliges und seelisches Er-lebnis,

»ein magisches oder geheiligtes Erklingenlassen der Eigenschaften lebendiger Wesenheiten, Elementarkräfte und Götter«.

(Rudhyar 1984, S. 64)

Man denke an Orpheus, der sich in Gesang, Tanz und Saitenspiel göttlichen Energien öffnen konnte, der auch noch »organisch« befähigt war, durch die Aktivität der »bikameralen Psyche«, und Musik und Gesang von überirdischer Schönheit hervorbrachte (vgl. Jaynes 1988: Beide Hirnhälften wurden für Sprache und Musik aktiviert. Die linke hatte noch nicht die Führung übernommen. Individuelles Selbstbewusstsein im modernen Sinne gab es noch nicht. Innere Stimmen wurden als Stimmen von Göttern wahrgenommen. Heute wird Stimmenhören eher als pathologisch angesehen). Und damit war auch eine andere Raumauffassung verbunden, an die auf moderne Weise die heutige Quantenphysik anknüpft. Raum, so wird hier gesagt, ist ganz und vollständig erfüllt von dem einen großen Leben und alles, was im Raum als Räumliches gilt, ist ein bestimmter differenzierter Aspekt, eine besondere Erscheinungsform dieses einen Lebens. Aus dieser Sicht beginnt man heute wieder an

» [...] Materie als verdichtete Energie und an den interstellaren und intergalaktischen Raum als einen Energieozean zu denken, der mit unglaublicher Geschwindigkeit schwingt«.

(Rudhyar 1984, S. 65)

Bewusstseinsentwicklung und »Bewusstseinskultur«

Doch jetzt zurück zu kleineren Entwicklungsräumen: zurück zu den Kindern. Im Rahmen der evolutionären Religionswissenschaft geht man davon aus, dass Religion weder rein menschliche »Erfindung« noch ein kompaktes Gottesgeschenk ist, sondern ein quasi natürliches Element innerhalb der großen geistigen Aufgabe von Menschenwürde und Menschwerdung darstellt. Und die wiederum lässt sich naturwissenschaftlich nicht vollständig erfassen.

Kindern wurde ein Theaterstück vorgespielt, in dem ein Krokodil eine Stoffmaus verschlingt. Hinterher wurden die Kinder befragt. Sie meinten, dass das Tier wohl körperlich tot sein müsse. Es könne nicht mehr hören, nicht mehr sehen und sein Herz stehe still. Dennoch meinte die Mehrzahl der Kinder, dass die Maus Heimweh habe und sich nach ihrer Familie sehne. Sie schrieben ihr also auch weiterhin mentale Aktivität zu (Weber 2009, S. 16). So etwas könnte man als rein kindliche Fantasie abtun, wenn nicht inzwischen die umfangreiche Untersuchung des niederländischen Kardiologen Pim van Lommel erschienen wäre, in der es um außerzerebrale Bewusstseins- und Wahrnehmungsformen geht und die zumindest hinter die gängigen Realitäts- und Bewusstseinsauffassungen ein großes Fragezeichen setzt (Lommel 2009). Aus alldem ergibt sich das Konzept einer bewegungsorientierten, natürlichen, d. h. nicht erfundenen und kirchlich festgesetzten Spiritualität und »Bewusstseinskultur«, und hier kann ich Thomas Metzinger folgen, der sagt:

»Die Entwicklung einer Bewusstseinskultur hat nichts mit organisierter Religion oder einer bestimmten politischen Agenda zu tun. Ganz im Gegenteil: Eine echte Bewusstseinskultur wird immer ein subversives Unterfangen sein, weil es den Einzelnen dazu ermutigt, die Verantwortung für sein eigenes Leben zu übernehmen. Der gegenwärtige Mangel einer echten Bewusstseinskultur ist ein gesellschaftlicher Ausdruck der Tatsache, dass das philosophische Projekt der Aufklärung in's Stocken geraten ist: Was uns fehlt, ist nicht Glaube, sondern Wissen. Was uns fehlt, ist nicht Metaphysik, sondern eine neue Form kritischer Rationalität – nicht großartige theoretische Visionen, sondern eine neue Praxis im Umgang mit unseren Gehirnen. Die entscheidende Frage lautet, wie man von dem Unbehagen und der reinen Abwehrhaltung zu einer wirklich konstruktiven, produktiven Einstellung übergehen kann.

Wie können wir den Fortschritt in den empirischen Wissenschaften vom menschlichen Geist dafür einsetzen, die Autonomie des Einzelnen zu erhöhen und ihn vor den zunehmenden Manipulationsmöglichkeiten zu schützen? Können wir den Tiger reiten? Führt Entzauberung wirklich automatisch zur Entsolidarisierung?«

(Metzinger 2009, S. 335)

Diese Überlegungen sind meines Erachtens gerade auch für den pädagogischen Bereich wichtig. Es geht nicht um Glaubenssätze und auch nicht um Harry-Potter-mäßige Abfütterung der Kinder mit Fantasieprodukten, bei denen Bewegung und Ganzheitlichkeit auf der Strecke bleiben: Es geht um die natürliche und bewegliche Be-geist-erungsfähigkeit der Kinder und damit zusammenhängende Wertschätzung. Aber worauf soll sich Wertschätzung natürlicherweise beziehen?

Von der Notwendigkeit einer natürlichen Spiritualität

Zunächst eine wichtige Beobachtung: in einem Klima der Achtsamkeit und des »Nun« gedeiht die Freude am ästhetischen Ausdruck, am Malen, an Gedichten, Tänzen und Märchen in besonderer Weise. All das wird zum natürlichen Freund und nicht zum Kulturgut, das man sich angestrengt aneignen muss (siehe hierzu Kaltwasser 2008, S. 148).

Aber all dies wäre nichts ohne die Wertschätzung der Natur als Lebensgrundlage des Menschen. Die aufmerksame Anschauung der schöpferischen Natur im Menschen und jener Natur, die den Menschen trotz fortschreitender zivilisatorischer Absonderung immer noch umgibt und die ihm im Wechsel der Jahreszeiten, in jedem Waldspaziergang, in jeder Stunde in den Bergen oder am Meer, in jeder Muschel, in jedem Tier, in jeder Pflanze Impulse zur Wertschätzung gibt. »Eine Lilie betrachten heißt ein gutes Werk tun«, heißt es in einem russischen Sprichwort. Auch die Wertschätzung der Tatsache, die jeder noch so hartgesottene Egozentriker anerkennen muss, dass er nämlich ohne andere Menschen gar nicht existieren und auf menschliche Weise leben könnte. Ethik ist nichts, was sich der Mensch ausdenken muss. Sie entspringt seiner Leiblichkeit, seiner aufrechten Haltung, der Wahrheit seiner sinnlichen Wahrnehmung, seiner Sinnesorgane. Ebenso seiner Lernfähigkeit als kooperatives, durch seine Triebe und Instinkte nicht völlig festgelegtes, neugieriges und zur Bewusstseinserweiterung fähiges Wesen. Und dies trotz des immer deutlicher werdenden »Sündenregisters« und aller Destruktivität des Menschen. Diese Ethik hat religiöse Wurzeln, aber nicht im Sinne einer Religion, die gelehrt werden kann. Ich möchte hier Elfriede Feudel zitieren, die schon vor mehr als 50 Jahren klarstellte:

> »Die großen Erzieherpersönlichkeiten waren auch darin einig, daß verhältnismäßig wenig in der Religion zu lehren und zu lernen sei und daß noch andere Mittel angewendet werden müßten, um die Beziehung zum Göttlichen zu erwecken und wach zu halten [...] Wo die eigenen Organe der Gotteserkenntnis verkümmern und der Mensch sich allein auf das verlassen muss, was er hört und aus Büchern entnimmt, bleibt sein Glauben ohne die Gewissheit des Schauens und gerät notwendigerweise in Gefahr, verloren zu gehen oder sich in Worten und Gesten zu erschöpfen [...] Wird der Körper aus seinem Einssein mit Seele und Geist herausgerissen und als Eigenbereich angesehen und ausgebildet, wie es bisher in den verschiedenen Formen der Körpererziehung grundsätzlich und ausnahmslos geschah, so bleiben die Anschauungskräfte untätig, und es kann zu keiner Transzendenz kommen [...] Die höchste Offenbarung des Göttlichen, die unmittelbar an uns

> herantritt und auch unmittelbar zugänglich ist, d.h. allein mit Hilfe der eigenen Organe, ohne Vermittlung durch Lehre und Schrift aufgenommen wird, ist die Ordnung der Natur durch Zeit, Raum, Kraft und Form. Diese Ordnung kann nicht erfasst werden, wenn der Mensch außerhalb ihrer verharrt und sie nur aus der Entfernung, d.h. denkend betrachten möchte.«
>
> (Feudel 1949, S. 199f.)

Eine neu orientierte Körpererziehung und leibliche Bewusstwerdung innerer und äußerer Bewegung (Dore Jacobs) spielt hier also eine wesentliche Rolle. Der reinen Bewusstseinsarbeit oder dem Abdriften in geistig-virtuelle Welten, für die die eigene Leiblichkeit nur ein Hindernis ist bzw. etwas, das man hinter sich lässt, ist hier ein Riegel vorgeschoben. Barry Long, ein spiritueller Lehrer aus Australien, sagt dazu:

> »BRINGT EINEM KIND NIEMALS BEI an Gott zu glauben. An irgendetwas zu glauben ist unsinnig. Egal woran du glaubst, du wirst jemand anderes finden können, der nicht daran glaubt. Und dann hast du jemanden, mit dem du streiten kannst, oder etwas, wofür du kämpfen kannst.«
>
> (Long 2007, S. 237)

In diesem Zusammenhang fällt mir auch das Wort von Karl Rahner ein:

> »Der Glaubende der Zukunft wird ein Mystiker sein, einer, der etwas erfahren hat, oder er wird nicht mehr sein!«
>
> (Küstenmacher/Louis 2004, S. 9).

Außerkörperliche Erfahrung – Meditation und neurophänomenologischer Werkzeugkasten

Nun könnte man sagen, die Vorschläge sind schon Historie und insofern verjährt. Im heutigen Kontext muss Neues gedacht und formuliert werden. Und dies ist auch der Fall, aber ohne dass das vorher Gesagte außer Kraft gesetzt werden müsste. In seinem Buch zur Bewusstseinsethik hat der Philosoph Thomas Metzinger (2009) versucht, diese Problematik in die heutige Debatte einzubringen.

Wie kommt Metzinger zu seinen Forderungen? Er hatte selbst verschiedene außerkörperliche Erfahrungen (Out-of-body-experiences), die er wissenschaftlich nüchtern und mit der gebotenen Vorsicht aufarbeitet. Dass diese in Form von Nahtoderlebnissen in der Mehrzahl der Fälle ein tiefes Katharsiserlebnis, ein fast natürlich-zwangsläufiger Weg zu ethisch-moralischer Integrität, zur Wertschätzung des Lebens und zu umfassender Liebe darstellen, wie es van Lommel (2009) überzeugend nachweist, spielt bei Metzinger zunächst noch keine Rolle. Seine Überlegungen haben jedoch letztlich eine ähnliche Zielsetzung. Metzinger hat einen allgemeinen Zugang. »Out-of-body-experiences« stehen bei ihm neben intensiven Meditationserfahrungen, elektromagnetisch stimulierten religiösen Gefühlen (im experimentell-neurologischen Bereich) und Erfahrungen mit psychoaktiven Substanzen (Metzinger 2009). Dabei geht es ihm um die ethisch-spirituelle Bedeutung inzwischen möglich gewordener Bewusstseinserweiterung. Er betont in diesem Zusammenhang, dass der Gebrauch von Ritalin und anderen psychoaktiven Drogen insbesondere bei Schülern und Studenten immer mehr zunimmt. Wenn alle anderen körperlichen Krankheiten, aber auch relativ normale geistige Leistungsschwächen medikamentös in immer größerem Ausmaß behandelt werden, warum nicht auch das Gehirn? Schließlich ist auch das Gehirn ein Teil des menschlichen Körpers.

Angesichts dieser Entwicklung betont Metzinger die Notwendigkeit und fragt nach den Möglichkeiten einer zukünftigen Bewusstseinsethik und -kultur. Er verweist in diesem Zusammenhang auf experimentelle Untersuchungen, die 1962 in den USA durchgeführt wurden, lange Zeit keine Beachtung fanden, jedoch 2006 wieder auf Interesse stießen und unter ähnlichen Bedingungen wiederholt wurden.

1962 wurde mit Theologiestudenten an der Harvard-Universität ein Experiment mit psychoaktiven Substanzen durchgeführt, die weder giftig noch süchtig machend sind. 2006 wurde das Experiment in Baltimore (John Hopkins School of Medicine) mit 36 religiös und spirituell Interessierten, die jedoch noch keine Erfahrung mit solchen Substanzen hatten, wiederholt. Es handelte sich hier um Psilocybin, das in manchen Kulturen als Sakrament betrachtet und bei religiösen Zeremonien verwendet wird (z. B. in Mexiko). Das Ergebnis: 22 der 36 Freiwilligen gaben an, eine tiefe, mystische Erfahrung gemacht zu haben. Für die meisten war es das spirituell bedeutsamste Erlebnis ihres gesamten bisherigen Lebens und eine intensive Erfahrung von ethischer Neuorientierung (Metzinger 2009, S. 315). (Das Problem ist natürlich, dass diese Erlebnisse jedes für sich ihre überaus individuelle Ausprägung hatten und zudem in Worten kaum beschrieben werden können.)

Metzinger geht vom menschlichen Gehirn und seinen teilweise immer noch brachliegenden Möglichkeiten aus. Keine großartigen abgehobenen Visionen schweben ihm vor, sondern eine neue Praxis im Umgang mit dem eigenen Gehirn und mit neuen Bewusstseinsmöglichkeiten. Und so fragt er:

»Könnten Wissenschaftler bessere Wissenschaftler sein, wenn sie innerlich weit gereist wären?« (z. B. durch Klarträumen oder luzides Träumen) oder: »Haben tiefe Meditationserfahrungen möglicherweise einen Einfluss auf die Fähigkeit, sich des eigenen Verstandes zu bedienen, das Leben in die eigenen Hände zu nehmen und ein politisch mündiger Bürger zu werden?«

(Metzinger 2009, S. 330)

Metzinger stellt in diesem Zusammenhang die Frage: Was ist eigentlich gutes Bewusstsein? Und: Welche Art von Bewusstsein ist erlaubt und welche nicht bzw. ist illegal? Denn an bestimmte Bewusstseinszustände kommt man in unserer Gesellschaft nicht heran, ohne das Gesetz zu brechen. Bei Alkohol ist das bekanntlich nicht so. Aber der hat andere Wirkungen ...

Also: Was ist eigentlich gutes Bewusstsein? Metzinger versuchte es in einer ersten Annäherung zu bestimmen. Er geht von seiner eigenen Intuition in Hinsicht auf einen wünschenswerten Bewusstseinszustand aus und hält drei Bedingungen für notwendig.

»Es sollte Leid minimieren, nicht nur bei uns Menschen, sondern auch bei allen anderen leidensfähigen Wesen; idealerweise sollte er ein epistemisches Potenzial besitzen (das heißt, dass er eine Komponente der Einsicht und der Erweiterung von Wissen haben sollte) – und er sollte Verhaltenskonsequenzen haben, die die Wahrscheinlichkeit für das Auftreten weiterer wertvoller Bewusstseinszustände in der Zukunft erhöht.«

(Metzinger 2009, S. 326f.)

Wenn man diese Überlegung auf den pädagogischen Bereich bezieht, spielt eine psychische Qualität eine besondere Rolle, nämlich die Aufmerksamkeit. Metzinger erkennt, dass Aufmerksamkeit eine Eigenschaft des menschlichen Gehirns ist, die gerade aufgrund ihrer heutigen Bedrohung immer wichtiger wird.

»Aufmerksamkeit ist eine begrenzte Ressource, und sie ist absolut essenziell nicht nur für die momentane Lebensqualität, sondern für ein gutes Leben im Allgemeinen. Wir brauchen Aufmerksamkeit, um uns Sinnesfreuden wirklich hingeben zu können und ebenso für effektives

> Lernen. Wir benötigen sie, um beim Sex oder in der Liebe wirklich anwesend zu sein oder auch einfach nur für ein tieferes Naturerleben.«
>
> (Metzinger 2009, S. 329)

Aufmerksamkeit ist nicht ständig und unendlich verfügbar. Sie ist eine wertvolle Ressource, die heute, da wir nahezu alle in einer pulsierenden, sich immer schneller ausbreitenden globalen Datenwolke leben, immer weiter ausgehöhlt wird. Es wird zunehmend schwieriger, die eigene Aufmerksamkeit zu wahren, weil sie immer schneller, geschickter und reißerischer von allen möglichen »Partnern« beansprucht wird. Damit findet eine Art Ich-Abbau, eine Identitäts- und Authentizitätsschwächung, eine »Depersonalisierung« statt.

> »Man versucht, uns die Kontrolle über die eigene Aufmerksamkeit zu entreißen. Immer neue mediale Umwelten könnten deshalb eine neue Form des Wachbewusstseins erzeugen, die schwach subjektiven Zuständen ähnelt – eine neue Mischung aus Traum, Demenz, Berauschtheit und Infantilisierung.«
>
> (Metzinger 2009, S. 330)

Was Metzinger hier für die gesamte Gesellschaft sagt, ist für die Entwicklung der Kinder, für Kita und Schule von besonderer Bedeutung. Und so fordert er, unseren Kindern jene Bewusstseinszustände einsichtig und praktizierbar zu machen, die wir selbst für wertvoll halten, und ihnen gerade im frühen Alter zu zeigen, wie sie praktiziert und in Übungen kultiviert werden können. Das gute Bewusstsein muss in der Lage sein, die Tiefe »unseres eigenen phänomenalen Zustandsraumes« auszuloten.

> »Warum sollten unsere Kinder nicht lernen, wie man sich diese Tiefe auf eine bessere Weise zunutze macht, als die eigenen Eltern es getan haben – auf eine Art und Weise, die zu ihrer geistigen Gesundheit beiträgt und sie stabilisiert, ihr subjektives Leben bereichert und ihnen neue Quellen der Erkenntnis zur Verfügung stellt?«
>
> (Metzinger 2009, S. 331)

Aus diesen Überlegungen heraus kommt Metzinger dann zu konkreten Forderungen sogar für die Schule: Er fordert u. a. »flächendeckende Meditationskurse« und sagt:

> »Besonders wichtig ist natürlich, dass solche Meditationskurse in einem weltanschaulich vollkommen neutralen Rahmen stattfinden – keine Kerzen, keine Räucherstäbchen, keine Glöckchen. Deshalb stelle ich mir auch eher den Sportlehrer als natürlichen Ansprechpartner vor und keinesfalls den Religionslehrer. Meditation könnte vielleicht Teil des Sportunterrichts sein: Immerhin ist auch das Gehirn ein Teil des eigenen Körpers – ein Teil, der trainiert und sorgfältig gepflegt werden muss.«
>
> (Metzinger 2009, S. 331)

Metzinger spricht weiter davon, dass jedes Kind das Recht auf einen »neurophänomenologischen Werkzeugkasten« haben sollte. Und er sagt dann auch gleich, was der Inhalt eines solchen Werkzeugkastens sein würde, seine »Mindestausstattung«:

- Zwei Meditationstechniken: eine im Sitzen und eine in Bewegung
- Zwei standardisierte Techniken für die Tiefenentspannung, z. B. autogenes Training oder progressive Muskelentspannung
- Techniken zur Verbesserung der Traumerinnerung und zum Erlernen des Klarträumens
- Ein Kurs im Fach »Medienhygiene« (nach Metzinger 2009, S. 332).

Was er sagt, ist sicher nicht Punkt für Punkt umzusetzen und ruft vielleicht hier und da ein Schmunzeln hervor, ist jedoch m. E. als Impulsgeber wichtig. Und der Sportunterricht spielt auch in seinen auf die jetzige Zeit orientierten Vorschlägen eine wichtige Rolle.

Motorik der Verbundenheit, die hier nur in einem ersten Anlauf skizziert werden konnte, geht also gerade in der zuletzt geschilderten Dimension über den Rahmen der traditionellen Psychomotorik hinaus. Sie lässt sich jedoch heute schon als Impulsgeber benutzen und als Praxis betreiben.

Marionettentheater und Menschheitsvision

In diesem Sinne möchte ich das letzte Kapitel dieses Buches mit einem Beispiel aus der Literatur des 19. Jahrhunderts und einer praktischen Übung beenden. Mit nichts weniger und nichts mehr als einer Menschheitsvision zur Zeitenwende und einer Fingerübung.

Das literarische Beispiel scheint zunächst einmal gar nicht so sehr zu der bisher behandelten spirituellen Dimension der Motorik der Verbundenheit zu passen, denn es handelt von den Auslassungen eines damals gefeierten Tänzers über Grazie und

Anmut bzw. über das Marionettentheater. Derjenige, der ihn zu diesen Gedankengängen anregt, ist der Autor (als Ich-Erzähler) des wenige Seiten langen Textes, nämlich Heinrich von Kleist (1810/1980), ein Zeitgenosse Goethes mit einem nicht gerade glücklichen Lebensverlauf.

In dem Gespräch geht es also um Grazie und Anmut, um natürliche, kunstfertige und nur noch künstliche Bewegung angesichts eines Marionettentheaters. Der Dichter ist zunächst einmal erstaunt, dass der in der Oper gefeierte Tänzer da zu finden ist, wo sich der »Pöbel« verlustiert, und der Tänzer noch dazu ein scheinbar leidenschaftliches Interesse am Marionettentheater entwickelt hat, das mit ein bisschen Musik und Tanz (»kleine dramatische Burlesken mit Musik und Tanz durchwebt«) eine doch sehr mechanistische und geistlose Unterhaltungskunst vorführt. Und so was hat ja wohl wenig mit Spiritualität zu tun.

Doch der Schein trügt. Grazie, Anmut und Marionettentheater sind nur der Ausgangsbereich für erheblich weitreichendere Gedanken. Es geht um die Frage, was Grazie und Anmut im Spannungsfeld körperlicher und geistiger Beweglichkeit bedeuten und warum der heutige Mensch – hier der Mensch zur Zeit von Kleist, aber auch für die Jetztzeit ist dies gültig –, warum der heutige Mensch also Grazie und Anmut so gründlich verloren hat. Es geht um die menschheitlich-religiöse Frage, was es bedeutet, dass der Mensch das Paradies verlassen musste und unter welchen Bedingungen er wieder ins Paradies zurückkehren kann. Und es geht um den Schwerpunkt und die Seele menschlicher Beweglichkeit, also um eine – modern ausgedrückt – psychomotorische Fragestellung, es geht auf einer visionär-literarischen Ebene um die Verbundenheit von leiblicher und geistiger Bewegung.

Was bedeuten Grazie und Anmut nun konkret in diesem Kontext? Zunächst ein Seufzer des Tänzers: Was gäbe mancher seiner Berufsgenossen darum, der *Grazie* dieser Marionetten gleichzukommen! Und auch der Dichter lenkt ein: Marionetten sind nicht nur etwas Starres, Ferngesteuertes, mechanisch Bewegtes – wenn sie tanzen, z. B. »die vier Bauern, die nach einem raschen Takt tanzten« – dem könne er schon etwas abgewinnen, dann holen sie auf. Grazie und Anmut werden im Text übrigens nicht sonderlich unterschieden, und die Grazie wird genauer erklärt. In ihr kommen jeweils zwei unterschiedliche Phänomene zusammen, gehen eine harmonische Einheit ein, nämlich Ruhe und Bewegung und daran gekoppelt Gebundenheit und Freiheit, und damit zusammenhängend wiederum Kräfte, die an die Erde fesseln, und solche, die in die Lüfte erheben wollen.

Das Gesetz der Schwere spielt eine große Rolle, denn die Marionetten bewegen sich – und dann können sie menschlicher Beweglichkeit ein Beispiel sein – absolut schwerpunktgemäß. Wird ihr Schwerpunkt geradlinig bewegt, machen die Glieder runde, schöne Bewegungen. Und auch, wenn diese Linie je nach Anlass gekrümmt ist, behält sie etwas sehr Geheimnisvolles. In ihr offenbart sich nämlich etwas mit bloßem Augen nicht Sichtbares, nämlich der »Weg der Seele des Tänzers«. Grazie hat also etwas mit Seele, mit geschenkter innerer Bewegung zu tun. Dem kommt die Bedeutungsgeschichte des Wortes entgegen. »Grazie« ist abgeleitet von dem lat. Begriff »gratia«, und da bedeutet er noch »Gnade«. Später wird dieser Begriff säkularisiert und bezieht sich im Sinne von Anmut auf eine in sich ruhende und harmonische Form von Beweglichkeit. Man könnte in diesem Zusammenhang auch sagen: eine Bewegung, die aus dem Herzen kommt (vgl. Greb 2001). Eine Bewegung im Sinne von (christlicher) Gnade ist hier erst einmal nicht gemeint.

Kleist (bzw. der Tänzer) kommt schnell auf die »natürliche Grazie« zu sprechen. Und die findet sich beim Menschen kaum noch bzw. immer weniger. In der Beweglichkeit der Tiere jedoch lässt sie sich noch deutlich ablesen. Und das hat eine lange Geschichte. Jüngst sagte der Münsteraner Dozent für Biologie und Theologie Rainer Hagencord dazu:

»Laut Schöpfungsbericht musste der Mensch den Garten Eden verlassen, nachdem er sich von Gott abgewandt hatte. Die Bibel schweigt sich da zwar aus, aber ich vermute, dass die Tiere noch dort sind. Nach dem Philosophen und Theologen Thomas von Aquin haben sie ihre ›Gottunmittelbarkeit‹ nicht verloren.«

Und er geht in diesem Zusammenhang auch auf Jane Goodall ein: »Sie folgte einmal in Tansania einer Schimpansengruppe. Die Tiere näherten sich einem Wasserfall, den sie nie zuvor gesehen hatten, Goodall beschrieb ihn als atemberaubendes Kunstwerk der Natur. Sie beobachtete, wie die Schimpansen erst staunend davorsaßen und dann in eine rhythmische Bewegung übergingen, etwa eine Viertelstunde lang. Daraus schließt Goodall, dass man Anfänge eines religiösen Erlebens – das Staunen über besondere Ereignisse – vielleicht schon bei Menschenaffen wahrnehmen kann.«

(Charisius 2010, S. 16)

Bei Kleist geht es weniger religiös zu. Er berichtet von einer Reise durch Livland, wo er auf dem Landgut eines befreundeten Edelmanns mit einem seiner Söhne Kraft und Geschicklichkeit im Fechten misst und diesen nach Strich und Faden besiegt: So habe ich meinen Meister gefunden, sagt der Besiegte schließlich, doch jetzt werde ich dich zu deinem Meister bringen, und er führt ihn aus den oberen Räumen des Schlosses ins Kellergeschoss und da unten in den Bärenzwinger, in dem ein Bär ganz ruhig und mit schlagfertig erhobener Tatze steht und dem Ankömmling ruhig ins Auge blickt. Das war seine Fechterpositur. Einen solchen Gegner hatte er sich im Traum nicht ausgedacht. Nur zu, wurde er aufgefordert. Doch der Bär parierte alle seine Schläge und Stiche, mochten sie auch noch so trickreich und kunstvoll sein, und brachte den gerade noch Siegreichen schließlich in völlige Verzweiflung.

»Aug' in Auge, als ob er meine Seele darin lesen könnte, stand er, die Tatze schlagfertig erhoben, und wenn meine Stöße nicht ernsthaft gemeint waren, so rührte er sich nicht.«
(Kleist 1810/1980, S. 15)

Eine unglaubliche Geschichte. Der Bär ruht ganz in seiner natürlichen Beweglichkeit, die durch keine Grübelei, durch keinerlei geistige Anstrengung gestört wird. Und so wird dann im Text gefolgert:

»Wir sehen, dass in dem Maße, als, in der organischen Welt, die Reflexion dunkler und schwächer wird, die Grazie darin immer strahlender und herrschender hervortritt [...]«
(Kleist 1810/1980, S. 15)

Natürliche Grazie gibt es jedoch nicht nur im Tierreich, und so berichtet Kleist von einem jungen Mann, »über dessen Bildung damals eine wunderbare Anmut verbreitet war«. Doch langsam – auch durch die Gunst der Frauen geweckt – stellen sich bei ihm erste Spuren von Eitelkeit ein. Als er einmal im Bad den Fuß auf einen Schemel hebt, um ihn abzutrocknen, erinnert er sich an eine antike Statue im Museum, die eine ähnliche Bewegung macht und teilt dies – in den Spiegel blickend – seinem Freund mit. Diesem kommt aus einer plötzlichen Laune heraus der Impuls, die Sicherheit seiner Grazie und Anmut zu überprüfen. Er solle dieselbe Bewegung noch einmal machen. Doch der erste noch leicht angegangene Versuch missglückt und der zweite und dritte auch. Er versuchte es immer wieder. Schließlich tagelang.

»Eine unsichtbare und unbegreifliche Gewalt schien sich wie ein eisernes Netz um das freie Spiel seiner Gebärden zu legen, und als ein Jahr verflossen war, war keine Spur mehr von der Lieblichkeit zu entdecken, die die Augen der Menschen sonst, die ihn umringten, ergötzt hatte.«
(Kleist 1810/1980, S. 14)

Der Mensch scheint prädestiniert dafür, seine Anmut und Grazie zu verlieren, gerade, weil er Bewegung wollen kann, weil er seine Beweglichkeit effektvoll lenken kann. Weil er darüber grübeln und nachdenken kann, wie er es denn nun endlich richtig macht. Doch je mehr sich die Kraft dieses Denkens und Nachdenkens verstärkt, je mehr ihm seine ganze Beweglichkeit zu Kopf steigt und schließlich hauptsächlich unter der Schädeldecke stattfindet, umso mehr verliert er Anmut und Grazie, verliert er die Verbindung von Menschenwürde und Schönheit. Dann sitzt die Seele der Bewegung nicht mehr im naturgemäßen Schwerpunkt, sondern da, wo es der Effekt will, also gegebenenfalls im Ellenbogen oder im Kreuz. (Wie bei manchen Kollegen, von denen der Tänzer berichtet.) Und schon immer haben sich Menschen über diese unglückliche Entwicklung Gedanken gemacht und sich gefragt, wie man denn zur natürlichen Grazie und Anmut und schließlich zum natürlichen Leben zurückfinden könne.

Zu Kleists Zeiten waren Anmut und Grazie zwei zentrale Begriffe und so sehr in Gespräch und Gebrauch, wie man es sich heute kaum noch vorstellen kann. Gerade viele Romantiker wollten zurück in die »goldene Zeit« von Kindheit oder romantisiertem Mittelalter. Zurück in die Zeiten, wo alles noch beseelt war, das Erkenntnisvermögen des Menschen in quasi natürlichen Grenzen und Bindungen gehalten wurde und keine naturferne Individualität und kein analytischer Verstand die heile Welt der Gefühle störte. Und selbst ein Dichter wie Goethe bekannte sich letztlich zu Tradition, Stand und Ordnung, obwohl er z. B. im »Faust« immer wieder darüber hinausdachte und -schrieb.

Doch Kleist ist in diesem Text konsequenter und vertritt eine besondere Richtung. Er geht davon aus, dass es unumkehrbar ist, dass der Mensch seinen Geist und sein Reflexionsvermögen – später würde man sagen: seinen analytischen Verstand – entwickelt ohne Rücksicht auf Verluste und damit die alten idyllischen Bilder von Mensch und Natur zerstört und zwangsläufig Anmut und Grazie verliert:

»Solche Mißgriffe, setzte er abbrechend hinzu, sind unvermeidlich, seitdem wir von dem Baum der Erkenntnis gegessen haben. Doch das Paradies ist verriegelt und der Cherub hinter uns; wir müssen die Reise um die Welt machen, und sehen, ob es vielleicht von hinten irgendwo wieder offen ist.«

(Kleist 1810/1980)

Es kommt also darauf an, sich nach vorn weiterzubewegen und mit den Füßen auf der Erde zu bleiben. Also nicht zurück in die Gärten und Idyllen der Romantik, und nicht auf die Fluchtwege von Fantasien und virtuellen Welten. Er nimmt die Zerstörung der alten Bilder durch die Erkenntnis in Kauf. Die Erkenntnis muss gleichsam durch ein Unendliches gegangen sein, und dann werden sich – so Kleist – auch die Grazie und die dazugehörigen inneren Bilder wieder einstellen. Pim van Lommel (2009), der niederländische Kardiologe, spricht ein ganzes Buch lang vom »unendlichen Bewusstsein« und davon, was es heißt, mit ihm in Kontakt zu kommen und zu sein. Auch Kleist kommt in diesem Zusammenhang mit etwas Naturwissenschaftlichem. Er erklärt die Bewegung zu Erkenntnis und Grazie, zur Verbindung von leiblicher und geistiger Beweglichkeit zu einem Menschenbild, in dem Natur und menschlicher Geist auf neue Weise wiedervereint sind, mit dem Beispiel vom Hohlspiegel.

»Findet sich der Mensch im Brennpunkt, so begegnet ihm sein Spiegelbild. Überschreitet er diesen Punkt, dann entschwindet das Bild. Tritt er näher an den Spiegel heran, dann erscheint das Bild, ›nachdem es sich in das Unendliche entfernt hat, plötzlich wieder von uns‹.«

(Kunz 1810/1980, S. 92).

Wie »modern« und zeitgemäß die kleistsche Vision ist, wurde mir urplötzlich klar, als ich Gerald Hüthers »Die Macht des inneren Bilder« zur Hand nahm. Bewegung, Anmut, Grazie spielen bei ihm im Unterschied zu Kleist keine große Rolle. Aber es ist erstaunlich. Im Untertitel scheint er direkt an Kleist anzuknüpfen: »Wie Visionen das Gehirn, den Menschen und die Welt verändern«. Dieses Buch liest sich über weite Strecken wie eine moderne Fortsetzung der kleistschen Gedanken, besonders da, wo er über sinnvolle Orientierung an inneren Bildern, dem frei schweifenden Denken, aber auch den erstarrten Angstbildern spricht und über das Potenzial, aus dem neue Bilder und Orientierungen kommen.

»Was dann geschieht, wenn die alten, unnötige Angst schürenden und falsche Sicherheit suggerierenden Bilder ihre aus Nichtwissen gespeiste Kraft verlieren, ist leicht voraussehbar. Dann geht den Kindern, die in diese mit etwas mehr Wissen ausgestattete und gestaltete Welt hineinwachsen, all das nicht mehr verloren, was sie mit ihrer Geburt immer wieder neu auf die Welt bringen: die Neugier, die Entdeckerfreude, die Lust am Gestalten und nicht zuletzt das Vertrauen und der Mut, das Leben zu lieben. So wird auch das entscheidende innere Bild lebendig bleiben, ohne das kein Mensch leben kann: Zuversicht.«

(Hüther 2006, S. 135)

Seinen Text vom Marionettentheater beschließt Kleist in genau diesem Sinne, und da heißt es dann in unnachahmlicher visionärer Nachdenklichkeit:

» [...] so findet sich auch, wenn die Erkenntnis gleichsam durch ein Unendliches gegangen ist, die Grazie wieder ein; so, daß sie, zur gleichen Zeit, in demjenigen menschlichen Körperbau am reinsten erscheint, der entweder gar keins, oder ein unendliches Bewusstsein hat, d. h.

in dem Gliedermann, oder in dem Gott. Mithin, sagte ich ein wenig zerstreut, müßten wir wieder von dem Baum der Erkenntnis essen, um in den Stand der Unschuld zurückzufallen? Allerdings, antwortete er; das ist das letzte Kapitel von der Geschichte der Welt.«

(Kleist 1810/1980, S. 15f.)

Nun zur Fingerübung:

Fingerübungen sind etwas, durch das sich auch geistige Beweglichkeit fördern lässt, und stellen somit ein kleines gutes Beispiel für die Motorik der Verbundenheit dar.

1. Die Hände sind in Gesichtshöhe gehoben und zeigen geöffnet nach vorn.
2. Daumen und Zeigefinger berühren sich: *Rundende Berührung* (Abb. 58)

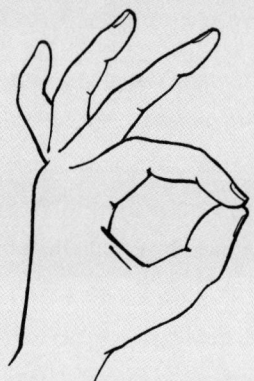

Abb. 58 Rundende Berührung

3. Der Mittelfinger berührt zusammen mit dem Zeigefinger den Daumen: *Dreifache Begegnung*
4. Der Ringfinger schließt sich den beiden Fingern an: *Vierfache Fügung*
5. Der kleine Finger kommt dazu: *Fünffache Verbindung*
6. Die zusammengelegten Fingerspitzen beider Hände gehen in einer Bogenbewegung nach oben aufeinander zu und berühren sich in Gesichtshöhe: Die Essenz der Verbindung ist die Verbundenheit
7. Die Fingerspitzen wandern nach oben. Die Handinnenflächen werden leicht gewölbt aneinandergelegt, sodass ganz natürlich eine Gebetshaltung entsteht: Die Essenz der Verbundenheit ist die Verbundenheit mit dem Göttlichen (Abb. 59).

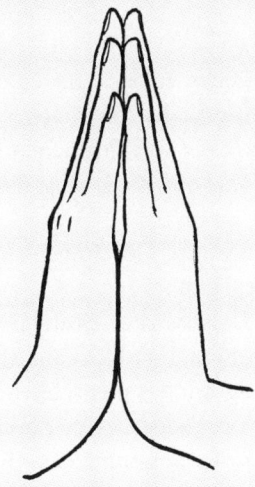

Abb. 59 Verbundenheit mit dem Göttlichen

8. Die Handrücken wölben sich nun nach außen. Die Fingerspitzen bleiben aber weiterhin in Berührung. Die Daumen liegen vor den zu einer kleinen Laube gewölbten Fingern parallel aneinander. Dieser Essenz der Verbundenheit formen die Hände nun symbolisch eine organische Schutz- und Darstellungsform für den inneren Raum (Abb. 60).

Abb. 60 Schutz- und Darstellungsform für den inneren Raum

Für das Innehalten der inneren und äußeren Bewegung, für den Moment, wo das Bisherige zur Ruhe und zum Wesentlichen kommt und sich im Innewerden der Vorausahnung öffnen kann, werden hier eine Haltung und ein symbolischer Raum geschaffen.

Literatur

Adamek, K. (1996): Singen als Lebenshilfe. Münster.
Adamek, K./Blank, T. (2009): Angst oder Vertrauen – Singen von Kindheit an und soziale Zukunft. Münster/New York/München/Berlin.
Almeyer, M. (2006): Ich hasse, also bin ich. In: tageszeitung (TAZ), 11.12.2006, S. 11.
Bardill, L. (2007): I singe vo der Sunne. Gümlingen.
Bauer, J. (2007): Lob der Schule. Hamburg.
Baur, A. (1996): Lautlehre und Logoswirken. Stuttgart.
Behrendt, J. E. (1983): Nada Brahma. Frankfurt am Main
Blechschmidt, E. (2008): Wie beginnt das menschliche Leben? Stein am Rhein.
Bodensohn, A. (1965): Im Spielraum der Lyrik. Frankfurt am Main
Bornemann, E. (1973a): Studien zur Befreiung des Kindes. München.
Bornemann, E. (1973b): Unsere Kinder im Spiegel ihrer Lieder, Reime und Rätsel. Freiburg.
Bossinger, W. W. (2006): Die heilende Kraft des Singens. Battweiler.
Bueb, B. (2006): Lob der Disziplin. Eine Streitschrift. Berlin
Busch, W. (o. J.): Maler Klecksel, Kap. 1. In: Busch, W.: Was beliebt, ist auch erlaubt. Sämtliche Werke, Bd. 2. Gütersloh.
Busta, C. (1977): Der Regenbaum. Salzburg.
Butzkamm, W./Butzkamm, J. (1999): Wie Kinder sprechen lernen. Tübingen.
Capacchione, L. (1990): Die Kraft der anderen Hand. München.
Charisius, H. (2010): Tiere im Paradies. In: Süddeutsche Zeitung, Nr. 296.
Clauser, G. (1971): Die vorgeburtliche Entstehung der Sprache als anthropologisches Problem. Stuttgart.
Condon, W. S. (1970): Method of micro-analysis of sound films of behaviour. In: Behaviour Research Methods and Instrumentation, 1970, 2 (2).
Condon, W. S. (1975): Multiple response to sound. In: Journal of Autism and Childhood Schizophrenia, 5:1, 1975.
Cramer, A. (1998): Das Buch von der Stimme. Zürich/Düsseldorf.
Dawkins, R. (1994): Das egoistische Gen. Heidelberg.
Dieckert, J. (1998): Das Wortfeld von »gehen«. Unveröffentlichtes Manuskript.
Dolto, F. (1989): Alles ist Sprache. Weinheim.
Dürr, H. P. (2004): Auch die Wissenschaft spricht nur in Gleichnissen. Freiburg im Breisgau.
Dürr, H. P./Oesterreicher, M. (2007): Wir erleben mehr, als wir begreifen. Freiburg im Breisgau.
Dummer-Smoch, L. (1994): Handbuch zum Kieler Leseaufbau. Hackethal.
Easwaran, E. (Hrsg.) (2008): Die Upanishaden. München.
Eichberg, H. (o. J.): Labyrinthe. Unveröffentlichtes Manuskript.
Feudel, E. (1949): Durchbruch zum Rhythmischen in der Erziehung. Stuttgart.

Flatischler, R. (1990): Taketina – Der Weg zum Rhythmus. Essen.
Fuchs, Th. (2008): Das Gehirn als Beziehungsorgan. Stuttgart.
Greb, P. (2001): Godo. Mit dem Herzen gehen. Burgrain.
Groddek, G. (1966): Psychologische Schriften zur Psychosomatik. Hrsg. v. G. Clauser. Wiesbaden.
Heller-Roazen, D. (2008): Echolalien. Frankfurt am Main.
Henderson, J. (2006): Die Erweckung des inneren Geliebten. Bielefeld.
Henderson, J. (2007): Das Buch vom Summen. Bielefeld.
Herwig, M. (2007): Glanz und Elend der Zweibeiner. In: Der Spiegel, 44/2007.
Hesse, K./Song Xing (1996): Meister Wangs Fingerspiele. Köln.
Hüther, G. (2006): Die Macht der inneren Bilder. Göttingen.
Hüther, G./Krens, I. (2005): Das Geheimnis der ersten neun Monate. Weinheim.
Irle, K. (2010): Das Schweigen der Anderen. In: Frankfurter Rundschau vom 14.03.2010.
Jacobs, D. (1983): Die menschliche Bewegung. Wolfenbüttel.
Jakobson, R. (1969): Kindersprache, Aphasie und allgemeine Lautgesetze. Frankfurt am Main.
Jaynes, J. (1988): Der Ursprung des Bewusstseins durch den Zusammenbruch der bikameralen Psyche. Reinbek.
Janov, A. (1981): Gefangen im Schmerz. Frankfurt am Main.
Jünger, E. (1979): Sämtliche Werke. Stuttgart.
Kaltwasser, V. (2008): Achtsamkeit in der Schule. Weinheim/Basel.
Karremann, M. (2007): Es geschieht am helllichten Tag. Über die verborgene Welt der Pädophilie. Köln.
Klausmeier, F. (1979): Die Lust, sich musikalisch auszudrücken. Reinbek.
Kleist, H. v. (1810/1980): Über das Marionettentheater. Frankfurt am Main.
Köster, W. (1993): Spiegelungen zwischen Körper und Seele. Stuttgart.
Kohnstamm, D. (2004): Und plötzlich wurde mir klar: Ich bin ich! Bern/Göttingen.
Kolzowa, M. (1975): Untersuchungen zur Sprachentwicklung. In: Der Kinderarzt, H. 6, S. 643–648.
Kükelhaus, H. (1956): Dennoch heute. Heidenheim.
Kükelhaus, H. (1980): Urzahl und Gebärde. Darmstadt.
Kükelhaus, H./zur Lippe, R. (1982): Entfaltung der Sinne. Frankfurt am Main.
Küstenmacher, M./Louis, H. (2004): Mystik für Kinder. München.
Kundera, M. (1998): Die Langsamkeit. Frankfurt am Main.
Kuntz, St. (2009): Der »Safe Place« in der Psychomotorik: Innere und äußere (Sprach-) Räume begegnen sich. In: Motorik, 3, Schorndorf.
Kunz, J. (1980): Nachwort. In: Kleist, H. v.: Über das Marionettentheater. Frankfurt am Main.
La Chapelle, D. (1999): Heilige Erde, heiliger Sex, Bd. 3. Saarbrücken.
Lapierre, A./Aucouturier, B. (1998): Die Symbolik der Bewegung. München/Basel.
Largo, R. H. (2001): Babyjahre. München.
Leroi-Gourhan, A. (1988): Hand und Wort. Frankfurt am Main. (1. Aufl. 1964).

Linklater, K. (1997): Die persönliche Stimme entdecken. München/Basel.
List, E. (2002): Kein ICH, nirgends – schon gar kein weibliches. In: Der Blaue Reiter. Journal für Philosophie, Nr. 15, S. 60.
Lommel, P. v. (2009): Unendliches Bewusstsein. Düsseldorf.
Long, B. (2007): Was Eltern geben können. Köln.
Luckner, A. (2002): Mit dem ICH auf Du und Du. Die deutschen Idealisten.
    In: Der Blaue Reiter. Journal für Philosophie, Nr. 15, S. 53–60.
Malinowski, B. (1974): Das Problem der Bedeutung in primitiven Sprachen.
    In: Odgen/Richards: Die Bedeutung der Bedeutung. Frankfurt am Main (englische Originalausgabe 1923).
Masters, R. (2007): Neurosprache – Erleben, wie Sprache direkt auf den Körper wirkt. Transform your body, while you read. Kirchzarten.
Mayer, F. (1959): Schöpferische Sprache und Rhythmus. Berlin.
Mead, G. H. (1973): Geist, Identität und Gesellschaft. Frankfurt am Main.
Metzinger, Th. (2009): Der Ego-Tunnel. Berlin.
Middendorf, I. (2007): Wesen und Wirken des erfahrbaren Atems. Berlin.
Montessori, M. (1994): Kinder lernen schöpferisch. Freiburg im Breisgau.
Morris, D. (1984): Das Tier Mensch. München.
Morris, D. (1995): Bodytalk. München.
Niemitz, C. (2004): Das Geheimnis des aufrechten Gangs. München.
Nietzsche, F. (2000): Langsame Curen. Freiburg im Breisgau.
Papousek, M. (1992): Vorsprachliche Kommunikation. Paderborn.
Parncutt, R. (1908): Pränatale Erfahrungen und die Ursprünge der Musik.
    In: Oberhoff, B. (Hrsg.): Die seelischen Wurzeln der Musik. Gießen.
Patzlaff, R. (2003): Sprache als künstlerisches Medium der Erziehung.
    In: Gebauer, K./Hüther, G.: Kinder brauchen Spielräume. Düsseldorf.
Precht, R. D. (2007): Wer bin ich und wenn ja wie viele? München.
Preilowski, B. (2005): Rechts ist da, wo im Gehirn links ist. In: Wehr, M./Weinmann, M.: Die Hand. Werkzeug des Geistes. Heidelberg.
Reil, P. (2005): Alles im Griff. In: Wehr, M./Weinmann, M.: Die Hand. Werkzeug des Geistes. Heidelberg.
Rohmert, G. (1998): Der Sänger auf dem Weg zum Klang. Darmstadt.
Rudhyar, D. (1984): Die Magie der Töne. München.
Rühmkorf, P. (1967): Über das Volksvermögen. Hamburg.
Rühmkorf, P. (1981): Agar agar zaurzarim. Reinbek.
Schiffer, E. (2001): Leben ist wie Laufen. In: Julit 3/01, S. 38.
Schwarze, M. (1991): Wie geht's? Überlingen.
Seume, J. G. (1837): Sämtliche Werke in einem Band. Leipzig.
Silesius, A. (1675/1984): Cherubinischer Wandersmann. Stuttgart.
Silverstein, S. (1974): Where the sidewalk ends. New York.
Sloterdijk, P. (2009): Du musst dein Leben ändern. Frankfurt am Main.
Spitz, R. (1967): Vom Säugling zum Kleinkind. Stuttgart.
Steiner, R. (1992): Wenn die Erde Mond wird. Köln.

Stern, C./Stern, W. (1928): Die Kindersprache. Leipzig.
Stern, D. N. (1990): Tagebuch eines Babys. München.
Tomatis, A. (1957): Das Ohr – die Pforte zum Schulerfolg. Dortmund.
Tomatis, A. (2009): Der Klang des Universums. Düsseldorf.
Tschukowski, K. (o. J.): Kinder von 2 bis 5. Berlin.
Vahle, F. (1996): Bewegliche Lieder oder Musik macht Beine. Reinbek.
Vahle, F. (2009): Zauberfisch. Düsseldorf.
Verden-Zöller, G. (1993): Mutter-Kind-Spiel: Die biologische Fundierung des Selbstbewusstseins und des sozialen Bewusstseins. In: Humberto Maturana, H./Verden-Zöller, G.: Liebe und Spiel. Die vergessenen Grundlagen des Menschseins. Heidelberg, S. 88–173.
Weber, A. (2007): Alles fühlt. Berlin.
Weber, C. (2009): Der Gottesinstinkt. In: Süddeutsche Zeitung, 24.12.2009.
Wehr, M./Weinmann, M. (2005): Die Hand. Werkzeug des Geistes. Heidelberg.
Zielinski, S. (2002): Archäologie der Medien. Reinbek.
Zimmer, R. (2009): Handbuch Sprachförderung durch Bewegung. Freiburg im Breisgau.

Naturwissenschaften in den Kindergarten bringen

Martin Kramer /
Sabine Schmidt-Halewicz
»Geht der Winter im Sommer an den Nordpol?«
Spielerisch die Welt entdecken:
Naturwissenschaftliches Denken und Erleben im Kindergarten
2010. 120 Seiten. Broschiert.
ISBN 978-3-407-62738-4

Die Bildungspläne sagen klar: Naturwissenschaftliche Bildung gehört schon in den Kindergarten. Allerdings war MINT (Mathematik, Informatik, Naturwissenschaft, Technik) bislang nicht Teil der Ausbildung von Erzieher/innen. Dieses Buch zeigt, wie Kinder an Naturwissenschaften herangeführt werden können: spielerisch und mit allen Sinnen.

Alle Versuche werden detailliert beschrieben. Die durchgängig farbigen Abbildungen und Fotos machen Lust darauf, sofort mit dem Experimentieren anzufangen.

Aus dem Inhalt:
- Der Traum vom Fliegen: Von der Tee-Rakete zum Heißluftballon
- Wellengang im Sand
- Symmetrische Massage

Beltz Verlag · Weinheim und Basel · Weitere Infos: www.beltz.de

Emotionale und soziale Kompetenzen stärken

Gerhard Friedrich / Renate Friedrich / Viola de Galgóczy
Mit Kindern Gefühle entdecken
Ein Vorlese-, Spiel- und Mitsingbuch.
Mit Audio-CD
2008. 120 Seiten. Gebunden.
ISBN 978-3-407-62616-5

»Mit Kindern Gefühle entdecken« ist eine zeitgemäße Einführung in die Gefühlsentwicklung: Mit direkt umsetzbaren Ideen, Spielen und Liedern fördert das Buch die emotionalen und sozialen Kompetenzen von Kindern. Als Vorlesegeschichte verfasst, als Bilderbuch illustriert und mit Musik-CD begleitet, bietet »Mit Kindern Gefühle entdecken« einen kindgerechten Zugang.

Der Clou: Die Stimmungen innerhalb der Rahmengeschichte werden musikalisch interpretiert. Das Lied um die Krähe Rabine und acht kurze Songs zu den wichtigsten emotionalen Grundstimmungen dienen dabei als didaktisches Werkzeug.

Erzieher/innen können anhand dieses Buches Kinder auf eine Reise durch die Welt der Gefühle mitnehmen. Ein einführender Teil zu den psychologischen und neurobiologischen Grundlagen bietet dafür das Fundament.

BELTZ

Beltz Verlag · Weinheim und Basel · Weitere Infos: www.beltz.de

Was man mit der Stimme alles machen kann

Der Fokus dieses Buches liegt auf dem Gesang und der (Vokal-)Improvisation mit Kindern in Vor- und Grundschule. Dabei richten sich die Autor/innen nicht nur an passionierte Sänger, sondern an alle, die sich für Musik interessieren. Ob Sie sich für eine/n gute/n Sänger/in halten oder nicht, ist dabei nebensächlich. Die Botschaft ist: Jeder kann singen, wenn er nur möchte.
Mit beiliegender CD zum sofortigen Mitmachen!

Gerhard Friedrich / Viola de Galgóczy
Mit Kindern Stimme und Gesang entdecken
Ein Mitsing-, Mitspiel- und Improvisationsbuch.
Mit Audio-CD
2010. 120 Seiten. Gebunden.
ISBN 978-3-407-62657-8

Aus dem Inhalt
- Erste Übungen zum Gebrauch der Stimme
- Strophenlieder
- Freie Improvisation aller Art
- Tonal gebundene Improvisationen

Beltz Verlag · Weinheim und Basel · Weitere Infos: www.beltz.de

Gelungene Sprachförderung von Anfang an

Werner Knapp / Diemut Kucharz /
Barbara Gasteiger-Klicpera
Sprache fördern im Kindergarten
Umsetzung wissenschaftlicher
Erkenntnisse in die Praxis
2010. 168 Seiten. Broschiert.
ISBN 978-3-407-25526-6

Dieses Kompendium bietet eine Zusammenstellung, Darstellung und (Be-)Wertung des aktuellen Forschungs- und Entwicklungsstandes unter Berücksichtigung der demografischen Entwicklung in Deutschland (als Einwanderungsland) sowie praktische Anwendungszusammenhänge (z.B.: Elternarbeit, Sprachstandsdiagnostik, Didaktik für Kindergartenkinder).

Aus dem Inhalt:
- Diagnostik bei den Kindern
- Planung und Konzeption der Förderung
- Didaktische Grundlagen zur Gestaltung der Fördersituation
- Fördermaterialien und ihre Koͧzeption
- Inszenierte Sprachlernsituationen
- Arbeit mit den Eltern

Beltz Verlag · Weinheim und Basel · Weitere Infos: www.beltz.de